W0267399

ANDRZEJ BOBKOWSKI

HINTER DEM WENDEKREIS

ERZÄHLUNG VOM ABSCHIED AUS EUROPA

AUSGEWÄHLT UND AUS DEM POLNISCHEN ÜBERSETZT VON RON MIECZKOWSKI

MIT EINEM NACHRUF VON JÓZEF CZAPSKI

Andrzej Bobkowski
Hinter dem Wendekreis

Die Andere
Bibliothek

Begründet von
Hans Magnus Enzensberger

DAS LÄCHELN VON OBEN

Hier kommt man über die Seitentreppen hoch, hinter dem großen Innenhof. Dort gegenüber liegt über breiten Steinen ein blauer Teppich, der in einer Kaskade vom fünften Stock hinunterschwappt, unser Treppenhaus dagegen ist ein hölzerner, sechsstöckiger Korkenzieher. Jenes führt zu den großen, stattlichen Wohnungen der echten Mieter, unseres schraubt sich bis unter das Dach, läuft steil hoch zum Labyrinth der Gänge und Zimmer von »denen von oben«, wie die Pförtnerin verächtlich sagt. Für sie sind wir keine Mieter. Doch als freie Menschen der Pariser Dächer erkennen wir die Tyrannei der Höhlenfrau aus der Loge im Parterre nicht an.

Jacques, ein flinker Mitarbeiter der Métro, hatte ihr einmal gesagt, dass er von oben nur herunterspucken brauche, um ihre Türschwelle zu überschwemmen. Das verzeiht sie ihm nicht. Und wenn sie morgens den mit Kacheln gefliesten Hof begießt, fragt M. de Saint-Esprit, ein Staatsbeamter, sie immer mit einem freundlichen Lächeln: »*Ça pousse bien?*« Das polnische Hausmädchen des Grafen de Farge ist zu würdevoll, um mit der »Wärterin« zu sprechen, denn das ziemt sich nicht für eine Magda, die sich Mademoiselle Madeleine nennen lässt. Ganz zu schweigen davon, dass, wenn die *comtesse* de Farges verreist, Magda ihren Platz vollumfänglich einnimmt, um dann, wie man sich erzählt, mit dem *M. le Comte* nicht nur an einem Tisch zu speisen ... Der weiße, bunt gescheckte Hund von M. Guillou, einem Färber von Heidekraut, Immortellen und anderen trockenen oder künstlichen Blumen für Kränze oder für den Kaminsims, verrichtet das Geschäft, das er auf der Straße tun sollte, immer vor der Haustür. Die Pförtnerin verdächtigt sie der Verschwörung, doch auf diesen Vorwurf hin lächelt M. Guillou stets und säuselt unter seinem dicken bretonischen Schnurrbart hervor: »*Quelle méchante bête*«, womit er sicher nicht seinen »Friquet« meint. Mit Eliane, einem Mannequin im Modehaus »Ardanse«, pflegt die Pförtnerin schon seit Jahren keinen Umgang mehr; Eliane ist eine Putschistin – weil sie ihre Briefe nicht in der Loge abgeben lässt. Um der Zensur ihrer Korrespondenz zu entgehen, holt sie ihre Briefe *poste-restante* ab. Aus ihr könnte nämlich hervorgehen, dass das Schautragen von Kleidern bei »Ardanse« nicht ihre einzige Einkommensquelle ist. Deshalb kann man die scharfsinnige *Madame la concierge* auch oft im Eckbistro schnattern hören: »Heute ist sie nachmittags heimgekehrt, ohne morgens das Haus verlassen zu haben«, oder: »Solche stehen auf, wenn sie sich erholen wollen.« Hier herrscht ewiger Krieg. Doch er wird gegen das Lächeln von Eliane geführt, gegen dieses unser Lächeln von oben.

Dort oben gibt es keinen Gasanschluss und keinen Strom, nur den Wind, die Sonne, den Mond und die Sterne. Der Blick bettet sich auf das grenzenlose Meer der Dächer. Wenn das Wetter schön ist, sind sie blau und ruhig; ziehen Wolken auf und werden sie mit heftigen Schlägen vom Wind gepeitscht, werden sie grau und kalt. Der Regen lässt sie ihre glatte Oberfläche in Falten legen, und von ihren Kämmen reißt der Sturm, ganz wie von Wellenkämmen, Wasserknäuel herunter, um sie mit Getöse auf die verglasten Luken über uns zu drücken. Auch die Spinnweben des fernen Eiffelturms werden in Fetzen gerissen, es verschwindet der weiße Zuckerhut von Sacré-Cœur im Nebel. Der Wind pocht gegen die Türen und läuft über die Gänge; die reglosen, schwarzen Rüstungen der Hauben auf den Schornsteinen recken ihm und seinem ungestümen Wirbel ihre eiserne Brust entgegen. Und wenn die Sonne aufscheint, wenn die dunkelblauen Himmelsflecken sich wieder in den glänzenden Flächen spiegeln, kehrt eine tiefe, selige Ruhe ein.

Die Abende dauern hier länger als dort unten. Wenn es auf den Straßen und in den Klüften der Höfe dunkel ist, währt hier noch lange das Halbdunkel. Danach beginnen die Sterne zu flimmern, und das Licht des Mondes, kalt und weiß, und der warme, gelbe Schein der Petroleumlampe fließen ineinander. Morgens fallen hier die ersten Strahlenbündel der orangenen Sonne in flachem Flug ein; an ihnen entzünden sich die Scheiben der kleinen Fenster zu einem Rot, die Schornsteine werden rosa. Die schwarzen und noch schweigenden Canyons der Straßen werden von bläulichen Schwaden bedeckt. Aus ihnen entsteht, nach einer geheimen alchemischen Formel, für den Rest des Tages der Pariser Dunst.

Auch der Frühling kehrt hier schneller ein. Bevor noch die Auslagen von »Vilmorin« auf dem Quai de la Mégisserie in bunten Saattüten erblühen und sich die »Samaritaine« in eine große Gießkannen-, Harken- und Hühnerkäfigauswahl verwandelt, bevor noch auf dem Pont au Change zweimal die Woche eine Baumschule zu wachsen beginnt und auf den Gehsteigen Gemüse- und Blumensetzlinge zu grünen Bürsten aufgehen, können wir schon sein Kommen spüren. Jeden Tag krümmt sich der Bogen des Sonnenlaufs etwas mehr, und verschlafene Fliegen rutschen bei ihren ersten Wanderungen an den Fensterscheiben herunter. Das Zwitschern der Spatzen ist anders, wenn sie wieder in den Dachrinnen baden, im Wasser des aufgetauten Raureifs.

Es vergingen hier helle Tage und ruhige Nächte, es vergingen lange Winter und kurze Frühlinge. Von der Sommersonne wurden die Dachbleche heiß gewalzt, vom Herbst abgekühlt. Lange erröteten sie im Widerschein der Leuchtreklamen und der Boulevards von Montmartre und Montparnasse. Einundzwanzig Feuerwerkssalven zerstoben jedes Jahr nach jenem Krieg über ihnen zu den Sträußen des Vierzehnten Juli. Danach kehrte die Dunkelheit wieder, erhellt vom Schein der Brände, von fernen Explosionen und sternförmig aufleuchtenden Bomben. Das einstige gutherzige Lächeln von oben wurde boshaft und ging hinab in den Untergrund.

An diesen langen Abenden las M. Guillou das Evangelium lauter, auf Latein, in Worten, die er nicht verstand und falsch aussprach. Sein Latein wurde auf den Prozessionen seines Ordens von seinen Brüdern noch mehr bewundert als das herrlich schöne Banner, auf das er immer so stolz war. Jetzt lief er oft zu irgendwelchen geheimnisvollen Treffen und pflegte sich lange mit Jacques zu unterreden. M. de Saint-Esprit war wortkarg geworden und nahm häufig eine mit irgendwelchen Papieren vollgestopfte Aktentasche mit zur Arbeit. Bei Jacques trafen sich junge Leute in kurzen Fliegerjacken und stapften mit ihren schweren Stiefeln über die Treppen. Eliane las das endlose *Vom Winde verweht*, und wenn die Sirenen zu heulen begannen, lief sie, immer zusammen mit Magda, die Treppen hinunter.

In der Tiefe des Métro-Bahnhofs »Pigalle« wurde es bisweilen heiter. Manchmal, spätabends, sah man, wie von dort die schmale Silhouette eines hochgewachsenen Burschen in einem sehr neuen, schlotterigen Anzug die riesigen Treppen heraufschlich. Magda sagte, sie habe einmal gehört, wie sich jemand mit einem von ihnen auf Englisch unterhielt. Wir lächelten, und Jacques meinte: »Dort unten sind a u c h anständige Leute.« Es gab nur eine Sprache, nur eine Bedeutung hinter den verbotenen Wörtern.

Und wieder wurde das Lächeln, wie früher, gutherzig,

als nach einigen Tagen der Schießerei an einem Augustabend auf allen Straßen die Motoren der GMs aufheulten. M. de Saint-Esprit schaute verächtlich auf die Plantage seiner Tabakpäckchen auf dem Balkon und rauchte über die dreifarbige Standarte gebeugt »Lucky«, Eliane und Magda kauten Kaugummi wie Hunderttausende langer, grüner Burschen mit schweren Helmen und sagten: »O.K.« Jacques erzählte mit dem Pathos eines Cyrano de Bergerac von seinen Kämpfen im Quartier des Batignolles, und M. Guillou färbte mit höchster Konzentration zahllose Blumen für zahllose Kränze. Alle trugen ein Lächeln im Gesicht, sogar die Pförtnerin.

Weiter vergingen die Tage. In diesem Winter waren die kleinen eisernen Öfen genauso kalt wie die Dächer, und das vergossene Wasser gefror auf dem steinernen Boden der kleinen Zimmer. Aber wir lächelten.

Dieses Lächeln, schon blasser geworden, erhellte die Gesichter, als in einer Mainacht über dem Arc de Triomphe Feuerwerk sprühte und der Lärm der Menge von den Champs-Élysées bis hierher drang. Doch zugleich flüsterte M. de Saint-Esprit leise in die jungen Blätter der rankenden Duftwicke auf seinem Balkon: »*C'est pas ça, c'est pas ça ...*«, während Jacques Magda und Eliane mit Küssen bedeckte und rief: »Wir haben gesiegt!«

Die Schornsteine färbten sich weiterhin rosa, die Abende brachen an, aber der bisher ununterbrochene Faden ewiger Beständigkeit, den man hier im Schein der Petroleumlampen und beim Zischen des Spirituskochers so stark wahrnahm, war irgendwo gerissen. Die wie Perlen daran aufgereihten gleichförmigen Tage, Tage voller Ruhe,

Güte und Verständnis, gingen langsam verloren. Dort unten hupen wieder die roten Taxis, und mit dem heiseren Bass ihrer Hörner machen die grünen Busse von sich hören. Die chromgläsernen Bistros funkeln mit ihren Neonreklamen, und die Geschwätzigkeit ist wieder zurückgekehrt. Der gelehrte *épicier* hält seinen entzückten Kundinnen eine Vorlesung über die Geschichte Frankreichs: »*Vous savez*, als Ludwig XVI. mit seiner Familie im Temple einsaß, verbrauchten sie und die zwölfköpfige Bedienung täglich 100 Pfund Fleisch, 30 Pfund Speck und 70 Eier – *oui, madame* – siebzig Eier…«.

»*Quelle honte*«, keucht die beleidigte Gleichheit, als ginge es um irgendeine letzte Unterschlagung des Ernährungsministeriums.

Es kommt etwas wieder, etwas gaukelt uns vor, dass es das ist, was auch bisher immer zurückkehrte. Aber in dieser bisher so einfachen Welt ist etwas entzweigebrochen. Auch hier oben wollen die ruhigen Tage nicht wieder einziehen. Die Güte und die Sanftmut verstecken sich immer häufiger, sie flüchten in die Winkel unter den Dächern, und obwohl die Blicke die gleichen geblieben sind, sieht man in ihnen graue, kalte Blitze. Schon versteht man einander nicht mehr, denn wenn auch die so lang verbotenen Worte wieder gesprochen werden, hat sich ihre Bedeutung geändert.

Ungeduld hat sich breitgemacht und mit ihr eine dumpfe, unbestimmte, tiefdringende Furcht, die Ursache ist für die Erregtheit und das umgreifende Gefühl resignierter Nutzlosigkeit. Das liegt nicht daran, dass der Geruch von in Öl gebratenem Fleisch heute so selten durch die Straßen zieht und die bunten Obstwagen der Marktfrauen unten nur noch karges Einerlei kennen. Nicht in bitter verzogenen Lippen oder zynischem Geflüster drückt sich Widerstand aus. Der Widerstand hält zusammen, so wie er in jenen Jahren der Finsternis zusammenhielt, er spaltet nicht und zerreißt keine Bande. Irgendwo von unten, womöglich zusammen mit den Stimmen der Verkäufer der zahllosen Zeitungen, vielleicht in völlig unveränderten Worten, in denen heute wenn auch in vielen Sprachen die doch immergleiche Rede geführt wird, hat sich eine streitlustige Verachtung, die sich gegen die Gedanken unserer Nächsten richtet, eingeschlichen und sogar die Gleichgültigkeit verdrängt.

Der schnurrbärtige M. Guillou geht steif an Jacques vorbei und trägt sein Banner in Wachstuch eingeschlagen, wie eine Pike in einem Futteral. Früher, vor dem Krieg, hatte der junge Métro-Mitarbeiter lächelnd gehört, das Banner habe 3000 Frs. gekostet, ohne Stab, Beschläge und ohne Futteral; er hatte die Wahrheit der hinter der Wand, inmitten getrockneter Blumen vorgelesenen Worte gewiss geahnt, zu deren eintönigem, halblautem Rauschen er einzuschlafen pflegte, und sie begriffen, ohne die Sprache zu kennen, zu der sich ihre Klänge fügten: *Beati qui persecutionem patiuntur propter iustitiam …*•

Heute hat er bloß Geringschätzung für seinen Nachbarn übrig, weil er – in Auszügen – den Hirtenbrief des Kardinals von Toulouse gelesen hat: »Nazismus nennt man heute die Demokratie, die gleichen Methoden, die gleichen …« Vordem kämpften Jacques und der Kardinal auf gleiche Weise und für das Gleiche.

Am Sonntagmorgen, im Schein der Sonne und der blauen Dächer, wenn sich die ewige »Invitation à la Valse«

im Zimmer von Eliane auf der Grammophonplatte dreht und auf dem Balkon darunter die flauschigen Kaninchen ihre Schnauzen kräuseln, ist die Ruhe nur oberflächlich. Jacques schaut durch das Fenster auf das hingegossene Weiß von Sacré-Cœur, wie seine Vorfahren auf die Bastille geschaut haben mussten. Das, was er noch vor nicht allzu langer Zeit erkennen konnte, sieht er nicht mehr. Aus einer kleinen Broschüre wird er lernen, wie man schon im Gothaer Programm im Jahre 1875 die Verteilung nach gleichem Recht, jedem nach seinen vernunftgemäßen Bedürfnissen, gefordert hatte.° Stolz wird er wiederholen: »Schon im Jahre 1875 …« So ähnlich sprach vor langer Zeit jemand anderes, und heute würde der betagte *Monseigneur* wiederholen: »Es gilt die Ordnung zu verändern, sie gerechter, brüderlicher zu machen …« Der tapfere M. Guillou vermag bisweilen, wenn man ihn nach irgendwas fragt, plötzlich aus der Haut zu fahren und mit seinen lila gefärbten Händen zu wedeln. Der Ausdruck *salauds,*° einst lediglich an eine Adresse gerichtet, wird nun unter dem Schnurrbart häufig in alle Richtungen geschickt. Dabei arbeitet er genauso wie Jacques und auch er lehnt die Herrschaft des Menschen über den Menschen ab. Doch der böse Geist der von jedem Sinn entkoppelten Worte hat sein Werk getan, er ist die Ursache dafür, dass Jacques so oft voller Erregung gluckst: »Lenin sagt, es sei nicht wichtig, ob drei Viertel der Menschheit stirbt, solange das Viertel, das am Leben bleibt, auf unserer Seite ist.« Daraufhin wirft M. Guillou ihm einen Blick zu, der genau dasselbe sagt, nur hat er eine abweichende Vorstellung davon, was das am Leben gebliebene Viertel für Überzeugungen haben sollte.

Schon begegnen einander andere Leute in den schmalen Fluren und seltener klopfen sie sich abends an ihre schmalen Türen. Von unten, vielleicht von den feuchten Kellern her, ist der Hass bis hierher gekrochen.

Der Wind zerzaust die jungen Blätter der auf den Balkonen verpackten Pelargonien und schlägt sausend und mit großen Hieben auf die Dächer herunter. Sobald sich die Geschäftigkeit des Tages beruhigt hat, sich der Plüsch der Dämmerung über die Stadt legt und das Akkordeongeschmetter unten vom Motorwürgen eines alten Autos durchbrochen wird, versucht M. de Saint-Esprit das Geheimnis dessen zu lüften, was nicht mehr wiederkehren kann. – »Konfuzius sagte, die erste Pflicht eines neuen Herrschers auf dem Thron eines auseinandergebrochenen Imperiums sei es, die Bedeutungen wiederherzustellen, den Gehalt der Worte festzulegen, da jedes Wort unvermeidlich nach seinem Gehalt wirkt.« Die Wirkung dieser Worte unterscheidet sich heute in den Auslegungen von Jacques und Guillou. Definitionen sind zu einem Spiel der Gefühle geworden. Freiheit? Will sie ein jeder nur für sich? Gleichheit? Zwischen wem? Zwischen jenen, die die neue Deklaration der Rechte in Menschen und Arbeiter geteilt hat? In Menschen und Übermenschen? Jacques sieht sich heute als Übermensch, und damit braucht nur einer anzufangen, um den Auftakt zu setzen für ein gegenseitiges Überbieten, dessen Folgen ganz und gar unmenschliche sind ... Jacques glaubt, die soziale Frage gelöst zu haben, weil er nicht sieht, dass der Tag, an dem sie gelöst würde, zugleich der letzte unserer Existenz wäre. Zu dem, was Jacques' Lehrmeister vor hundert Jahren ausgerechnet haben und was ihre Nachfolger ihm noch heute als

Musterrechnung vorhalten, sind beständig weitere Zahlen hinzugekommen, und es kommen immer mehr, immer größere und in immer schnellerem Tempo ... Guillou ist ihm vielleicht in dem Sinne überlegen, dass er, wenn auch nur unterbewusst, stärker an die ewige Evolution der Menschheit glaubt und deshalb instinktiv jedes Gerüst hasst, in das man sie mit Gewalt zwängen will, um sie auf eine einzige Form festzulegen. Für ihn ist nicht die Gesellschaftsform der letzte Ausdruck der Evolution der Menschen, sondern der Mensch in seiner Annäherung an Jenen, von dem er jeden Tag auf Latein liest. Deshalb kann es zwischen ihnen keine Verständigung geben. Jacques scheint der Horizont, den er mit seinen Augen ausmachen kann, der Rand zu sein: Dabei liegt hinter diesem Horizont ein weiterer. Jacques sieht ihn nicht, weil er nicht vorwärts geht und nicht vorwärts gehen will, wenn er auch eisern davon überzeugt ist, an der Spitze zu schreiten ... *C'est pas ça, c'est pas ça ...*

Der von den Schornsteinen gerade nach oben sich sträubende, vom Wetter kündende Rauch vermag heute kaum noch Freude auszulösen, das gleichmäßige Tick-tack des beständig weitergehenden Weckers beruhigt uns nicht mehr. – Wohin schreitet der Zeiger? Die scherzhafte Bemerkung von Eliane, M. Guillous Kaninchen kräuselt seine Schnauze so, als hätte es ein schlechtsitzendes Gebiss, macht niemanden mehr lachen, und der Narzissenstrauch auf ihrem Schminktisch ist nicht mehr so golden wie früher. Wenn die Pförtnerin mit ihrer Gangart einer überfetten Gans aus der »Loge« schreitet und etwas Boshaftes schnattert, erhält sie darauf nur noch selten eine fröhliche Entgegnung.

Wie schmutziger Herbstnebel hängen über den Dächern häufig Furcht und Enttäuschung. Sie schleichen über unsere hölzernen Treppen und gehen auch gerne über die steinernen gegenüber. Von ihnen erzählt Magda bisweilen mit boshafter Zufriedenheit, Jacques lächelt dabei geheimnisvoll. M. de Saint-Esprit liest weniger, und wenn er nur kann, läuft er zum Hôtel Drouot, um dort auf den zur Auktion aufgestellten Klavieren zu klimpern. Er meint, das beruhige ihn und es koste nichts. M. Guillou färbt weiter seine Blumen und Gräser. Abends entzündet er eine Petroleumlampe, setzt seine Brille auf und liest halblaut auf Latein. Durch das angelehnte Fenster auf dem Balkon dringen manchmal ganze Sätze hindurch, sie versinken im Nebel über der Stadt. Es sind mächtige, klare, ganz unpharisäerhafte Worte: *Quid me tentatis hypocritae?*

Der alte Guillou lächelt, mild und aufrichtig, wie früher. Vielleicht spürt er, dass die unversehrte Wahrheit einzig von dort herströmt, von über den Dächern ...

FRÜHLING IN PARIS

Montag

Schon am Samstag lag er in der Luft. Er kam schließlich so augenblicklich, als würde eine Champagnerflasche geöffnet: Der Korken bewegt sich langsam und widerwillig, doch plötzlich: Puff! – und der Frühling ist da.

Die Bäume auf meinem Boulevard, vorgestern noch schwarz konturiert, wie wenn sie in einer Kohlezeichnung vor einen schmutzigen Himmel gesetzt wären, sind heute mit Grün bedeckt. Die sofort riesigen Blätter der Kastanie sind noch zerknittert und verknautscht. Gerade rangen sie in den schon ausgewachsenen Knospen nach Luft, jetzt ist jedes von ihnen ein grünes Damenmäntelchen aus Seide, in Erwartung eines Regenschauers dankbar aus der Handtasche gezogen. Es ist ein Naturfilm, in dem alles Wachsen und Entwickeln im Lauf von wenigen Sekunden geschieht. Noch ist es bewölkt und kühl, aber schon anders. Der Regen wird nicht mehr jener durchgetaktete des Winters sein; er wird chaotisch und zwanglos einfach so vor sich hin fallen.

Der Montag ist hier überhaupt kein Tag, kein Feier- und auch kein Werktag. Er ist vor allem langweilig, besonders am Vormittag. Jedes *quartier*, jede Straße ist dann eine Provinzstadt, weit entfernt von Paris. Es gibt keine Zeitungen, die Geschäfte und Werkstätten sind geschlossen, nichts kann man kaufen. Auf den Straßen ist es leer, und erst ab dem Nachmittag kommt hier und dort Verkehr auf, doch kaum mehr als an einem halben Sonntag. Ein Frühabendprogramm im Kino, Nachmittagsvorstellungen im Theater und die ersten Zeitungen am Abend. Die Montage sind hier immer schwerfällig und fad.

Ich warte auf die Métro. Die Zweiklassenteilung ist aufgehoben. Die Fahrkarten tragen einen Einheitspreis, doch die roten, weich gepolsterten Waggons der ersten Klasse fahren immer noch in der Mitte. Wer sie früher gewählt hat, steigt weiter in sie ein, die Übrigen drängen sich keineswegs in sie. Die bloße Existenz dieser Waggons jedoch beleidigt ihr Egalitätsgefühl, weshalb sie zu gewöhnlichen umgebaut werden sollen. Viel wurde darüber geschrieben – selbstverständlich!, *c'est un problème.* Es gibt zwei Arten von Demokratie: jene, die danach strebt, dass alle Waggons bequem sein sollen, und jene, die die weich gepolsterten zu harten umbauen lässt und das auch noch für eine Volkserrungenschaft hält. Von ebendieser zweiten Art ist die französische. Die unergiebige und kostspielige soziale Rache für jede Beleidigung des Ideals der Gleichheit, sie pflegte hier das einzige sichtbare Zeichen für Veränderungen oder Reformen zu sein. Und das genügte. Bisweilen änderten sich auch die Namen der hierfür zuständigen Institutionen und Ämter. Frankreich zahlt heute, womöglich mehr als jedes andere Land, den Preis für die effiziente Veränderung inhaltsloser Formen. Mit dem ihm eigenen Charme möchte Frankreich noch einmal davonkommen: noch mal irgendeine neue Synthese aus alten Elementen kreieren, die Risse mit jener bezaubernden *continuité* verkitten, obwohl man immer näher mit dem Rücken zur Wand steht. Diese Epoche ist für Frankreich besonders unbarmherzig, denn in ihr ist kein Platz für Koketterie und *maquillage*. Unsere Zeit geht aufs Ganze, und Frankreich windet und quält sich unter diesem Entweder-Oder. Wie in einem Wartezimmer läuft dieses Frankreich von Tür zu Tür, klopft und läuft weiter, ohne abzuwarten, dass geöffnet wird. *La France* kann, wie so viele, genauso wenig das richtige Zimmer wie ihren Frieden finden. Ständig wird sie dabei ertappt, wie sie sich pudert, im Spiegel betrachtet und sich einredet, dass sie wohl doch etwas zugenommen habe ... Und wie jede Frau in diesem Alter ist sie sehr empfindlich ...

»Auf der ganzen Welt ist niemand konservativer als sie. In ihrer Seele ist der Kapitalismus noch in seiner reinen, schulmäßigen Form zu finden«, sagte mir letztes Jahr Gerald F., ein Londoner, nach einem Urlaub in Frankreich. Durch die Felder, Kleingärten und *propriétés* in der Gegend von Provins hatte er bis auf Frankreichs tiefsten Grund gesehen. »Wie schrecklich konservativ sie doch sind«, sagte mir unlängst Jacques V. nach einem Monat in England. Er dagegen hatte bloß die äußeren Erscheinungen erblickt.

In der Métro holt eine Mutter zwei Bananen aus der Tasche. Eine gibt sie ihrem Kind, die zweite schält sie für sich. *Eine* Banane! Die neben ihr sitzenden Weiber sind aufs Köstlichste entrüstet. Es zischeln die neidischen Schlangen: *»Elle lui mange sa ration! Voyez-vous ça? … Pauvre gosse! …«* Dabei sprechen sie nicht zueinander, sondern so, dass die »Rabenmutter« sie hören muss. Beim Anblick der Bananen läuft ihnen die giftige Galle im Mund zusammen. Das Kind interessiert sie nicht. Neid und Missgunst sind hier tatsächlich einmal von gelber Farbe und scharfem, stechendem Geruch; herrlich ausgebildet, halten sie die Frauen am Leben. Schade, dass ich keine Bananen habe. Ich würde sie laut verspeisen, direkt in ihre ekelhaft selbstgerechten Gesichter schmatzend. Danach würde ich heiß und innig beten, dass sie auf der Schale ausrutschen und sich die Beine brechen. Ihre Empörung fuhr noch eine Weile mit und stieg an der »Bastille« aus, das verlieh ihr zusätzlich Gewicht …

Man hat den Eindruck, dass nicht so sehr »Neues zu schaffen« als vielmehr die Wiederaneignung und Umverteilung des »Alten« zum ich weiß nicht wievielten Male Frankreich in diese fiebrige Trägheit und geschäftige Passivität gebracht hat. Wie viel ist von diesem »Alten« wohl übriggeblieben? Wohl nur wenig. Also bleibt noch die soziale Rache und nichts weiter. Rache für alles Mögliche, und sei es für eine Banane.

Dienstag

In der Nacht hat es geregnet. Morgens scheint die Sonne. Es ist schwül und dunstig. Ich fahre mit dem Fahrrad zur Arbeit. Paris duftet. In der ganzen Stadt liegt ein warmfeuchter Geruch ähnlich dem, der aufsteigt, wenn man das Glas eines Treibbeets schnell anhebt. Die Kastanien spielen verrückt, die riesigen Bäume an der Seine gehen ganz in einem grünen Schleier kleiner Blätter auf. Das ist der eine Morgen, nach dem sich schon nicht mehr viel ändern wird, ein Vormittag reinsten Frühlings.

Auf der Rue de Rivoli ist es eng und voller Menschen. Die Vorderseite der Halles de Paris. Autos, Lastwagen, Schlepper, Anhänger, Wagen und Wägelchen. Auf ihnen Blumenkohlköpfe, Kisten, Datteln, Salat und grüne Berge aus Spinat. Abgase, vermischt mit dem scharfen Geruch von Lauch, diesem Weihwasserwedel unter dem Gemüse. Ich bin bloß ein Teilchen der Straße, in ihr treibend. Ein herrlicher Slalom durch bewegliche Tore, die sich zwischen den beweglichen Fahrzeugen sekündlich neu fügen. Hinter der Rue du Louvre hört das Gewirr auf, und an der Rue Royale lässt ein Polizist ruhig und gelassen immer neue Maschinenrudel von der Leine. Sie zerstreunen sich auf der Place de la Concorde auf der Jagd nach jener Zeit, die sie auf der Kreuzung verloren haben. Die dunstverhangene Ebene der Champs-

Élysées stößt sanft bis an den Arc de Triomphe. Hunderte Fahrzeuge. Von hier aus kann man sie nicht erkennen, sie nicht unterscheiden, sie blitzen nur mit Chrom und Glas. Es sieht so aus, als würden dort im fernen rauchigen Dunkel Tausende Menschen mit Spiegeln spielen. An der Avenue de Marigny hält ein Polizist den Verkehr an. Nach einer Weile schält sich, von vier Motorrädern beweihräuchert, der schwarze Wagen des Präsidenten heraus. Ein runder, kleiner, glatzköpfiger Herr mit einer dicken Brille. Er sieht haargenau so aus wie mein *épicier*, nur ist er sicher weit weniger wichtig und duzt nicht alle Welt. Denn seine Macht ist kleiner als jene echte der grau bekittelten Präsidenten. Sie sind es, die Frankreich lenken, nicht dieser lächelnde Herr in der schwarzen Limousine. Nur die Lippen der *épiciers* formen jene Worte, die hier wirklich zählen: Wein, Zucker, Öl, Nudeln, Konfitüre.

Zweiundvierzig *»ça va?«* ertönen jeden Morgen zur Begrüßung in der Werkstatt. Wir sind zu sechst – und dann noch der Alte. Er bringt seinen Grußanteil kaum über die sabbrigen Lippen, deren untere rechts von einer andauernd, vermutlich seit seiner Geburt, darin steckenden Pfeife deformiert ist. Der Alte hat, wie jeden Dienstag, seinen Verband gewechselt, das heißt, das Mundstück der Pfeife mit neuem Isolierband umwickelt. So rutscht sie ihm nicht aus seinem zahnlosen Kiefer, und er kann unbeschwert fluchend über alles und jeden meckern.

Mit den ersten Blättern wuchs auch die Arbeit. Das ist unsere Saison. Bestellungen neuer und Reparaturen alter Fahrräder, herangebracht von jungen Mädchen und blassen ausgemergelten Jungs aus dem Bourgeoisreservat am Bois de Boulogne. Maurice hat die »Humanité« ordentlich zusammengefaltet und beginnt jetzt Schweißpunkte aus dem Brenner zu schießen. Louis ist eigentlich Sozialist, aber seit der Enteignung seines Gärtchens, das er auf einer der Wiesen im Bois de Vincennes besaß, hat er sich weiter radikalisiert. Solche wie er bereiten Léon Blum• Kopfzerbrechen. Die Wendung »die da«, die sich auf alles bezieht, was in der Regierung schiefläuft, klingt noch schärfer unter den Stoßseufzern, dass er *gerade jetzt* Radieschen und Salat pflanzen würde ... Der junge René hat sich am Samstag die Haare ondulieren lassen und bewegt sich jetzt stolz und wellenförmig durch die Gegend. Wie viele junge Leute ist er der halbscherzhaften Auffassung, dass die beste Partei die *parti du salut personnel*• sei.

Für diese Saison hat der Alte einige Spezialmodelle vorbereitet, echte Perlen, und nun beschwert er sich. Unsere Konkurrenz, das sind nicht die großen Fabriken, die »Eisenwaren« in Serie schmieden (»Konservendosen«, wie wir diese Fahrräder in unserer Sprache nennen), sondern andere Werkstätten, ganz so wie unsere. Hier ist jeder Rahmen ein Unikat, geschweißt aus den besten Rohrsätzen. Dem hohen Preis zum Trotz türmen sich die Aufträge; und doch ächzen diese kleinen und mittleren Betriebe heute – nicht die Massenindustrie, sondern das Handwerk, das den wirklichen Reichtum Frankreichs ausmachte – unter der Last der Steuern, unter dem Mangel, unter Direktiven und Verordnungen; man wirft sie in die neustaatliche Planlosigkeit einer Planwirtschaft, gelenkt aus der Vogelperspektive von einst sicher tapferen Schützen der *Résistance* – und lässt sie darin ertrinken. Mein Alter und solche wie er, ob von größeren oder kleineren Betrieben, siechen dahin: Sie arbeiten zunehmend in den Tag hinein, bloß für das täglich Brot, und werden krumm aus Resignation – und wir mit ihm. Das kleine und mittlere Gewerbe investiert nicht mehr, es kennt nur noch das Durchhalten. Das große, verstaatlichte weist enorme Defizite auf und versucht sie aus den Taschen solcher »Alten« und auch aus unseren zu decken. Aufwühlende Diskussionen, die mit dem, was in den einzelnen Parteiorganen so geschrieben wird, nicht viel gemein haben.

Während des Mittagessens die uralte Frage, die sich Frankreich immer häufiger stellt: *Où en sommes nous?* Attacke, Parade, unterbrochen von den Löffeln einer im Kessel erwärmten Suppe und von Bissen kostbaren Brots. – »Ein Rasierpinsel, ein solider, kostet anderthalbtausend Francs, und ein neuer ›Citroën‹ hundertfünfzigtausend. Das heißt, ein Auto hat den Gegenwert von tausend Rasierpinseln: ein paar Kilo Rosshaar, Holz und Klebstoff. *Merde! Voilà où nous sommes*«, springt Louis auf. Maurice, mit rot angelaufenem Gesicht, würde gerne die Rasierpinselproduktion verstaatlichen. »Dann wäre ein Rasierpinsel teurer als ein Auto«, krächzt der Alte trotzig hinter der Lade. Ich schweige. *Et toi André, t'es donc intelligent, qu'en dis tu?*, ruft mir Louis zu.

»Ich weiß bloß, dass ich mir nie ein Auto leisten konnte, aber immer einen Rasierpinsel. Jetzt ist mir sogar der Pinsel zu teuer.« Allgemeine Heiterkeit. Ich weiß nicht, ob sie der Witz so amüsiert oder diese Welt, auf die sie zunehmend wie auf einen Lügenglobus blicken. »*Ecoute, ferme*«, triezt Louis Mauriac. »Was ist der Unterschied zwischen dir und einem dummen Pfarrer, der mir das Himmelreich verspricht, wenn ich nur brav bin? …«

Zwischen diesem Volk und jenen, die glauben, es zu vertreten, kann sich noch viel ereignen … *Spiritus gallicus flat ubi vult.*

Mittwoch

Heute gestand mir eine Kundin, ein junges Fräulein aus dem Reservat, als ich noch schnell etwas an ihrem Rad reparierte, dass sie verlobt sei, dass »er« in der Provinz lebt, dass aber *maman* ihnen verboten habe, einander zu schreiben. Keine Briefe! Natürlich, denn sollte etwas nicht »klappen«, sind Briefe freilich … *Enfin c'est plus prudent.* So ein Gespräch hat den Duft künstlicher Blumen auf einem Kaminsims.

Ins Bistro fällt Sonnenlicht, frühlingshafte Ruhe. Die ersten Fliegen betrinken sich an den Bierpfützen auf der Theke, und die Katze ist jetzt, wie alle anderen Katzen in Paris, schwanger. Nur trägt sie ihre Schwangerschaft nicht so zur Schau wie die Französinnen, deren Bäuche in dieser Zeit die gleiche Funktion erfüllen wie die Schneepflüge, die an Lokomotiven angebracht werden: Sie schieben mit ihnen die Menge auseinander und erkämpfen sich einen Platz in der Métro oder eine *priorité* in den Schlangen vor der Brotausgabe. Wir essen Austern (bald schon verschwinden sie wieder) und alle schlürfen stilvoll die Sauce aus den Muscheln. Beim Mittagessen sehe ich einen boshaften Wandergreis, der mit einem Eimer Wasser und einer Bürste umhergeht und die Straßenschilder an den Kreuzungen putzt. Was für ein Beruf! Er hat von de Gaulle zu sprechen begonnen, davon, dass *le général* vielleicht *enfin* Ordnung schafft in Frankreich. Maurice ließ sich nicht bitten: »Dein de Gaulle ist dumm. *T'as lu son dernier discours?*«• Darin hat Maurice etwas ausgemacht, was sogar seiner Zeitung entgangen sein muss und was auch niemandem sonst aufgefallen ist: »Dieser de Gaulle hat gesagt, dass alle Arbeiter einer Fabrik einen Anteil sowohl an den Gewinnen als auch den Verlusten der Fabrik haben sollen. *En honnêtes actionnaires!*• *Eh beu* – der Arbeiter stimmt dem niemals zu. Anteil an den Gewinnen schon – *ça oui* –, aber an Betriebsverlusten sind niemals die Arbeiter schuld, verstehst du? Niemals! Kein Arbeiter trägt die Verantwortung für die Verluste. *Il est fou, ton général!*«• Das Gespräch erhitzt sich, der Wirt des Bistros ist nämlich Gaulliste. Satzfetzen: »Diktatur? Diktaturen gibt es nur in Ländern mit zwei oder drei Klassen, in Frankreich haben wir mindestens zwölf. Eine Diktatur ist bei uns unmöglich.« Ich lausche gierig und will mir all diese Stimmen einprägen: »De Gaulle hat eine Dummheit begangen. Wir haben uns eine Regierung gewählt, aber unzufrieden waren wir alle mit ihr. Schwierig, darin einen Sündenbock zu finden. Jetzt wird es eben de Gaulle.« – »Was? Zwölf Klassen? Keine Sorge, wenn hier Ordnung einkehrt, wird's nur eine geben ...«

An dieser Leidenschaft (auch wenn das gewöhnliche Temperament veranschlagt wird), an der Feindseligkeit unter Menschen, die einander täglich begegnen oder miteinander arbeiten, wird offenbar, dass der Kampf, der Frankreich gegenwärtig zermürbt, nicht um Kolonien, Menschen oder

Wählerstimmen geführt wird, nicht um die Köpfe, sondern um nichts weniger als die Seelen. Oder vielleicht doch nur noch um die Instinkte hungriger und nervöser Tiere. Deshalb tobt die Schlacht allenthalben so heftig, ist die Spaltung so fundamental. In einer solchen Stimmung sind neuer Terror, Hinrichtungen und Lager wieder möglich, man hat sich innerlich fast damit abgefunden, dass all das wieder eingerichtet werden könnte. Wenn sie wiederaufleben, dann nicht als Antwort auf irgendeine Verzweiflung oder jene *grande peur,* die Frankreich heute von oben bis unten fest im Griff hält – nein, es wäre bloß das Ausstellen eines Schecks in Höhe einer gewissen Summe von Gräueln, eines Schecks, der schon seit langem in der kollektiven Psyche gedeckt ist. Dieser furchtbare Blankoscheck liegt im Unterbewusstsein fast eines jeden, hinterlegt in den Seelen, völlig unabhängig von den jeweiligen Überzeugungen. Es gibt keine übergeordnete Moral, nur die Moral der Parteien, deren jeweilige Farben man trägt. Frankreich, ausgerechnet Frankreich scheint ganz so, als hätte es seinen größten Schatz während des Krieges verloren und verlöre ihn nach dem Krieg immer weiter: das Ethos der Freiheit.

Donnerstag

Zum Mittagessen habe ich René in den Jardin du Trocadéro mitgenommen. Rotwein ist mittlerweile frei verkäuflich, die Flasche *Pinard* kostet achtzig Francs. Wir haben Wein gekauft, dazu Brot und Wurst. Die Sonne scheint und ganz Paris badet in Technicolor. Wir sitzen auf den Treppen, essen und trinken gemächlich, rauchen unter der Sonne und dem ununterbrochenen metallischen Surren der Rollschuhe, auf denen die Kinder hier rasen. Beste Bedingungen, eine veritable Rollschuhalpenlandschaft! Sie jagen die breite Rampe neben der Treppe hinunter und stoßen sich an deren Ende heftig von ihr ab wie von einer Skisprungschanze. Man braucht sie nur etwas zu beobachten, damit sie ihr Schaulaufen beginnen. Ein gewandter junger Bursche, schäbig gekleidet, spult das ganze Programm mit geschmeidiger Eleganz ab. Ich rufe ihn.

»*Dis donc*, leih mir deine Rollschuhe. Ich würd gern eine Runde fahren.«

Er zögert, lächelt ungläubig.

»Komm schon, leih sie mir. Du bekommst eine Brotmarke für 350 Gramm dafür.«

Er legt sie ab, ohne weiter zu zögern. Wir lösen die Schrauben und verlängern die Schienen, aber sie sind immer noch etwas zu klein. René und der Rest der Kinderschar schaut neugierig zu. Ich stoße mich kühn ab – schrecklich! Jedes Bein macht, was es will, ich kriege sie nicht los. Schließlich sitze ich, klassisch, im Spagat. *»Vous êtes trop vieux pour ça«*,* stellt der Bub gnadenlos fest. *Trop vieux*? Mag sein, aber seit wann zum Teufel ist meine Jugend vorbei? *»Sans doute, mon vieux«*,* sage ich ihm leise und schnalle die Rollschuhe beschämt ab.

Wir machen uns auf den Rückweg Richtung Schuppen. Die Ampel ist rot. Neben mir macht ein mit seiner Chromfront blendender Buick einen Knicks, bleibt erstarrt stehen und bewegt nur den Schnurrbart seiner Radioantenne. Innen, zwischen dem ganzen Glas, den Stoffbezügen, dem

Chrom und poliertem Holz, sitzt eine wunderschöne Frau, die Beine übereinandergeschlagen, ihr Kleid hat sich über das Knie geschoben. Wie ich so auf sie schaue, denke ich an die blasslilafarbenen Orchideen bei »Lachaume«, die dort in mit Seide ausgeschlagenen Schatullen arrangiert sind. Ich lächle ihr zu. Stolz wendet sie den Kopf ab. Ist es, weil meine Hose an den Knien so durchsichtig wie eine Mullbinde geworden ist? Oder womöglich scheint es dir, dass ich dich – wie die Gouncourts sagen – mit den Augen eines Kindes ansehe, das eine Scheibe Butterbrot erblickt? Nein, Schwester, ich neide dir nichts. Vielleicht hätte ich nur gerne ein Paar deiner Nylonstrümpfe für jemanden, den ich sehr liebe. Sonst bin ich glücklich, o ja! Aber das würdest du mir sicher nicht glauben. Solche wie mich hält man gemeinhin für Lügner, man sagt, Glück in dieser Welt, dazu noch im Präsens behauptet, grenze an eine Beleidigung für alle anderen. Falls das stimmt, schmähe ich dich mit meinem Glück ganz fürchterlich, unverzeihlich. Die Ampel flackert grün. Der Buick räuspert sich höflich und springt leise vorwärts.

Paris im Frühling. Als ich am Abend heimkehre, ist es warm und mild. Auf den Champs-Élysées ist Verkehr. Zwei ununterbrochene Reihen von Autos bewegen sich in entgegengesetzte Richtungen wie ein Transmissionsriemen, der die beiden Antriebsräder der Stadt miteinander verbindet: Étoile und Concorde. Die Kinos flimmern: Fred Astaire, Greta Garbo, Barbara Stanwyck, Joan Crawford, Dolores del Rio. Ich habe Lust, ihnen den Satz des Jungen vom Trocadéro zu sagen: *Vous êtes trop vieux pour ça*. Ihre Namen ziehen heute nicht mehr, vielleicht noch auf melancholische Weise. Andererseits hat dieser Disney sogar dafür gesorgt, dass Beethoven und Bach wieder en vogue sind. Ich hörte etwa schon solches Lob: *C'est tout à fait potable cette Symphonie Pastorale.* Ob Beethoven je davon geträumt hat, *potable* zu sein? Ein Quietschen, ein Bremsen, und schon steht mir eine silberne Stoßstange direkt am Bein. Durchs Fenster beugt sich der Kopf eines ganz untadeligen Mannes, der mir in einem feinen Französisch, wie Mauriacs Schluchzen im »Figaro«, meinen Leichtsinn vorhält: *»Voyons donc, mon ami, c'est extrêment imprudent de foncer comme cela* (das war Disneys Schuld) *dans cette cohue des voitures ...«* Solche Herren sind mir die liebsten. Ich höre ihn mit ernster Miene an, während ich den Hals vornehm in meinem verschwitzten Kragen schüttle, danach sage ich in ebenso ausgesuchtem Tonfall: *»Que Sa Majesté m'excuse.«* Salut! Bald geht der Schatten des Obelisken in den Tuilerien spazieren.

»Hast du unterwegs Brot gekauft? Ich stand eine Stunde an, aber es gab keines mehr. Ich habe noch nicht mal eine Marke für morgen.«

»Nein, stell dir vor ... ich hab sie verloren ... das heißt, ich habe im Trocadéro Mittag gegessen ... und da fuhren die Jungs auf ihren Rollschuhen ... na und, verstehst du ...« Sie versteht. Ihre dunklen Augen lachen.

Freitag

Es ist zweifellos Frühling, denn die Bäckerin hat ein mit Wasser gefülltes Einmachglas ins Fenster gestellt, darin schwimmt eine einsame Kaulquappe, ein belebtes Komma.

Wie jedes Jahr erwidert sie mir auch diesmal, dass es sie amüsiert, »wenn sich das bewegt« (*quand ça bouge*). Wäre ich so dick wie sie, würde mich das auch amüsieren. Sie selbst kann sich nicht bewegen, da schaut sie zumindest zu, »wenn sich das bewegt«.

Am Abend Gespräch mit dem Sohn von C., einem jungen Studenten und eifernden Katholiken. Sein Katholizismus ist so rein, so vergeistigt, so vernunftgemäß und abstrakt, dass ihn nur ein Schritt trennt von der eigentümlichen Vergeistigung der Atheisten. Der französische Katholizismus dieser Art (es gibt zum Glück noch andere) kommt schon fast ohne Gott aus, aber ganz sicher schon ohne Menschen aus Fleisch und Blut. Darin ist der eigentliche Gott ein irgendwie sublimierter Katholizismus, sich selbst genug und mit allem einverstanden, wenn es nur der Erneuerung des katholischen Geistes dient. Ein Katholizismus der irdischen Impotenten. Ob den Spiritismus so viel vom asketischen Materialismus unterscheidet? Vermutlich nicht. Hier wie dort wird gegen Leib, Herz und lebendiges Blut gedacht.

»*Écoute*, scheint es dir nicht auch so, dass der Atheismus in seiner gegenwärtigen Form keineswegs Gott negiert? Das hat sich überlebt und ist ganz aus der Mode, das ist der Atheismus des 18. und 19. Jahrhunderts. Der neue Atheismus ist einfach die Negation der Existenz des Menschen in einer der göttlichen Personen.«

»*Oui, mais* ...« Was für eine köstliche Dialektik! Verglichen damit scheint mir, bin ich bloß ... ja, eine Kaulquappe, das gedankenlose Viech im Einmachglas der Bäckerin. *Ça bouge et c'est tout.* Mir wird schlecht und ich würde diesen sogenannten gesunden Menschenverstand am liebsten erbrechen. Das macht solche Diskussionen furchtbar schwer zu ertragen. Möge dich deine »École Normale« behüten. Ich hörte ihm nicht mehr zu, schaute auf unsere Anemonen.

Samstag

Einen jungen Burschen aus dem Reservat habe ich heute, während ich ihm sein Rad aushändigte, auf den Existenzialismus angesprochen. In solchen Gesprächen erfährt man manchmal interessante Sachen. Der hier erzählte mir, dass er gemeinsam mit Sartre in deutscher Lagerhaft war und sie diesem sein dreckiges Hemd immer fast mit Gewalt hatten abnehmen und ihn zum Wechsel der Unterwäsche zwingen müssen. Der Schmutz wucherte nur so an Sartre.

»*Voilá l'existentialisme*«, erklärte er und bot mir eine »Philip Morris« an. Amerikanische Zigaretten sind jetzt zur Seltenheit geworden.

»*Oui*«, sage ich, »*et vous savez* – das alles hat etwas von einem Schwarzmarkt des Denkens. Auch dieser Markt ist leergefegt. Die Leute kaufen den Existenzialismus von Sartre so wie Sie diese ›Morris‹-Zigaretten, an denen es mangelt und deren Wert dadurch so absurde Höhen erreicht hat.«

Nachdem er gegangen ist, dachte ich mir beim Einstellen einer Bremse (dabei kann man in Ruhe nachdenken, eigentlich tut man nichts Richtiges, so kann Arbeit am Samstag aussehen), dass im Grunde diese ungeheure Steigerung des Grenznutzens von allem Möglichen unser Ende besiegelt: von der Glühbirne und der Nadel bis zur Maschine und zum Gedanken. Es kann nicht gut ausgehen, wenn der Grenznutzen einer Glühbirne mit der eines Gedankens in eins fällt, oder, noch schlimmer, wenn der der Glühbirne den des Gedankens übertrifft. Welche Gedanken man dann kauft, ist völlig gleich. Das kann freilich zu einer Philosophie der Glühbirne allein führen, oder direkt zu einer Philosophie der Milchstraße: Unmenschlich sind sie beide.

In der Mittagspause liege ich im Bois de Boulogne in der Sonne. Gestern habe ich mir mit einem Kabel die Fingerkuppe durchstochen, die sich jetzt entzündet hat und zu brennen anfängt. Herrlich! Ich werde nichts mehr arbeiten können und bloß Rahmen zum Verchromen und Lackieren in einem Handwagen bis zur Bastille schieben. Täglich »für den Frühling nach Paris rausfahren«. Mich in der Stadt herumtreiben, Ausstellungen besuchen und die Fotografien in den Schaukästen vor den Kinos ansehen.

Die Kastanien haben schon zu blühen begonnen und werfen die ersten Blüten schon wieder ab. Ein rosafarbener Frühlingsschnee, der sich in Flicken auf den Asphalt der Fahrbahn legt und vom Wind und dem Strom der Autos weggefegt wird. Der Sohn einer Bekannten, ein sechsjähriger Junge, hat schon so viel von den Brotrationierungen gehört, dass er ganz von selbst das abendliche Vaterunser bereichert hat: »Zweihundertfünfzig Gramm von unserm täglichen Brot gib uns heute«. Dass der Herrgott ihn erhöre! Es fehlt nicht viel, und diese Bitte wird wichtiger noch als das »und vergib uns unsere Schuld«. »Dein Reich komme« sollte man in dieser Atmosphäre etwas leiser aussprechen, das riecht nach Gaullismus ...

Sonntag

Wir erwachen inmitten von Akkordeonklängen, die aus allen offenen Fenstern ringsum zu uns dringen. Danach die althergebrachte Zweite Rhapsodie und der »Bolero« von Ravel. Später ruft der Alte an und fragt höflich, ob ich nicht am Montag zur Maloche kommen könnte. Freilich – der Finger ist »verheilt« und die Arbeit könnte etwas einbringen, etwa für einen Zelturlaub an einem Strand. Der Patron sagt, dass er die *fermeture annuelle* dieses Jahr in den Juli legt.

Nachmittag. Träges Hinaustreten in die Sonne auf den Boulevards. Ein alter Mann spielt auf einer Geige ein Stück, das den Titel »Merci« tragen sollte, denn bei jedem Franc, der in seinen Hut fällt, unterbricht er und bedankt sich. In den Auslagen stehen Schilder: »Zehn Prozent Preisnachlass«. So sieht es aus. Wie lange die Wirkung dieses von Blum verabreichten Opiums wohl noch anhält? Dabei ging es ja nicht darum, die Preise zu drücken, sondern deren Anstieg anzuhalten. Bisher ist es fast gelungen. – Das raue Kolumnengeviert der Madeleine-Kirche. Im prächtigen Schaufenster von Hermès in der Rue Saint-Honoré fliegen lebende Vögel und unterstreichen ihre Lebendigkeit auf den ausgestellten Produkten. Die Damenhüte sind vollständige Gärten, es fehlen ihnen bloß die Schilder mit der Aufschrift: »Betreten der Rasenfläche verboten.« Der Tanz farbiger Flecken im Park an den Champs-Élysées ist ein lebender Renoir. Ein Strauß wunderschöner Kinder auf einem Häufchen gelben Sands. Ein Mulatte sitzt auf einem Stuhl und lauscht einem Kofferradio, das er neben sich aufgestellt hat. Die Terrassen der Cafés sind voll – herrliche Kleider und Kostüme sowie schreckliche alte Jungfern, die sich zu jungen Damen hergerichtet haben. Gedränge zwischen Rue Marbeuf und Place de l'Étoile. Die Avenue Foch schimmert, poliert von Hunderttausenden Autoreifen. Kühler Schatten im Bois de Boulogne. In einer Nebenstraße steht ein Auto, hinter dem Steuer sitzt ein ergrauter kleiner Greis, neben ihm ein wunderbares Mädchen. Sie hat ihm ein Bein auf den Schoß gelegt, umarmt ihn und hat sich in seinen Lippen festgebissen. Ich erinnere mich an eine Boa im Berliner Aquarium, die ein Kaninchen mit ihrem Speichel ganz umschleckte. Einer sagt im Vorübergehen: *»Mais elle va le manger.«*[°] Ganz bestimmt – in einigen Monaten verschlingt sie ihn zusammen mit dem Auto und seinem Bankkonto. Von einem Lastwagen werden Kokosnüsse verkauft. Die Leute kaufen sie, skalpieren sie sogleich, trinken und essen aus ihnen. Ringsum ist alles mit Kokosmähnen und -schädeln bedeckt. Gelächter und Gesang, ein Gewirr aus Stimmen. Es wird Abend, jetzt wieder an der Étoile, diesmal bei Mondschein.

Ich gehe die schwach beleuchteten Champs-Élysées herab und frage mich: Woran liegt es, dass, obwohl Frankreich scheinbar genauso reizend ist, obwohl es in so vieler Hinsicht an das »Damals« anknüpft, obwohl es einen neckt und reizt, man dennoch diese Leere des *malgré tout* empfindet. Was ist es, das man so unwiederbringlich verloren glaubt? Diese Leere empfindet ein jeder, der *La France* nach langer Trennung zum ersten Mal wiedersieht. Irgendjemand hat mal gesagt, man könne mit einem Franzosen nicht diskutieren, wenn man nicht dessen Grundüberzeugungen teilt. Ich diskutiere eine Menge mit ihnen und muss feststellen, dass Frankreich keine Grundüberzeugungen mehr hat – nichts ist mehr übrig von jenen Überzeugungen, mit denen es Europa jahrhundertelang nährte. Man findet sie nicht auf der Straße, nicht in den Menschenmengen, in den Theatern oder in den Büchern, man sucht sie vergeblich in den Augen der Franzosen und in den Gesprächen mit ihnen. Vielleicht ist das die Ursache, die sich hinter der Frage verbirgt?

Eine der Grundüberzeugungen, vermutlich die fundamentalste von allen, war *Frankreich* als solches, der Glaube an sich selbst. Europa war sein Spiegel. Heute kann es sich nirgends mehr erblicken, Frankreich sucht sein Europa, Europa sucht sein Frankreich, und beide können sich nicht finden. Sie eilen hintereinander her zwischen all den Litfaßsäulen mit den ihnen fremden Reklamen, geschrieben in unverständlichen Sprachen.

EIN BASKISCHER BRIEF

In Paris wurden es nun vierzig Grad im Schatten. Auf einigen Straßen fing es regelrecht zu tauen an, der Asphalt schmolz und verwandelte sich in Schlamm. Andernorts trockneten die Holzpflasterklötze aus, lockerten sich und klackerten unter den Rädern. Man konnte sie herausnehmen, die Klötze übereinanderlegen und mit ihnen Holzburgen bauen. Noch durch die Schuhsohlen verbrannte man sich an den Steinen der Bürgersteige. Paris stöhnte von früh bis spät »was für eine Hitze« und trank. Wenn ich Menschen mit Gläsern voll Eis in den Händen anschaute, war ich überzeugt, dass sie nicht nur tranken: Sie badeten zugleich. Ich sah dann ein riesiges Glas und kleine Menschlein, die seinen gläsernen Rand erklommen wie die Kante eines hohen Bottichs. Da zog sich jemand an den Armen hoch, legte die Beine rüber und platsch – trank das Glas in einem Zug aus. Daraufhin zahlte er und ging mit einem Eiswürfel im Mund weiter, noch bis zur nächsten Straßenecke. Manchmal fiel aus dem fahlen und rußigen Himmel irgendein Tropfen auf die Hand. Vielleicht ja Regen? Nein, leider. Sogar der Himmel musste schwitzen, so wie die Bäume welkten.

Der Beamtenstreik wurde nach langen nächtlichen Manövern und Gegenmanövern in der Abgeordnetenkammer durch irgendeinen buchhalterisch-budgetären Winkelzug rasch erstickt, den die Zeitungen am folgenden Tag anprangerten. Allein die Presse hat ihre Reaktionsfähigkeit noch nicht vollständig eingebüßt. Dem Bürger war alles gleich geworden, ein jeder dachte nur darüber nach, wie er der Stadt entfliehen konnte, die in der Hitzeproduktion den seit so und so vielen Jahren bestehenden Rekord gebrochen hat. Sogar die Pförtnerinnen waren verstummt und hatten ihr Philosophieren eingestellt, was ebenfalls zu den allerseltensten Vorkommnissen zählt. Zu arbeiten wäre hier wirklich niemand imstande. Tagsüber erwachte man nur über einem Glas aus der Erstarrung, nachts war an Schlaf kaum zu denken. Shorts für die Dame und den Herrn ersetzten die üblichen Kleider und Anzüge, und die jeweils von der Sonne erleuchteten Straßenhälften wurden gemieden. Angeblich war es im Süden Frankreichs, ach was, sogar in Dakar kühler – um ganze zehn Grad.

Erst für die Zugfahrt habe ich mich mit einem Berg von Zeitungen eingedeckt. Man sollte sich nicht bloß damit beschäftigen, dass die Temperaturen in Paris im Juli diese oder jene Marke überschritten haben. Die Hitze dauerte an, doch der Gedanke, ihr zu entfliehen, machte sie schon milder. Langsam kam wieder Ordnung in den Kopf, das Zeitgefühl kehrte zurück. In meine Ferienstimmung spielten bestimmt verschiedenste Regungen hinein, doch das diskrete Flüstern der leidigen, hier und dort noch auftauchenden Ziffern wurde jedenfalls langsam von zuversichtlicheren Gedankengängen übertönt. Wie ein Hund, dem am Ohr gekrault wird, so begann ich unwillkürlich mit der Hinterpfote meiner Gedanken zu zucken. Frankreich, dieses immer beunruhigende Land, und schließlich doch das interessanteste von allen. Es hat etwas von einem internationalen Hefeteig: Alle heben minütlich das Tuch an und schauen, ob er wächst. Ob diese wunderbare französische Hefe wohl zumindest hier ihre Eigenschaften bewahrt hat, wo sie doch überall sonst schwächelt? Ob sie wohl aufgeht, für den Weitergebrauch im jeweils neuen, eigenen Teig taugt? Hinsichtlich der Hefe gibt es immerhin keine zwei Meinungen: An ihr herrscht kein Mangel. Doch bei der feinen französischen Feuilletage etwa sieht es schon anders aus. In meinem Zugabteil habe auch ich für eine Weile das Tuch angehoben. Man könnte glauben, dass die Julihitze Anlass gab, es wieder mit der alten Arznei zu versuchen: der Psychologie. Nur leider findet auch das beste Wohlbefinden sein Ende, sobald alle Preise zusammen eine gewisse Summe erreicht haben. Nicht verzagen! Was hat es den Maréchal Bugeaud einst für Kraft gekostet, die Regierung davon zu überzeugen, dass man Schlachten mit der Marseillaise allein nicht gewinnt ... Dieser Aberglaube, wie viele andere mit ihm, gedeiht auch heute noch prächtig. In der großen ökonomischen Schlacht wurde auf ein altes Rezept zurückgegriffen. Bugeaud, der Eroberer Algiers ... Algier, Streiks, Lohnerhöhungen, Erhöhung der Geldmenge in Banknoten, deren Wert in Petitschrift am Rand festgehalten werden muss. Und die Preise? Von denen bekam ich einen Eindruck, als ich an der Kasse für einen Fahrschein nach Biarritz nicht tausendsechzig Francs, sondern tausendfünfhundert bezahlte. Damit hörten die Eindrücke noch nicht auf. Derlei Gedanken lohnt es aber nicht nachzugehen, so wie man das Kreuzworträtsel auf der letzten Seite irgendeiner Wochenzeitung löst. Ein kurzer Blick, man prüft, ob die leichteste Lösung passt – bloßer Zeitvertreib. Ferien. Ich reiste ab aus einem Paris, das etwas von einem Hochofen hatte. Wie in Hohlformen gegossen, kühlten alle im Abteil ab. Endlich.

Der Bahnhof in Biarritz erschien mir wie ein paradiesischer Garten. Unter dem gläsernen Dach der Halle standen Palmen und Bäume. Es war Juli und also noch nicht überlaufen. Ich setzte mich auf eine Bank und wartete, bis die Leute hinausgingen. Ein alter Träger wischte sich den Schweiß von der Stirn und setzte sich neben mich. »Sie sind erschöpft«, sprach ich ihn an.

»Ich bin immerzu erschöpft ... erschöpft bin ich zur Welt gekommen«, sagte er mit einem Lachen, hinter dem sich allerdings mehr verbarg als nur Schalk. Aber das täuschte vielleicht. Ich jedoch ließ mich in einem Anflug von Leichtsinn dazu hinreißen, diese eine Antwort von ihm von Millionen Stimmen sprechen zu lassen, sie zu multiplizieren ...

Da zuckte sie wieder, die Hinterpfote. Ihr sollte ich nicht trauen. Morgens waren die Straßen still und die Kühle allgegenwärtig, eine erfrischende Kühle, die vom Meer und von den besenförmigen Tamarisken her wehte. Diese Bäumchen bewahren die Milde den ganzen Tag über, ihre gefiederten Äste saugen die Nebeltropfen und den Wasserstaub auf, der von den Wellenkämmen ausgeht. Hinter dem Leuchtturm findet sich ein großer Strand, dahinter eine Wiese. Kleine Quellen sprudelten aus den Felswänden. Hier haben schon einige ihre Zelte aufgeschlagen. Ich tat es ihnen mit meinem gleich – und machte weiter nichts. Die ersten Tage über war es schwer, sich an diesen Tagesablauf zu gewöhnen, der keine Stunden kannte und allein von Ebbe und Flut getaktet wurde. Auf den Dünen blühten duftende, weiße Blumen, die Tuberosen ähnelten; zu ihren Füßen bettete sich eine dichte Schicht wilder Nelken, klein und von würzigem Geruch. Vor dem Zelt habe ich ein kleines Beet angelegt. Die weißen Blumen, deren Namen mir niemand sagen konnte, lebten sich ebenso schnell ein wie die kleinen Schnecken, die an ihren Blättern hingen. Nach den ersten verschlafenen Tagen und nachdem sich der Haushalt eingespielt hatte, habe ich das Zelt zugezogen und bin in die Stadt gegangen.

In den Läden mangelte es an nichts, und besonders Orangen, Zitronen und spanische Schokolade gab es zuhauf. »Das ist Schmuggelware«, sagte mir die Ladenbesitzerin ruhig. Sie wird ohne jede Heimlichkeit in den Geschäften verkauft. Ich erfuhr auch, dass der Rotwein, den man für siebzig Francs als französischen kaufen kann, aus Spanien kommt. »In Spanien zahlt man dafür fünfunddreißig Francs; entlang der Grenze trinkt jeder spanischen Wein«, erklärte sie weiter. »Wollen Sie vielleicht Reis? Vierhundertfünfzig Francs das Kilo, die allerbeste Sorte.« Ich dachte ans Brot. Als Zugereister habe ich zur Stadtverwaltung gehen und eine Sondergenehmigung beantragen müssen, um mein Brot in einer bestimmten Bäckerei zu bekommen. Als ich ihnen sagte, dass ich einen ganzen Monat bleiben wollte, hatten sie mich etwas schief angeblickt ... Auf den Brotmarken hatten in Paris die nicht durchgestrichenen Buchstaben Gültigkeit, hier nur die durchgestrichenen. »Schreiben Sie sofort an Ihre Freunde in Paris, dass sie Ihnen ihre durchgestrichenen Buchstaben schicken. Sie bekommen dort doch nichts dafür, Sie aber würden hier mehr bekommen«, riet mir die Bäckerin. »Aber dann hätte ich ja mehr als die anderen ...«, begann ich verschämt – und wie es der Anstand gebot, wie ich mir einredete. Sie blickte mich seltsam an und verlor sogleich jedes Vertrauen. Seitdem war sie sehr *stricte:* Zwei Personen, ein Brotlaib, elffünfzig, rezitierte sie ungerührt.

Gegen Ende Juli stiegen die Preise spürbar. Man spürte das in einer so unbestimmten Weise, wie man merkt, wenn das Fieber steigt. Noch gab man täglich so viel aus, wie es die Urlaubskasse vorsah und gebot, aber ... das Obst wurde nicht günstiger, und sich mit Pfirsichen, Weintrauben und Melonen vollstopfen zu können, blieb ein Pariser Wunschtraum. Ich sprach darüber mit meinem Nachbarn, der mir das Krakenfangen bei Ebbe beigebracht hatte. Der Ertrag von ein paar erjagten größeren Exemplaren ersetzte einem das teuer zu kaufende Fleisch. Anfangs kostete es mich einige Überwindung, um unter den Felsen abzutauchen, zuzuschnappen und mit dem »Monster« wieder hervorzukommen, das sich mit den langen Peitschen seiner Tentakel an Schultern und Brust festsaugte, doch der Preis des traditionellen französischen *bifteck* spornte zu größeren Opfern an. Mein Nachbar hörte mir zu und sagte: »Gehen Sie doch nach Spanien und bringen sich Orangen mit. Warum sechzig Francs fürs Kilo Pfirsiche oder Weintrauben zahlen, wenn die Orangen dort vierzig kosten.« Er nahm eine Landkarte und zeigte mir den Weg. »Über Dancharia kommt auch ein Blinder über die Grenze«, warf er mir zu, um mir Mut zu machen.

Er hatte nicht übertrieben. Zwei Tage später sinnierte ich über das, was gerade geschehen war, und wusste nicht, wie ich es nennen sollte: aktiven oder doch eher passiven Widerstand. In meinem Zelt wälzte ich mich in Orangenschalen. Auch in denen der Nachbarn mangelte es nicht an ihnen. Bis zum Ende unseres Aufenthalts standen nur noch Orangen in Aussicht und es war nicht einmal nur ein Centime für das hiesige Obst geblieben. Dazu noch eine Flasche Wein und ein bisschen Schokolade für unsere Weiterreise.

Zum Sonnenaufgang nämlich waren meine Frau und ich auf den Rädern losgefahren. Das Zelt war »verschlossen« (zugeknöpft), die Töpfe blieben neben der Feuerstelle, ein bisschen Kleinkram unter einer Plane. Ich wusste, dass ich, wenn wir zurückkehrten, sicher nach Einbruch der Nacht, alles wieder exakt so vorfinden würde, wie ich es zurückgelassen hatte, im Zelt wie auch draußen. Sogar den Fotoapparat, den ich nicht »über die Grenze« mitnehmen wollte. Ihn ließ ich auf dem Koffer. Nach der Rückkehr dachte ich darüber nach, während ich das saftige Obst verschlang. Ich nahm es diesem Land persönlich übel, dass ich diesen Ausflug statt zum Vergnügen fast notgedrungen machen musste. Ich liebe Frankreich für das zurückgelassene Zelt, aus dem nichts verschwand, obwohl ringsum bekannt war, dass ich für einen ganzen Tag abreiste. Ich habe ehrliche Achtung vor den Eltern und ihren Kindern, die dort, von den hohen Felsen über uns, keine Steine geworfen haben, die sich ins aufgespannte Zeltleinen gedrückt hätten; ich schätze die Höflichkeit der Nachankömmlinge, die an mein Zelt traten und fragten, ob es mich stören würde, wenn sie ihres zwanzig Meter weiter aufschlügen – wonach sie später nie indiskret herüberlugten. Der Letzte, der mich dies gefragt hatte, war Kellner im »Café Biard« am Gare Saint-Lazare in Paris. Vor ihm fragte ein Arbeiter mit Frau und Tochter aus Colombes bei Paris das Gleiche. Ich unterhielt mich mit ihnen sowohl am Tage als auch in den warmen Nächten am Feuer, an dem der Mensch fast völlig aus der Reserve kommt. Wenn das Gespräch aber jene Bereiche berührte, deren Echo ohnehin täglich vom trägen Rauschen des Meeres widerhallte, wurden sie ratlos. Sie übten sich in einer Schuldabwehr, wollten die ganze Last der eigenen Verantwortung jemand anderem aufbürden. Gleichzeitig weigerten sie sich zu begreifen, dass die größte Gefahr nicht vom Brotmangel oder der gegenwärtigen Wirtschaftslage ausgeht, sondern von deren Konsequenzen, von dem, was gemeinhin auf derlei Krisen folgt. Irgendeines Tages in der Zukunft nämlich werde ich mein zurückgelassenes Zelt nach der Rückkehr nicht mehr vorfinden. Zu Beginn verschwindet vielleicht nur der Fotoapparat, danach erst das Zelt, schließlich aber werde ich wohl auch die verrußten Töpfe vermissen. Dazu bedarf es nicht viel, das geschieht ganz schnell. Mich überkam wieder der Impuls, Millionen zu multiplizieren, ich erinnerte mich aber wieder an den Träger. Ob sie wohl so erschöpft sind, dass sie nicht merken, wie ihre ureigene Lebensart auf dem Spiel steht? Wenn der schmale Faden Moral, nicht mehr durch Wohlstand verstärkt, einmal reißt, ist der Weg zurück zu den »verschlossenen« Zelten nur noch sehr schwer zu finden. Ihre wahre Kultur, das stellte ich hier wieder fest, liegt nicht in den Dutzenden und Hunderten von Schriften verborgen, den vorzüglichen Essays und dem, worin sich der ewige französische Esprit spiegelt, sondern in ebendiesem meinem einsamen Zelt, zurückgelassen im Morgengrauen, in völligem Vertrauen. Jenes andere kann lange überdauern, vielleicht nochmals in grandioserer Flamme auflodern. Ich jedoch werde bei Sonnenaufgang nicht mehr ohne Befürchtung aufbrechen können ... Was wäre dann noch zu sagen? Wird man dann noch von einer wirklichen Kultur sprechen können? Ich nahm es ihnen übel, war derart zornig auf sie, dass mich das Gefühl noch in der baskischen Sonne begleitete. Es ließ mich auch später nicht los in den Pyrenäen, an der Riviera der Côte d'Azur und in der Kälte alpiner Gletscher. Es war der Zorn über einen Leichtsinn, ein sorg- und gedankenloses Riskieren der höchsten Güter in einem Spiel, das diesen Einsatz ganz sicher nicht wert ist.

Wie leicht und heiter das war. Auf Feldwegen gelangten wir zur Ebene der Nivelle. In der Ferne Berge, darunter wunderschöne Eichenwälder. Eicheln wurden in der Mittagsstille mit lautem Klackern durch die Äste geschüttet. Es war unmöglich, sich hier zu verlaufen. Der Weg war durch Orangenschalen abgesteckt wie mit Fahnen. Fahrräder,

Mopeds und Autos sausten in beide Richtungen über diese Orangenchaussee. Die, die aus Dancharia zurückkamen, waren mit Orangensäcken und mit Wein gefüllten Korbflaschen oder Schläuchen aus angerissenem Ziegenleder beladen. Die touristischen Schmuggler vermischten sich hier mit den berufsmäßigen. Die Letzteren hatten in ihrer Gangart etwas von Katzen, die sich zwischen Sträuchern voller Spatzen bewegen. Sie taten das aus Gewohnheit, denn an der Wegkurve saß eine Patrouille französischer Zöllner und gab vor, nichts zu sehen. Als ich einem Freund davon erzählte, entgegnete er mir lachend, dass, wenn die Welt heute schon bloß zwischen Grausamkeit und Heuchelei zu schwanken versteht, es doch besser sei, sich mit der Heuchelei abzufinden. Besser, dass sie sich blind stellten, als dass sie schössen. Sicher – besser der Regen als die Traufe. Aber auch dabei vergisst man allzu häufig, dass es regnet. Und das macht ihn nicht weniger scheußlich.

In einer Farm nahe der Grenze war eine etwas eigenartige Garage. Wir bezahlten zehn Francs je Fahrrad für das Unterstellen, und der Patron zeigte uns einen Pfad durch seinen Garten. Diese Garage warf bestimmt mehr ab als sein Hof. Ich zählte über dreißig Fahrräder, draußen standen noch Motorräder und zwei Autos. Vor uns auf dem Schmugglerpfad ging die ganze Familie aus Boy-Żeleńskis »Sonntagsgedicht«[*] – mit Klementinchen, Klöschen und Franjo im Schlepptau. Direkt hinter der Grenze stand eine *venta*, deren halbe Stube mit Orangen und allen möglichen anderen Waren zugestellt war. Auf der ersten Etage vollzog sich offenbar irgendeine größere Transaktion, denn ständig rannte jemand herunter, rannte wieder hoch, und alle waren genervt. Durch das Fenster konnte man spanische Zöllner in *feldgrauer*[°] Uniform sehen. Auf dem Rückweg erinnerte die werte Sonntagsfamilie an eine Karawane von Lastenkamelen. Wir allerdings auch. Die geschlossene Grenze gehört hier schlichtweg zu den Ferienamusements.

Anfang August wurde es voller. Um mich herum sprossen, wie Fliegenpilze und Pfifferlinge, ziegelsteinfarbene und gelbe Zeltchen aus der Erde. Etwas weiter weg versammelten sich die wie Zimmer eingerichteten Kleintransporter einiger kleiner Handwerker, Händler und Fabrikanten. Ha, es fuhr sogar ein verhärmter und wortkarger *paysan* aus dem Massif Central vor – mitsamt seinem Hof. Zuerst errichtete er einen großen Ofen aus einem Reststück des Atlantikwalls, dann folgte ein großer Waschgang. Er lief in der Regel in langen Unterhosen herum, dabei immer einen schwarzen Hut auf dem Kopf – seine Strandgarderobe. Das sonntags geschlachtete Geflügel bammelte von einem Käfig im Fenster eines (schon musealen) Renault herab, der mit Pferdedung und Kuhfladen verziert war. Zu dem Fuhrpark gesellten sich noch Buicks und ausladende Pontiacs. Zwischen ihnen stand ein riesiges Zelt mit Feldbetten und einem Gasherd. Geborene Vagabunden, die wir waren, beäugten wir sie mit Missbilligung und Verachtung. Die Preise der Hotels und Pensionen haben in diesem Jahr sogar aus den Reichsten Nomaden gemacht. Aber vielleicht ist das ja ein Zeichen der Zeit? In jedem von uns steckt etwas von einem Kirgisen oder jemandem aus den fahrenden Völkern.

Die andere Seite des Felsens, das Zentrum von Biarritz, belebte sich ebenso. Auf der schmalen Kreuzung hatte ein Polizist mit weißem Helm eine Menge zu tun. Biarritz blieb seiner Tradition treu, und obwohl der Putz vom Palais de La Rochefoucauld, der ehemaligen Residenz der Königin Viktoria, herunterbröckelte und der Park um sie herum vor sich hin wucherte, hielt sich die Atmosphäre bürgerlicher Strenge. Es gab keine Exzesse, wenig Nacktheit auf den Stränden und Straßen. Häufiger als kurze Hosen sah man Kleider von Rochas oder Lelong. Die eleganten Messieurs trugen lockere, aber immer vollständige Anzüge, bis hin zur Krawatte. Es war die Zeit der Fêtes de Bayonne mit Stierkämpfen und spanischen Toreros und der »weißen Nächte« in Biarritz: Feuerwerk und Konfetti. Auf den während schwüler Nächte beleuchteten Straßen glänzten schwarze Fracks und der Lack leise vorfahrender Limousinen. Kuppeln von Hortensien blühten im Zwielicht terrassierter Gärten. Von irgendwoher kam für einen Augenblick der Geruch von Duftwassern angeweht, grell wie das Licht eines aufscheinenden Leuchtturms. Manches Mal überraschte ein plötzlicher Windstoß, drückte die Kleider an die schmalen Körper und machte für einen Moment einen Seidenabguss von ihnen. Da war wieder der rhythmische Wechsel von Stille aus Meeresrauschen und ferner Jazzmusik. Ganz gewöhnlich, friedlich, saturiert wie aus Vorkriegszeiten. Morgens machte ein zierlicher Zeitungsverkäufer seine Runden und brüllte: *Derrrnières nouvelles de Paris. Le gouvernement Ramadier ...*•

Manchmal las ich sie. Und wieder, zum ich weiß nicht wievielten Mal, erinnerte ich mich an ein Plakat der Luftabwehr, das ich 1939 auf den Mauern von Mezières in den Ardennen, kurz vor der Front, gesehen habe. Es war zur Belehrung ausgehangen worden, wie Brandbomben zu löschen sind, es begann mit den Worten: »Ein gewisser pensionierter Brandoberinspektor der Pariser Feuerwehr pflegte zu sagen: ›Zum Löschen eines jeden Feuers genügt in der ersten Minute ein Glas Wasser, in der zweiten ein Eimer, in der dritten eine Tonne Wasser – und danach macht man, was man kann ...‹« Was ich empfand, was wir Zeltmenschen in Summe unter uns beredeten, was der grimmige *paysan* in seinen Strandunterhosen und der feine Herr aus dem Buick in seinem (vorzüglichen) schwedischen Zelt dachten, das alles ließ sich zusammenfassen in der Erkenntnis, dass man hierzulande den Großbrand immer noch mit Wassergläsern zu löschen versucht. Und das nicht nur hier ... Zugleich begannen diese Menschen, ganz unterbewusst, auf den Klang des einen Namens hin, von dem Frankreich zehrte und an den sich noch vor nicht allzu langer Zeit ihr ganzer Glaube richtete, sich wie Knospen zu öffnen: de Gaulle. Sie öffneten sich zwar schüchtern und zögerlich, aber doch. War das angemessen, war das klug? Vielleicht steckt darin schlichtweg ein gewisser Atavismus, eine instinktive Regung, herrührend aus der kollektiven Erinnerung an große Figuren und gleichzeitig an die Größe ihres Landes. Ihr Zögern betraf dabei allein die Größe der Figur. Vor fünfzig Jahren schrieb Gustave Le Bon, dieser ungeliebte und gering geachtete »Amateur«-Philosoph, über den Charakter der romanischen Völker, wobei er vor allem an Frankreich dachte: »Mit lebhafter Intelligenz gehen ein schwacher Unternehmungsgeist und unbeständiger Wille einher. Unfähig zu ausgiebiger Anstrengung, lassen sie sich gerne anleiten, überantworten alles ihren Vorgesetzten und suchen die Ursache für ihren Misserfolg nie bei sich ... Ihre wohl bezeichnendste Eigenschaft ist dieser Mangel an innerer Disziplin, die es dem Menschen erlaubt, sich selbst zu lenken, und es ihm verwehrt danach zu trachten, gelenkt zu werden.«[*] Exakt. Und jetzt geht es nur darum, ob sie von links oder rechts gelenkt werden. Das ist schon das ganze Problem, der Kern des Rätsels. Le Bons Worte kreisten während der weiteren Reise beständig in meinem Kopf herum.

Eines Augusttags sagte mir die Bäckerin: »Zwei Personen, ein Laib Brot, vierundzwanzig Francs.« Das hieß, ein Kilogramm dieses Brots aus Maismehl lag bei zweiunddreißig Francs. Ich lachte.

»Sie lachen?«

»Ja, weil ein Kilo Brot schon fast so viel kostet wie eine Schachtel Zigaretten.« Bei diesen Preisen war die Grenze zur Grausamkeit schon überschritten. Das ist für alle spürbar, denn sobald es ans Zahlen geht, ist Heuchelei zwecklos. Die Tage vergingen.

Bisweilen schließt sich im normalen Leben ein Kreis, in kürzester Zeit, und schließt einen Abschnitt ab wie eine gut geschriebene Erzählung. Die Nacht war finster und stürmisch, der Tag begann bewölkt und mit pfeifendem Wind. In einer langen Phalanx eilten die Wellen auf das Ufer zu, gleichmäßig und riesenhaft, und brachen mit lautem Brausen. Ich ging zum Wasser und schlug mich fröhlich mit ihnen. Rufe vom Strand. Ich kehrte zurück. Man sagt mir, dass dort weiter draußen ein Mensch treibe, ein Ertrunkener. Ich sehe, wie sich etwas Dunkles ungeschickt zwischen den weißen Kämmen wälzt. Dort soll ich hin? Das ist weit schlimmer als ein Krake. Man ruft und bittet, dass ich ihn herausziehe, selbst haben sie dazu keine Lust. Jung und stark wie sie sind.

Ich blickte sie an – und ging allein. Ich hörte noch, wie meine Frau ihnen die Leviten las. Bewegt haben sie sich nicht. Es war alles andere als leicht. Ich griff nach seinem Gürtel, einem steifen Band baskischen Stoffs, das sich mit Wasser vollgesogen hatte, und schleppte ihn wie einen Holzklotz. Er hatte etwas von einem Palmenstamm, der in der Nacht vom Meer ausgespien worden ist. Sobald sich die Wellen zusammenzogen, ließ ich ihn los, damit sie ihn mir nicht in die Brust drückten. Ich spielte mit den Wogen eine mühselige Partie Wasserpolo. Er hatte gekrümmte Knie und angewinkelte Hände, als würde er am Steuer sitzen. Ich guckte nicht hin, führte weiter meinen Kampf mit dem Wasser. Erst als ich wieder Sand unter den Füßen hatte, schaute ich ihm ins Gesicht. Es war der Träger. Er ruhte sich aus. Aus der Nase rann ihm Blut, das im Wasser rote Adern hinterlassen hatte. Ich flüstere ihm etwas zu, sanft und freundlich schleppte ich ihn weiter. Wie einen Bekannten.

Bis zum Nachmittag lag er auf dem Strand. Die Leute belagerten ihn wie die Fliegen, um »ein bisschen zu gucken« und sich vom Ekel schütteln zu lassen. Am Nachmittag kamen ein Arzt und jemand von der Polizei. Alles geheime Behördensache. Der Arzt erzählte mir jedoch, der arme Kerl habe zuletzt innerhalb weniger Tage sechzigtausend Francs verdient und wurde ermordet. Ach, also ist die Taxe schon wieder auf sechzigtausend gesunken? Er zuckte die Schultern. »Sie wollen immer mehr Geld haben, aber immer weniger arbeiten.« Das habe ich schon oft gehört, ich bin es leid. Ich fragte den Doktor, wie lange er schon in seinem Städtchen vor Biarritz wohnte. Noch nicht lange. Vorher lebte er in Paris, arbeitete in irgendeiner Klinik, verdiente sogar passabel. »Ich ertrage aber keinen ordinären Wein, und der gute ist in Paris teuer. Also habe ich mir hier einen kleinen Weinberg gekauft – beileibe keinen großen, o nein – tausendzweihundert Rebstöcke. Das ergibt etwa sechshundert Liter guten Wein im Jahr. *C'est suffisant.*« Das reicht ihm also. Mit seiner Familie ist er aus Paris hierhergezogen. »Fiel es Ihnen nicht schwer, Paris zu verlassen, das Zentrum von allem?«

»*Ah non* – wissen Sie, ich bin zufrieden. Hier ist es so friedlich, man kommt zur Ruhe. Und ich habe guten Wein«, fügte er mit einem Lachen hinzu, hinter dem sich allerdings mehr verbarg als nur Schalk. Neben ihm lag der Träger und streckte die Fäustchen in die Höhe, wie ein Kind in der Wiege.

C'est calme, c'est reposant. Et j'ai du bon vin, flüsterte ich und schritt vorsichtig über den heißen Sand und die noch heißeren Steine. Wie schwierig es doch ist, gerecht in seinen Urteilen zu sein, wie schwer es fällt, zu schreiben, wenn in solchen Fällen der eigene Geist zum Pendel wird. Er fährt auf zur Sonne und sieht für einen Augenblick bloß das Helle: den Mangel an Furcht der einfachen Leute um ihr bescheidenes Hab und Gut, ihre Zuvorkommenheit und die Kultiviertheit ihrer wohlerzogenen Kinder, die schieren M ö g l i c h k e i t e n dieses immer noch überreichen Landes, die Ruhe und die Erholungslust. Da fällt er mit einem Pfeifen wieder herab, fliegt grauenvoll surrend und gleitet in eine düstere Ecke, wo mit kühlem und kristallinem Flüstern Camus' *Pest* auf ihn einredet, ihn warnt und zum millionenfachen Multiplizieren eines jeden Wortes und Symptoms anstiftet. Er animiert ihn, jene zu belehren, die sich an der hellen und sorglosen, sich ihm aber verfinsternden Sonne freuen. Wie schwer ist es doch, über Frankreich zu schreiben. »Betrachtet man etwas für einen bestimmten Zweck, sieht man nur eine Seite der Dinge«, schrieb Flaubert in einem Brief. Frankreich betrachtet man für vielerlei Zwecke, es absichtslos anzusehen ist unmöglich. Daher immer nur diese »eine Seite der Dinge«, die sich je nach Absicht der Betrachtung darbietet. Und daher auch die Schwierigkeit jeder Betrachtung. Ganz absichtslos, ohne auf einen Zweck zu schielen, kann man sich nur dem widmen, was einem gleichgültig ist. Und Frankreich gegenüber kann man heute, gerade heute, nicht gleichgültig sein.

Nach dem Gewitter war der echte Sommer eigentlich vorüber. Die Sonne hatte ihre Farbe geändert, schien gelber und dichter zu sein. In den Nachmittagsstunden waren der Sand und die Steinchen noch sehr heiß, man konnte sich an ihnen aber nicht mehr verbrennen. Jeden Morgen, immer wenn ich zu dem Bächlein ging, das sich aus den Felsen ergoss, wurde die Schlange jener, die sich Wasser holten, kürzer. Eines Tages verschwanden die Töchter des *paysan* mit ihren Seidendessous und den großen rosa Büstenhaltern. Nur der große Ofen und ein bisschen vom Dung des Renault blieben zurück. Danach fuhren die Herrschaften mit dem Aluminiumanhänger ab. Der Kellner aus dem »Café Biard« trank einen Tee zum Abschied bei uns und bat, dass wir ihn einmal nach unserer Heimkehr in seinem Lokal zum Abendessen besuchten. Ein Ingenieur aus Aurillac verabschiedete sich lang und herzlich. Die Abreisenden hinterließen den Bleibenden meist einige Kleinigkeiten, die mitzunehmen nicht lohnte: ein bisschen Brennholz, Zwiebeln, Tomaten, Salz, Kartoffeln. Abends habe ich begonnen, die Landkarte zu studieren. Ich suchte nach Straßen, darunter versuchte ich auch jene auszumachen, die auf derlei Karten unsichtbar bleibt: die Straße in dieses Land. Nicht die ganze, das wäre wohl zu schwierig, aber doch einen Zipfel von ihr. In der Nachmittagshitze der zweiten Augusthälfte brach ich auf, sie zu finden.

AUF DEN STRASSEN FRANKREICHS

Die Gegenwart ist seicht und unruhig, die Zukunft
ist uns verborgen. Aller Reichtum, aller Glanz,
alle Anmut der Welt liegt in der Vergangenheit.
Anatole France, *Die Blütezeit des Lebens*°

Zwei Tage reisten wir unter der Sonne am Fuße der Pyrenäen entlang, ein Herumtreiben angefüllt mit dem Geschmack der Brombeeren am Wegesrand. Danach zwei kühle Nächte und ein Tag im so seltsamen Lourdes. Abends wurde ich hier plötzlich in einen Zug gesetzt. Der Bahnhof in Lourdes war zweifellos die Hölle selbst. Auch als schon einer jener kühlen Abende angebrochen war, wie sie in den Bergen üblich sind, herrschte hier drinnen Hitze. Die Menschen, die dort drüben, vor der Wundergrotte, noch Heilige gewesen waren, verwandelten sich hier in eine Herde behufter Teufel. Wenn man dann noch zu bedenken gibt, dass der wesentliche Teil der Passagiere auf der Strecke der *rapide* zwischen Bayonne und Marseille aus einer Pilgergruppe von Marseillerinnen bestand, kann man sich die Erklärung sparen, dass der Einstieg in den Zug der Erstürmung der Bastille glich.

Ich stand im Gang, erdrückt von allen Seiten durch Kreaturen, die mir wie angefaulte Meeresfische auf zwei Beinen schienen. Sicher Fischerinnen aus Marseille. Ich dachte unwillkürlich, dass ihre Grabsteine einst bestimmt auch nach Fisch riechen würden. Die Fische hatten Stimmen und schwitzten. Eine pockennarbige Röchin rief eine glitschige Seezunge zu Hilfe, sie hatte Lust, die S i t z e n d e n (wie konnten sie es nur wagen) zu meucheln, und als der Zug sich in Bewegung setzte, stürmte sie schon in Richtung Toilette. Die Passagiere, die sich dort auf einem Sitzplatz niedergelassen hatten, wollten nicht weichen. Kreischender Marseiller Singsang aus den Stücken von Pagnol: »Dann werde ich euch auf den Schoß ...« Das frivole, pfeifende »pisser« klang entsetzlich. Der Zug raste, die Berge entfernten sich langsam und verschwanden schließlich im vorabendlichen Zwielicht. Im Gang leuchteten die Lampen auf, und die Fische schliefen ein.

Ich öffnete ein Fenster und tauchte mein Gesicht in die vom Zug widerdröhnende Nacht des Midi. Die violetten, kühlen Blitze des elektrischen Schnellzugs zerschnitten alle paar Sekunden die düstere Hitze, als wollten sie sie abkühlen. Mein herrlicher, geliebter Süden. Langsam schoben sich die immerschwarzen Zypressen am Sternenhorizont vorbei. Jemand stützte sich an mir ab und sagte: »Eine schöne Nacht.« Ein alter Baske hatte sich durch das Dickicht der Beine im Abteil geschlagen, um hier ein bisschen zu stehen. Das Gespräch kreiste natürlich um Brot, wir sprachen über den Mais, der in gelben Flecken dauernd in der Dunkelheit vorüberflimmerte. Ein zähes Reden, sicher, aber ich war voller Vorfreude und dachte nur an morgen. Der Zug näherte sich einem Ort, an dem unsere Worte keinen Sinn mehr hatten. Der Wind entriss sie unseren Mündern und warf sie aus dem Fenster. Dann holte der Baske eine Zeitung hervor. Resolution des Sozialistenkongresses in Lyon ... In diesem seltsam beruhigenden Geratter des Zuges, der durch die sommerliche Südnacht eilte, klangen Wörter wie *»salut public«* und »Programm der Verzweiflung« fremd und unnatürlich. Bald wird das verstaubte Toulouse an uns vorbeifliegen, danach das alte Carcassonne, das ich schon auswendig kannte, fröhlich mit seinen Lichtern funkeln, ein Hauch Meeresblau winkt in Narbonne und in Montpellier ... und hier hält der Kongress fest, dass »die wirtschaftliche und finanzielle Lage in Frankreich, ebenso wie die soziale, die daraus zu erwachsen droht, jener in Großbritannien ähnelt. Indes das englische Volk die Wirklichkeit völlig erfasst hat, versteht das französische weiter nicht, dass sein Leben und seine Zukunft auf dem Spiel stehen ...« Ich hörte nicht zu, obwohl der Baske ergriffen, fast rauschhaft vorlas. Genug. Das englische Volk versteht im Grunde wenig und ist gehorsam. Das französische ist ebenso unverständig, aber es ist immer falsch, aus ihm Engländer machen zu wollen. Daraus folgen zumeist Missverständnisse. Damals, bei der Revolution, als Sieyès eine Verfassung nach der nächsten fabrizierte, schmunzelte auf der anderen Seite des Kanals ein gewisser Young und schrieb: »Wie unbedacht ist es doch, sich in die Arme einer Theorie zu werfen, um sich eine Verfassung zu geben.« Die Verfassungen wanderten in den Mülleimer, voll mit inbrünstigen Worten und großen Gedanken, weil die Theorie nicht auf die französische Praxis passte. Und nun werfen sie sich in die Arme der englischen Praxis, um daraus wieder bloß eine Theorie zu machen. Pétain hatte nicht bedacht, dass die Franzosen keine Deutschen sind, und wollte sie auf deutsche Art »erwecken«. Die Sozialisten in Lyon vergessen, dass Frankreich nicht England ist und es nur auf eine eigene Lösung ansprechen wird. Was kann das für eine sein? Nirgends ist die Last der Vergangenheit und Gewohnheit so groß wie hier; sie dürfen sie nicht wie eine entbehrliche Bürde abwerfen, zumindest nicht in dem Maße, wie es andere tun, die sich neuem Licht zuwenden. So flexibel seine Theorien und biegsam seine Ideen auch immer sind, in Fragen der Praxis ist Frankreich stockstarr. Die Praxis besteht in der »Grenze« und der »Kontinuität« und hat einen Stil ausgeprägt und kultiviert, den wir heute »reaktionär« zu nennen geneigt sind. Das ändert aber nichts an der Tatsache, dass auch der roteste Arbeiter, wenn er seinen Garten mit andächtig ausgewählten Latten aus alten Bettenrosten absteckt, auf das Tor »Zutritt verboten« schreibt und sich wie ein kleiner Grundbesitzer, wie ein Patron fühlt. Frankreich ist starr in der Praxis der Freiheit, einer vielleicht veralteten Praxis, aber sie ist zweifellos eine der Freiheit. Es will sie auf dem Acker, im Weinbau, in den Geschäften und den Geschäftchen, in der Werkstatt, der Fabrik und zu Hause. So wie früher. Es ist immer noch wohlhabend, aber es fehlt ihm an Zutrauen. Es lebt im Abseits, weit weg vom Parlament und der Regierung, und wartet auf eine neue, die seine Gefühle versteht; es ist auch dieses Frankreich, das in den Schlangen vor dem Kino für eine Aufführung von *Le silence est d'or* steht, des besten französischen Films von 1947 von René Clair, und voller Sehnsucht flüstert: »*Que c'était beau.*« Jetzt klagt es und flucht. »Ab September soll es nur noch einhundertfünfzig Gramm Brot täglich geben ... ach, diese Jungen wollten 1939 nicht kämpfen, heute wollen sie nicht arbeiten«, spuckte der Alte in seine Pfeife. Er hatte nicht unrecht.

In Carcassone zwängten sich drei junge Burschen in den überfüllten Gang. Der erste trat völlig ungeniert mit seinen großen Füßen auf den Marseillerinnen herum. Sie ergingen sich in wüsten Beschimpfungen, Schreien und hielten ihm eine Predigt; er trampelte ungerührt auf ihnen weiter. Bestimmt ein Engländer, dachte ich. Hinter ihm noch zwei weitere. Sie setzten sich neben mich. Ich hatte mich nicht geirrt: Der blonde Riese war tatsächlich Engländer, seine Compagnons waren ein Holländer und ein Däne. Sie trieben sich zu dritt herum, nachdem sie sich unterwegs irgendwo im Massif Central kennengelernt hatten. Drei Sprachen verflochten sich zu einer heiteren Plauderei. Der Holländer redete Französisch, der Däne Deutsch – und der Engländer ausschließlich Englisch, und auch das nur ab und an. Als er hörte, dass ich Pole war, fragte er mich mit bedrückter Stimme: *»Do you know Topolski?«*, worauf er wortlos begann, seinen Rucksack auszupacken (dass er damit die Weiber zerquetschte, war ihm gleich) und ein großes Album mit Zeichnungen dieses Malers hervorzukramen. Die schiere Begeisterung hatte ihn den Folianten im Rucksack bis hierher tragen lassen und er will noch weiter mit ihm, bis in die Schweiz. Überallhin ist er damit gegangen und träumt davon, dass er nach dem Studium der Malerei so zeichnen wird wie Topolski. Der Holländer studierte im dritten Jahr Flugzeugbau – der Däne war arbeitslos. Ich war erstaunt: »Was sind Sie denn von Beruf?« – »Fünf Jahre Atomphysik«, war seine Antwort. Lange habe ich nicht mehr so gelacht. Die Gespräche, die man unter Reisenden führt, sind manchmal wie aus einer Komödie. Wir redeten über die weite Welt, redeten davon, dass, wenn Hunderttausende junger Leute jeden Sommer so frei herumreisen könnten und einander so begegneten wie wir jetzt, der Däne dann wohl, wer weiß, einfach auf ewig arbeitslos bliebe. Zum Abschied wünschte ich ihm jedenfalls längstmögliche Arbeitslosigkeit. Wir unterhielten uns auch über Frankreich. Ihre jugendlichen Meinungen waren voll der Begeisterung, vermengt mit der Verachtung für die ihnen unverständliche Unbeholfenheit und Unordnung hier. »Bei uns war auch Krieg. Wenn sie sich nur an die Arbeit machen würden ...« Auch sie hatten nicht unrecht, ganz wie der Alte. Der Waggon schaukelte und raste zwischen Sprenkeln von Weinfeldern immer weiter gen Süden.

• • •

Toulon. Die Fahrräder sind nicht rechtzeitig eingetroffen und zwingen uns zum Warten. Noch immer sieht man die Zerstörung der Stadt. Es ist schmutzig, aber die Sonne trägt eine vorzügliche Maquillage auf. Markttag, es ist recht belebt. Warum machen Straßenbahnen immer den Eindruck, Vehikel zu sein, die sich nur mit angezogener Bremse voranschleppen? Ein einziges Knirschen und Quietschen. In den engen, ganz in Schatten getauchten Straßen stehen unsagbar dreckige Eisfabriken. In der Höhe, auf zwischen den Mauern aufgespannten Drähten, hängt Wäsche zum Trocknen. Noch weiter oben ist der Grund dieser Hofschächte: ein Fleckchen reinsten Blaus, das sich mit dem Lauf der Sonne entsprechend aufhellt. In diesen Gegenden ist nur der Himmel wirklich sauber.

Endlich billiges Obst. Pyramiden von Melonen für zehn Francs das Stück, ganz nach Belieben. Eine Melange aus Gerüchen und Farben. Abstufungen des Gelbgrüns von Melonen, Birnen und Pfirsichen, dunkelblaue Töne von Weintrauben und Feigen, die in Kisten sortiert und reichlich mit goldenen Punkten aus Wespen bestreut sind, die in ihrem klebrigen Saft baden. Des Weiteren Fische, Wasserspinnen und Krabben, Tintenfische und fette Thunfischsteaks. Drüben ist alles Warme versammelt, hier alles Kalte und Glitschige. Allein die Langusten beleben die vielen blassbläulichen Todesschattierungen. Ich habe ständig das Gefühl, dass meine Lider zucken, ich vor Wörtern, Bezeichnungen und Beschreibungen überlaufe. Darunter liegt stille Einkehr, ein ruhiges Strecken in der Sonne.

Die überreife Melone war zu süß. Mittags ein bescheidenes, günstiges Essen auf der noch zersplitterten Terrasse eines Restaurants. Das Dessert kommt auf einem kleinen Tellerchen mit einer Zeichnung. Titel: »À Madagascar – VI«. Die Szene zeigt zwei französische Kolonialsoldaten aus den Neunzigern. Neben ihnen eine löchrige Trommel und die Leichen Einheimischer. Darunter der Ausschnitt eines Scherzdialogs. Ein Soldat sagt zum anderen: »*Misérable,* zum Teufel, wie viele Malegassen hast du totgehauen?« – »Uff«, antwortet der, »seitdem sie mir die Trommel durchstoßen haben, musste ich auf anderes Leder einschlagen.« Das wäre was für Flaubert. »Auf welchem Mangel an Ästhetik beruht doch dieses gütige 19. Jahrhundert«, schrieb aus den Tiefen einer verbrannten Leber der Einsiedler aus Croisset. Der Teller vor mir war einer aus einem Service für zwölf Personen. Neben mir aß man von den ebenso »kolonialen« Nummern drei und acht. Ich fand sie wohl anstößiger als die anderen, falls sie überhaupt zur Kenntnis genommen wurden von ihnen, die gerade Zeitungen lasen, in denen – eben – von Madagaskar die Rede war. Was sie sich wohl wirklich denken, tief in ihrem Inneren? »Damals habe ich hier für fünf Francs gegessen. Ein ganzes Mittagessen mit Wein und Brot *›à discrétion‹*. Und was für Portionen ...«, hörte ich hinter mir. Ein alter Handwerker sprach zu seinem Nachbarn im Strohhut. Heiter und frohgemut lächelten sie rückwärts – zurück in die neunziger Jahre.

• • •

In Toulon trat ich gegen einen zusammengelegten Teppichläufer, der sich unter meinem Fahrrad rasch entrollte und dabei immer neuere, vollendetere, wunderbarere Farben zeigte – so wunderbare, dass sie geradezu unwirklich schienen. Ihre Schönheit hatte in einigen Augenblicken zugleich etwas Künstliches, Gemachtes, fast Vulgäres an sich. Nach der diskreten Schönheit und Weite des Atlantiks wurde ich hier erschlagen. Sicher, die Küste ist bloß das Spiegelbild ihres jeweiligen Meeres. Hier war es eng und unbequem wie in einem kleinen Boudoir, mit allerlei Tand zugestellt. Was ist das für ein Land, dieses Frankreich. Auf einer halben Million und ein paar zerquetschten Quadratkilometern findet ganz Europa mit allen Witterungen und seiner ganzen Flora Platz. Frankreich durchkreuzen heißt Europa zu durchmessen.

Abends war das Wasser warm, im Morgengrauen noch etwas wärmer. Die Kiefernwälder von Cavalières und Le Rayol, die sich mit Unterbrechungen bis irgendwo hinter Saint-Raphaël hinzogen und auf den Stränden der himmlischsten Buchten ihre Wurzeln in den Sand schlugen, verströmten in den heißesten Stunden des Tages einen Geruch trockener Schwüle. Ja, hier hatten die Sätze aus Lyon keinen Sinn. In der unbeschwerten Menge bronzener Körper waren sie nicht mehr als böswilliges Gemoser. Die weißen Pünktchen aus Häusern und Zelten, die Striche von Segelbooten und Yachten formten hier ganz andere Ausdrücke und ließen jene anderen gar nicht erst zu Atem kommen.

Als wir uns Miramar näherten, verwandelte sich die Straße in eine hundert Kilometer lange Promenade, die bis zur italienischen Grenze in Menton reichte. Autos mit offenem Dach rasten in beide Richtungen, mit je einer Frau darin, die auf einem Sitz stand und sich auf dem eingeklappten Verdeck abstützte. Sie lehnten sich nach vorne in den Wind, fast nackt, unerreichbar fern. Auf den kleinen Stränden reckten sie sich glänzend schön in der Sonne. Die in diesem Jahr zur neuen Mode erklärten »spärlichen« Badeanzüge – zwei kleine, mit einem goldenen Faden verbundene Dreiecke zeigten die Hüften, zwei andere bedeckten kaum die Brüste – hatten hier noch wenig Erfolg. Die Frauen waren schön, die Männer hässlich und malade, in kurzen Hosen und Jacken aus Cretonne mit Blumenmuster oder *soie imprimée* – dort die Infantinnen, hier ihre Zwerge. Nicht selten konnte man vor den bei Sonnenaufgang in rötlich gebrochenes Licht getauchten Felsen völlig nackte Gestalten erblicken, die leise in das aschefarbene Wasser glitten. Manchmal wehte ein langes Lachen herüber, ein weibliches Pizzicato oder virile Anrufungen. Sind wir in Antium oder Baiae …?

Zu jeder Tages- und Nachtzeit war jemand auf den Straßen. Cannes zog die Mengen magnetisch an, der Pariser Sommer spielte sich hier ab. In dieser Saison wurde wohl sogar das bisher beste Jahr 1938 übertroffen. Nirgends war noch Platz, von Cannes wurden die Leute nach Nizza weitergereicht. Als er mir gerade ein Bier brachte, sagte mir ein Kellner, schon wieder forteilend, dass sogar einige Garagen hastig in Wohnquartiere umfunktioniert worden waren. Auf den Terrassen der großen Hotels weiße Orchester, weiße Servietten und funkelnde Eiskübel. Die Preise waren monströs, Speisemarken verlangte hier niemand. Die Restaurants waren voll, und in den kleinen, lustvollen Bars baumelten gebräunte Beine von hohen Hockern und schütteten ihr volles Haar über die Gläser. Ich saß auf der Promenade, angelehnt an eine Palme, kniff die Augen zusammen, aß ein Brot mit Zwiebeln und verscheuchte dabei die roten Ameisen. Ich bedauerte ein bisschen, dass ich mir kein ordentliches Mittagessen leisten konnte. Allenthalben machte sich der Sturzbach der Banknoten bemerkbar, der sich aus ganz Frankreich kommend im Delta zwischen Saint-Raphaël und Mentone ins Meer ergoss.

Die Menge hier unterschied sich von der am Atlantik. Als ich die Straßen entlangging, dachte ich an die »soziale Lage, die daraus zu erwachsen droht«. Die Kontraste nehmen zu. Doch würde sich daran etwas Wesentliches ändern, nähme man ihnen – wie in England – die Einkünfte? Es fehlt eine Art innere Brücke dazu, es fehlt an Vorbereitung. Die Franzosen hatten nie einen Dickens, sie hatten so viele andere nicht, die die verhärteten Herzen aufzuweichen und das Widerständige ihres Egoismus zu schleifen imstande gewesen wären – oder sie zumindest gelehrt hätten, wie man den Anderen verstehen und neben ihm leben kann, o h n e zu hassen. Gleichgemacht, niedergetrampelt gar, würden sie sich umso stärker in der habituellen Verachtung ihrer jeweiligen Kaste einrichten, voller Rachsucht für die anderen Schichten, parteiisch für die eigene. Ihnen fehlte auch die Schlacht um England, und sie wird ihnen immer fehlen. Ein unter Bomben geborener Gemeinsinn hinterlässt seine Spuren. Hier dagegen dauert die Revolution immer noch an, sie ist immer noch ganz die alte und hat wohl deswegen bis heute kein neues Wörterbuch. Ich weiß nicht, ob sie es jemals gegen ein neues tauschen wird.

• • •

Cannes war in diesem Jahr eine Explosion des Überflusses und einer gewissen Geschmacklosigkeit. Keine Lebensfreude, sondern eine geradezu affektierte, ordinäre und feiste Lust, über die Stränge zu schlagen. Allein die frischen Amerikanerinnen und ihre *boys* verströmten Schlichtheit und Maß. Auch ein komischer Kontrast. Sie trugen keine Hemden mit Blumenmuster über den Hosen und latschten auch nicht in dem Gang herum, den man geht, wenn man erst vor einer Viertelstunde aus dem Bett gestiegen ist. Noch lag hier und da ein Wrack eines Landungsboots, und ihnen musste es so scheinen, als sei es nur für sie herangeschafft worden ... Auch eine Art sozialer Lage. In Planungsgremien und dem gleichzeitigen Theoretisieren über die Notwendigkeit, die Zahl der Beamten zu reduzieren, wird sie sich nicht lösen lassen. Wer würde dann in den Gremien sitzen? Das Verhältnis von Beamten zu Steuerzahlern kippt beständig in Richtung der Ersteren, Frankreich schwappt vor ihnen über, schnappt nach Luft und sieht sich gezwungen, die Steuern immer weiter zu erhöhen, die hier ohnehin niemand zahlt. Was die wirtschaftliche und finanzielle Lage Frankreichs betrifft, wäre da zuerst die schon aberwitzige Kluft zwischen Theorie und Praxis zu verkleinern. Einige Tage später, als ich mich in den Alpen durch Regen und Kälte quälte, verstand ich eins: Wenn der Weg zu schwer ist, sieht man das Ziel nicht mehr. Man denkt nur daran, irgendwie weiterzukommen, und geht töricht seines Weges. Frankreich schleppt sich ziellos weiter, weil der Weg zu beschwerlich ist.

Die Strecke von Nizza nach Monte Carlo über die Grande Corniche glich einem Flug über ein Traumland. Ich verschickte von hier nur Farbpostkarten, denn nur sie waren in der Lage, diese Aussichten wiederzugeben. Die bisher unveröffentlichten Aufzeichnungen von der ersten Italienreise der Goncourts, nonchalant und prätentiös, kamen mir beharrlich immerzu in den Sinn: »Lago Maggiore. Alte H… spucken ihre quecksilbrige Saliva am Seeufer auf die Steinplatten, auf denen die Wellen sterben. *Nec plus ultra* dessen, wovon die Dirne träumen kann, wenn sie an die Natur denkt. Operndekore, zu allen Opern zu jeder Zeit, in denen der See von Cicéri gemalt wurde.« Das Meer war hier gar keines, und in Monte Carlo wimmelte es am Ufer des »Sees« von solchen Prachtexemplaren … Im Kasino wurden angesichts des Andrangs die Formalitäten vereinfacht. Am Eingang wurde nicht mehr nach dem Ausweis gefragt, Männer und Frauen spazierten in Shorts hinein. Eine Kirmes mit Pfandlotterie in einem historischen Prachtbau. Auch hier über die Grenze geschmuggelte Orangen und Zitronen. Der Schmuggel über sie ist anspruchsvoller als an der spanischen Grenze, weil sie hier nicht »geschlossen« ist. Es wird vor allem nach italienischen Schuhen verlangt, solchen mit echter Kreppsohle. Im Geschäft mit den Postkarten sagte mir eine gräuliche *madame* im Tonfall eines Psychiaters, der zu einer Wahnsinnigen spricht – nämlich der Regierung: »Weshalb kann das alles denn nicht ganz legal und natürlich ablaufen, so wie früher? Da hätten doch alle mehr davon.« Das ist das tägliche Zwiegespräch von vierzig Millionen Franzosen mit ihrer Regierung. Sie wollen nicht noch mehr Gesetze und Verordnungen, sie haben genug davon. »Weshalb so viele Gesetze? – Weil es völlig am Gesetzgeber mangelt«, könnte ein neuer de Maistre schreiben. Sie wollen es, sie wollen es »so wie früher« haben.

• • •

Hinter Barcelonette. Schon auf der »Route Napoléon« war das Wetter furchtbar schlecht geworden. Von den nackten Flanken der Meeresalpen flossen Bäche mit gelöstem Schiefer in die Var herunter und färbten den Fluss fast schwarz. Der Tee aus diesem Wasser hat die olivgrüne Farbe der brasilianischen *herva-mate*, am Boden der Becher bleibt ein Schlammfilm zurück. Es regnet seit drei Tagen ohne Unterlass. Im Augenblick trockne ich mich auf einem Bauernhof. Den Col de la Cayolle auf 2300 Metern Höhe bin ich ohne Handschuhe, aber dafür mit Socken über den Händen abgefahren. Auf den Bremsgriffen wurden meine Finger steif vor Kälte. Der Asphalt war stellenweise völlig abgetragen, die Straße wurde, seitdem ich 1940 das letzte Mal hier langgefahren bin, kein bisschen saniert. An einigen Stellen arbeiteten deutsche Kriegsgefangene beflissen an ihrer Instandsetzung. Hier im Bauernhof leben ihrer zwei. Sie wollen heimkehren, sagt mir die Hausherrin, und sie wisse nicht, was sie nach ihrer Entlassung tun soll. Aus ihrem Mund sprach wieder ganz Frankreich. Als mir jedoch vor Puget-Théniers ein paar Speichen brachen, war die Werkstatt des Mechanikers im Städtchen geschlossen (um vier Uhr nachmittags). Ich fand ihn in seinem Haus und sagte ihm, dass ich es eilig hätte. Er hieß mich zu warten, »jetzt trinke ich Kaffee«. Ich wartete über eine Stunde, ersetzte die fehlenden Speichen in der Zeit selbst. Als er kam, kaufte ich ihm ein paar Ersatzteile ab, damit ich nicht wieder irgendwo auf einen anderen warten musste, der seinen Kaffee austrinken wollte. Er war es zufrieden, er hatte schließlich ein paar Francs an bloßen Fahrradspeichen verdient, ohne dafür arbeiten zu müssen. Wohlhabend sind sie, immer und immer noch reich – zu reich. Es genügt nicht, wenn bloß der Arbeiter und der Beamte arbeiten, und das auch noch träge, weil es nichts zu essen gibt. Frankreich ist kartesianisch: Ich esse, also bin ich, und ich esse für das, was ich von der Arbeit verdient habe. Die Hausherrin fragt mich, ob die Kommunisten die Regierung übernehmen. Ich antwortete ihr, das wüsste ich nicht, denn das ist beileibe keine innere Angelegenheit Frankreichs mehr, sondern eine strategische Frage. Und die werden woanders gelöst … »*Quelle bouillabaisse*«, seufzt sie philosophisch. Das alles erinnert tatsächlich an die Marseiller Suppe, in der sich von allem etwas findet. In einem Bistro in Barcelonette hörte ich einen alten Bauern sagen, dass Gott nun nach allen Streichen, die er den Lebenden gespielt hat, noch eine *sale blague* für die Toten übrig habe: sie heute aufzuerstehen heißen. Das ganze Bistro lachte. Der Witz dieser Alten hat immer etwas von Anatole France.

• • •

Nach fünf Regentagen drang morgens eine neue Welt ins Zelt. Das Tal der Durance öffnete sich in einem weiten Bogen, die Wiesen dampften, es wurde regelrecht warm. Ab dem Nachmittag war das Blitzen der Gletscher aus dem Massif du Pelvoux zu sehen, weiß und bläulich berührten sie den Himmel, schienen gläsern unter der Sonne. Das war mehr als eine Entschädigung für die letzten fünf Tage Unwetter. Bloß drei Tage zu spät. Die mit Sorgfalt abgezählte Reisekasse war in diesen fünf Tagen schneller aufgebraucht worden. Wettmachen ließ sich das nicht mehr. Übrigens fehlte es sowohl an Zucker wie an Brot. Obwohl der August sich seinem Ende zuneigte, war der Zucker im Département Alpes-Maritimes schon »aus«. Er war weder für die Augustmarken noch unter der Hand zu bekommen. Erst in den Bergen, in Embrun, konnte ich ein Pfund kaufen – ohne eine Marke zu haben, aber zum völlig normalen Preis. Wie versteinert stand ich im Laden. Die junge Ladenbesitzerin stemmte die Hände in die Hüften: »Was glauben Sie denn, dass ich solche wie Sie ausnehme? Ich sehe doch, dass Sie nicht viel mit sich tragen. Solange ich Zucker habe, verkaufe ich ihn auch. Wissen Sie, was ich auf deren Verordnungen gebe?« Ich fragte nicht weiter, wohl wissend, was sie auf sie gab. Es heißt, Napoleon habe die Steuern so lange erhöht, wie sein Finanzminister ihm Bericht gab, dass die Steuerzahler ihre Abgaben zahlten. Doch nach einer weiteren Erhöhung gestand er dem Kaiser: »Sie lachen nur noch.« Frankreich findet sich just am Rand dieses Lachens. Leider sind solche großherzigen *épicières* wie diese in Embrun die einsame Ausnahme. Vielleicht ja genau deshalb?

Hinter Briançon übernachtete ich auf einem Hof, dessen sechsundsiebzig Jahre alte Besitzerin die musterhafte Verkörperung jener alten, nur hier anzutreffenden Kultur war. Ich bat darum, meine Mahlzeit aufwärmen zu dürfen. Die Alte, eine *paysanne* aus Urgroßvaters Zeiten, führte mich mit Ehrerbietung in die Küche und trieb ihre dümmliche Tochter donnernd dazu, den Herd anzuheizen. Ihren Mann fuhr sie an, mir eine Pfanne zu geben. »Wir sind keine Barbaren, wir wollen keineswegs, dass ihr euer Fleisch roh esst«, sagte sie, rege gestikulierend, in feinem Französisch. Sie betrachtete aufmerksam meine Schafkoteletts und sprach mir ihre Anerkennung aus. Beim Abendessen trat sie an mich heran. Als ich etwas über den »guten Gott« sagte, legte sie ihr faltiges Gesicht fast an meines und fragte: »Sagen Sie mal, haben Sie diesen Herrgott schon mal gesehen?« – »Nein.« – *»Eh bien«*, fuhr sie mich an, ungefähr so wie ihren Mann zuvor. »Werden Sie etwa nicht den Pfarrer rufen, wenn Sie sterben?«, fragte ich wiederum. – »Das – ist etwas völlig anderes«, erwiderte sie und war einige Zeit verdrießlich. Ich lachte, war weiter fröhlich, und steckte sie schließlich mit meinem Lachen an. Im Haus war die Armut greifbar, reich waren sie jedenfalls nicht. Besser haushalten könnten sie, aber es fehlte an Leuten und selbst waren sie alt. Die Jungen flohen in die Städte. Sie beobachtete mich, plötzlich wurde sie lebhaft und duzte mich: »Du gefällst mir. Wenn dir Paris einmal leid wird, bei mir findest du Arbeit, gut würde es dir hier gehen.« Ich umarmte sie lachend. Sie reichte mir bis an die Brust und war es zufrieden. Am nächsten Tag verabschiedeten wir uns herzlich voneinander. Sie gab mir eine gehörige Portion Brot, dank der ich in der Lage war, die Berge zu erklimmen. Bevor ich aufs Rad stieg, rief sie mir zu: *»Et si à Paris tu ne pouvais pas faire honneur à tes affaires, viens nous rejoindre.«* Wie dieser alte, vornehme französische Ausdruck auf die Lippen dieser Bäuerin kam?

Der Weg hinauf zum Col du Lautaret stieg sanft an, er verschwand hinter den Galerien der Tunnel. Zur Linken immer mehr weiße Gletscherflecken. La Meije leuchtete gewaltig, der Berg färbte sich zum Sonnenuntergang rötlich. Auf dem Pass sprach ich mit Deutschen. Sie klagten, dass die Franzosen sie aufs Kreuz legten. Sie hatten ihnen versprochen, sie noch im Juli zu entlassen, bisher ist nichts passiert. Sie wussten, warum, ohne sie würde es schwierig werden. Alle sprachen sie mit der Selbstsicherheit der Unersetzlichen, der Gleichen unter Gleichen, sogar Überlegenen. »Die Franzosen sind faul, zur Arbeit haben sie keine Lust.« Hier waren sie es, die den Asphalt der Straße ausbesserten, die sich in scharfen Serpentinen bis La Grave hinunterstürzte.

Was vom Essen übriggeblieben war, hatte ich in die Berge mitgenommen. Ein jeder Tag begann mit Sonnenschein, brannte heiß zur Mittagszeit, und zum Abend und in der Nacht blies die Kälte von den Gletschern. Die Stunden vergingen langsam, so wie die weißen Wolken, die um die Gipfel zogen. Während ich auf rutschigem Gras dahindämmerte, verflog meine Müdigkeit, verlor sich in den endlosen Ebenen und den Weiden unter mir. Erinnerungen und Bilder kehrten wieder, Gesprächsfetzen. Eine gewisse Wahrheit verbirgt sich hier gewiss unter der Summe der Kontraste, deren Zahl in Frankreich ins Gefährliche steigt, Jahr für Jahr. Wie in allem, so gibt es auch hier ein bestimmtes Idealverhältnis. Frankreich nähert sich seinem neuen Schwellenwert. Wenn es sich treu bleiben möchte, darf es diese Schwelle nicht überschreiten, zum Wohle aller. Das Land fühlt das, die Leute verstehen es schon selbst.

In Frankreich gibt es langsam zu viele Kontraste, und zwar ganz und gar unfranzösische.

Nach dem Abstieg las ich, dass schon ab dem 1. September eine geringere Brotration galt. Zweihundert Gramm täglich. Ich las auch, dass die Frau eines Professors der École Polytechnique Autos gestohlen hatte und dass in Biarritz eine Bande dreizehnjähriger Buben gefasst worden sei, die leerstehende Villen und Geschäfte ausnahm. Die Grenzen der Legalität wurden schon überschritten. Mir wurde traurig zumute. Ich hatte kein Brot mehr, doch der Bauer, bei dem ich mein Fahrrad und Gepäck untergestellt hatte, rettete mich. »Es gäbe von allem genug, wenn das Geld nur so sicher wäre wie früher. *Monsieur,* sogar die Dollars sollen schon gefälschte sein«, stöhnte er. Ich fuhr schnell hinab in Richtung Grenoble, hungrig und ratlos. Die Züge nach Paris gingen immer noch überfüllt mit Ferienheimkehrern ab. Den ganzen Tag wartete ich auf eine Fahrkarte. Die Kontraste, zu viel der ganz ungewohnten Kontraste.

Aus dem Septembermorgennebel krochen die Pariser Banlieus hervor. Das Grün der Bäume war schon welk und gelblich geworden. Von der Stadt her trieben mit Rauch vermengte Wolken, durch die die rote Sonne schien. Der Luftzug, der durch das Fenster kam, wurde wärmer, geradezu schwül. Paris war vom Sommer verschwitzt. Auf den rostigen Kastanien sprossen hier und dort neue Blätter, und die Bäume blühten ein zweites Mal, wie im Frühling. Langsam erwachten die leeren Straßen.

LOURDES

»Ja, das ist eine eigentümliche Stadt«, bemerkt einer meiner engsten Freunde in Frankreich, sooft ich ihm davon erzähle, was für einen Eindruck Lourdes auf mich macht. Er ist praktizierender Katholik, ein militanter, gar kreuzzüglerischer. Lourdes ist ihm sehr vertraut, seitdem er dort 1940, nach seiner Flucht aus Paris, ein paar Monate ausgeharrt hat. Ich weiß, dass sein strenger Katholizismus mich und meine Überzeugungen eher in die spezifisch französische Kategorie der »ein bisschen Katholischen« einsortiert.

Aber wenn ich mit ihm, nach jedem neuen Aufenthalt in Lourdes, über das Erlebte sprechen will und nicht verhehle, wie sehr ich davon berührt bin, versteckt er sich hinter dem Gemeinplatz der »eigentümlichen Stadt« und erzählt lieber von seinen Ausflügen in die Pyrenäen. Ich bedränge ihn nicht weiter, weil ich ihn gut verstehe. Wenn ich mich Lourdes nähere, verstehe ich ihn am besten.

In diesem Jahr kam ich aus Pau. Die Straße steigt sanft an, verläuft entlang eines der schönsten Flüsse Frankreichs, des Gave de Pau. Er fließt in mehreren Betten, verbindet sich hier und da zu einem einzigen, um sich an einer Verzweigung wieder in eine Reihe von Seitenflüssen aufzuteilen. Mal ist er tief wie im Flachland, mal seicht wie ein Gebirgsfluss, umspült seine grünen Inseln mal leise, mal tosend; dort ist er dunkel wie Flaschenglas, hier blau und weiß vom Schaum, der sich an den Steinen aufschlägt, er wird wechselnd langsamer und beschleunigt wieder, verstummt oder rauscht. Je näher er Lourdes kommt, desto kälteres Wasser trägt der Gave. Mit einem schwärzlichen Dunst überzogen, erinnert der Himmel über den Pyrenäen an den über Industriestädten, trennt sich scharf ab von dem hellblauen Streifen, der in der Hitze vom Fuße des Gebirges abgeht. Alle Gerüche scheinen hier wie feucht, auch die Brombeeren sind nicht mehr so süß wie zwischen Bayonne und Pau. Zugleich wird etwas in der Seele still, man spürt eine gewisse Schwere, die Selbstgespräche fallen nicht mehr so leicht. Auch der heidnischste, in der Sonne ausgesäte, mit Wein statt Dünger begossene Geist fühlt sich plötzlich unwohl. Etwas stößt hier zusammen, und den Krach des Aufpralls übertönt man mit der Rede von der »eigentümlichen Stadt«.

Ja, was sagt man nicht alles, was tut man nicht, um sich bloß eine bestimmte Rührung nicht einzugestehen! Die Mode regiert auch hier, ihren Geboten folgt die menschliche Psyche eifriger als anderen, in Selbstgesprächen ist man ebenso auf Wirkung bedacht wie in den Gesprächen mit anderen Menschen. Als ich mich Lourdes nähere, spüre ich die Konventionen der Mode deutlich, fühle mich geprüft vom kritischen Blick eines ganzen Jahrhunderts, aus dem ich geboren bin. Der Materialismus, in dem ich lebe, verfolgt mich mit seinen seriellen Blicken. Allein vor mir selbst schäme ich mich, ich schäme mich im Voraus für gewisse Bekenntnisse, die ich dort machen, für Vermutungen, denen ich anhängen werde, und ich wünschte, dass die einen Gedanken nichts von den anderen wüssten, dass die aufrichtigen, tief verborgenen sich nicht vor jenen »normalen« und »gesellschaftsfähigen« offenbarten und mich nicht vor ihnen kompromittierten. Ich versuche, mit einem dahingenuschelten Wort davonzukommen oder bei der Rede von der »eigentümlichen Stadt« Zuflucht zu suchen, gläubig zu sein wie mein französischer Freund und so viele andere und dabei auf die Grenzen zu achten, was mir erlaubt, in ihrer Gegenwart ein »zeitgemäßer« Mensch zu sein; ich bemühe mich, geschickt durch die schmale Lücke zwischen diesem ganzen Jahrhundert und dem Flüstern meines Herzens hindurchzukommen und dabei mit nichts und niemandem zu kollidieren, so wie ich hier auf dem Weg keinen aus der Menge der Wallfahrer anzurempeln versuche. Das Heilige anzunehmen ohne der Welt zu entsagen, gestehen ohne zu bekennen, »aufgeklärt« zu sein und doch den Kopf heimlich vor dem »Aberglauben« der einfachen Leute neigen.

Ich weiß darum, und auch der mir nahestehende Mensch, mit dem ich reise, weiß es. Zusammen haben wir schon viel erlebt, in den Sommern treiben wir uns gemeinsam herum. Nachts, während wir unter dem Dach des kleinen Zeltes langsam einschlafen, erzählen wir einander alles, ziehen die Bande, die uns verbinden, noch fester. Hier, vor den Toren von Lourdes, verhalten wir uns voreinander so, wie sich jeder von uns vor seinen eigenen Gedanken gibt: Scherzend weichen wir einander aus, verspotten uns manchmal gegenseitig. Die eigene Rührung zu zeigen »schickt sich nicht«. Wir erinnern uns beide an alle Rezensionen, die wir in Paris zu *The Song of Bernadette* gelesen haben, der Verfilmung des Romans von Werfel. Das »es schickt sich nicht«, das vor allem bestimmte Gefühlsregungen und Gedanken betrifft, ist in unserer Epoche stärker als je zuvor. Eine Art Philosophenpose, schon mit der Muttermilch aufgesogen, zusammen mit der Übersättigung durch Wahrheiten, die uns zunehmend unser täglich Brot ersetzen, verleiden uns das bloße Atmen. Und auch wenn die Luft ringsum jetzt sicher eine andere ist, verbieten wir es uns, mit ihr unsere Brust in vollen Zügen zu füllen.

In der Abenddämmerung raschelt der Tau in den Zweigen, fließt wie in einem Gradierwerk durch die Bäume und tropft von den untersten Blättern auf die Erde. Ein Lichterschein schwebt über dem Tal des nahen Lourdes, auf der Straße hört man verzögert das Getrampel ferner Schritte. Gerne würden wir über Bernadette reden, endlich mit größerem Ernst sagen »weißt du, vielleicht war da ja wirklich ...«, sie im Gesicht von Jennifer Jones aus dem Film erkennen, und auch nur für eine Weile innehalten, um mit sich ins Zwiegespräch zu kommen, so wie es jeder tat, der aus dem Kinosaal kam, ob gläubig oder nicht. Wir würden die Widerstände gerne auseinandernehmen und in jene Ordnung bringen, die da in uns entsteht, wenn sich der Film und das Gesicht der genialen Schauspielerin – ganz gegen unseren Willen – mit der ganzen Geschichte dieses Ortes kurzschließen und, was schwerer wiegt, mit seiner Heiligkeit. Wie schüttelt man die Überzeugung ab, dass dieser Film den Kinosaal beinahe in eine Kirche verwandelt und in allen in ihr Versammelten die wunderlichsten Kollisionen hervorruft, die sich, ob sie nun gläubig sind oder nicht, so oft wie Ungläubige geben? Hier war der Film wertvoller als die flammendsten Reden und berührte sogar jene, die sonst nur die Sprache unseres lauen, wenig einnehmenden Zeitalters verstehen. Ziemt es sich, dass hier die Leinwand und ein menschliches Antlitz darauf so etwas wie die Rolle der Offenbarung auf sich nehmen und sich den Dürstenden etwas darbietet, das man heute andernorts zu suchen pflegt? Schwer zu sagen, aber wir spüren, dass Werfel, der vertriebene tschechische Jude, etwas Großes vollbracht hat; mit seinem Bild von Lourdes versetzt er Millionen jener, die es nicht wirklich erleben können, einen Stoß, überbrückt alle Distanz und gemahnt an diesen Ort. Ohne dem Bild Eigenes hinzuzugeben, entzündet er, wenn auch nur für einen Augenblick, das, was in so vielen erstickt ist, und bringt sie dazu, sich ganz so zu verhalten, wie wir uns in ebendieser stillen Nacht verhalten. Vor diesem Bild sind die, die widerständig bleiben, gezwungen, immerhin auszuweichen. Angesichts ihrer überwältigenden Mehrheit in jener Frage heißt das schon viel. Und wenn er die ganz

Erkalteten nur dazu brächte, den Rest der Glut nur umso emsiger zuzuschütten und auszutreten, eine Glut, die sich tatsächlich nie ganz austreten lässt, so hätte er seine Aufgabe ohnehin erfüllt. Es gibt Zeiten, die aufs Ganze gehen, deshalb sind es so schwere.

Die Wege hierher sind bisweilen merkwürdig: Werfel floh nach 1938 nach Frankreich. Wie so viele, die Zuflucht in diesem Land gesucht haben, begegnete ihm gewiss eine Reihe von »Schwierigkeiten«. Frankreich liebt es nicht sehr, an diese Zeiten erinnert zu werden. Eine dieser »Schwierigkeiten« war die Unmöglichkeit weiterer Flucht nach dem Einmarsch der Deutschen. In Lourdes saß er fest, die erlösende Grenze zu Spanien fest im Blick, die er nicht passieren konnte. Man sagt, er habe zum Glauben gefunden, als er am Rande der Urangst, diesem größten Gefühl jener Jahre, hier Linderung fand. Er soll gelobt haben, dass er, sollte ihm die Rettung gelingen, seine Kräfte als Erstes jener kleinen Seherin und ihrem Wunder widmen würde. Als Künstler zog ihn das ursprüngliche, kleine Lourdes an, das einem heute nur noch an seinen Rändern begegnet: in den feuchten Abenden der Wiesen und Berge, unter den Nebeldecken, in den von großen Tüchern verhüllten kleinen Mädchen, die mit langen Stöcken Kühe vor sich hertrieben ... Vielleicht legte er seine Stirn für einen Augenblick an die Figur in der Grotte, in der nichts auch nur irgendwie »Schönes« ist und wo die ausgehangenen Krücken und Prothesen an alte Knochen erinnern; vielleicht ging er auf den gewundenen Pfaden am Gave, kam auf ihnen zu sich und zu dem kleinen Mädchen, das SIE geschaut hatte.

Werfels Buch wurde in viele Sprachen übersetzt, aber er wäre kein Angehöriger des Volkes, das stets das beste Gespür für die jeweilige Epoche hat, wenn er sich damit begnügt hätte. Nach vielen vergeblichen Bemühungen in Hollywood gelang es ihm, sein Bild über die begrenzte Reichweite der Bücher hinauszutragen und auf Größeres zu zielen: die Massen in ihren zeitgenössischen Tempeln zu erreichen, den Filmtheatern. Darüber sprechen wir in dieser Nacht vor Lourdes, unsere Reden kreisen um Werfel, kreisen dabei über den einen Punkt, an dem unsere Gedanken unablässig landen und sich wieder ängstlich erheben, so wenig vertraut sind ihnen diese schwer zugänglichen, überwucherten Winkel. Bemerkenswert ist indes, dass Werfel sich nie öffentlich »bekehrt« hat, sich nie vernehmlich zu dem bekannt hat, was sich sieben Jahren zuvor in ihm hat ereignen müssen. Bis zum Ende bewahrte er die taktvolle Zurückhaltung seines Buches und seines Films. Die spektakulären Konversionen mitsamt öffentlicher Beichte überließ er jenen, die derlei bisher am lautesten verlachten.

Die Nacht war kalt und der Schein über Lourdes wurde schwächer. Einige Worte, die uns die Kehle empordrangen, schluckten wir mit heißem Tee wieder hinunter. Als wir über den Teufel sprachen, prusteten wir den nicht ganz inhalierten Zigarettenrauch lachend wieder hervor. Ihm gefallen heilige Orte ja sehr.

• • •

Unter der Sonne, schon in Lourdes, scheinen die nächtlichen Spötteleien über den Bösen gar nicht so albern, etwas Wahres steckt in dem alten Geschwätz. Der ganze romantische Aspekt, der Nimbus der ersten Wundererscheinung, das Gesichtchen der kleinen Bernadette, ihr weiteres Schicksal und das spätere tumulthafte Einfallen der Aufgeklärten, die es nach Wunderheilungen verlangt – das alles löst sich jetzt auf in der religiösen Kurortstimmung, in den gebenedeiten Wassern. Etwas bringt die unvermeidlichen schiefen Töne dazu, sich mit dem gleichmäßigen Widerhall ruhiger Einkehr zu vermengen. In dem marktschreierischen Handel mit dem Großen Geheimnis, den grellen Reklamen, den weinseligen Dünsten der Leute, die sich das Wunder vollbringende Wasser aus Hähnen abfüllen, die, in Reihe aufgestellt, an die Duschen exquisiter Bäder erinnern, in alledem wird ein gnadenloses Spiel gespielt, dessen Einsatz das Herz ist, das in Lourdes zurückzulassen man bereit ist. Wer sich davon täuschen lässt und es nur auf dem Tisch der Eitelkeiten riskiert, der hat verloren, und er verliert unbedingt. Auf der Straße, die nach unten zur Grotte führt, bilden die Läden zur linken und rechten Seite ein Spalier knüppeltragender Leute. Jede Ausstellung, jedes Schild, jede Anpreisung versetzt einem einen fast körperlich spürbaren, stumpfen Stoß. Auf der Hälfte des Weges fällt man geradezu nieder unter den Schlägen der großen Buchstaben, die quer über ein ganzes Haus verlautbaren, dass sich hier ein Souvenirladen befindet, der irgendwelchen Nachfahren der Heiligen Bernadette Soubirous gehören soll. Welchen genau, weiß ich nicht, weil ich meinen Kopf abwandte, aber ich bin mir sicher, dass diese Familie ihre Klagen über zu geringe Umsätze bis zum heutigen Tag direkt an ihre heilige Verwandte richtet. Ich werde den Eindruck nicht los, dass aus diesem

Laden Sätze in feistem Volksmund zu mir dringen: »*Dis donc Bernadette, ça va pas dans la boutique.*« Hier, an der Straßenecke vor einem gut besuchten Bistro, werden extra Flaschen für das Lourdes-Wasser verkauft, während mit lautem Geschrei die Vorzüge ihrer Aluminiumwandung gepriesen werden; daneben hat sich eine Frau mit einem Korb voller flacher Cognacflaschen gesetzt, deren Verschluss das Trinkglas ersetzt. »Kauft als Proviant!« Flaschen mit dem Wunderwasser, am Hals mit Weinflaschen verbunden, hängen an Schnüren von den Schultern der Leute herab und läuten wie Glocken. Die Läden, die Souvenirs, die Münzchen, Verkäufer und Pilger – alles ist scheinbar »per du«. Mit wem? Für die Antwort darauf fehlt es an Mut. Das Gebet nimmt hier die Eigenheiten eines Gesuchs um Soforthilfe bei der Regierung an, die gewählt ist mit den Stimmen dieser Menge; klandestin gibt sie zu verstehen, dass, wenn die Dinge so aussehen, na dann ... Es ist wie die Drohung: Wenn das Gesuch abgelehnt wird, ist es keine große Sache, den Konfessionswahlzettel doch noch zu revidieren. Auf dem Weg halte ich an, denke an die Nacht, an das Buch und den Film von Werfel. Manchmal wünschte ich, es gäbe sie auch ohne dieses Lourdes. Meine Gedanken kreisen hartnäckig um Anatole France' *Thais*,• ich sehe den Ledereinband des Bandes, blättere durch die Seiten mit der Beschreibung der Stadt, die unter Paphnucius' Säule wächst. Während er auf ihr saß, hängte man Hunderte Krücken an die Säule, schmückte sie mit Kränzen und Votivbildern. Auf ausgebreiteten Teppichen machten Akrobaten Kunststücke und jonglierten behände, Schlangenbeschwörer unterhielten die ringsum versammelte Menge, eine bunte, tobende, ausgelassene Menge. Des ansichtig, möchte man plötzlich selbst die Frage des armen Paphnucius stellen, der zum tödlichen Sprung herab in die Tiefe verführt wird von einer Stimme, die ihm einen Vogelflug versprach: »Wer lacht denn so?« – Die Kaufleute handeln hier mit der Heiligkeit, während sich inwendig ein leidenschaftliches Feilschen um das kleinste Partikel Gefühl abspielt! Und gefeilscht wird auf effekthascherische, schmeichlerische Weise, die Währung ist das Lächeln der Überlegenheit, dieses verführerischste von allen. Was für ein Vergnügen bereitet es doch, die Augen zusammenzukneifen und ein enzyklopädisches *lorgnon* vor sie zu halten, die Mundwinkel zu kräuseln; sich mit der *charmante impiété* einer alten Freundin von Anatole France munter zu machen, die ihm aus Wehmut über ehedem aufgesuchte und zugunsten von neuen aufgegebene Pilgerorte sagte: »Es lässt sich nicht leugnen, diese Jungfrau von Lourdes ist wohltätig, selbstlos, gescheit, eifrig, ich würde sogar sagen: unterwürfig. Sie vervielfacht sich, um zu dienen. Sie heilt die Kranken, hilft der Jugend beim Examen, knüpft Ehebande und verkauft Schokolade. *Entre nous, je la trouve un peu intrigante.*«• – Oh, das hat Anmut, das hat Charme. Ich entsinne mich der Anekdote, weil ich Anatole France schätze, aber das ist doch reichlich verstaubt und hat sogar den verführerischen Duft von Urgroßmutters Schnupftabak schon verloren, aus dem man heute noch Schießpulver anzurühren versucht. In dem in unseren Zeiten so häufigen Spiel des »als ob« taugt sie gerade noch für eine Wunderkerze. Langsam gehe ich hinab in Richtung der Grotte und sortiere meine Gedanken und Gefühle wie Figuren auf einem Schachbrett. In uns finden sich wirklich nur schwarze oder weiße Felder, und eigentlich weiß man immer nur zu gut, was wie aufzustellen ist, damit zumindest aus diesem Spiel keine dialektische Komödie wird.

Weiter unten ist ein großer Platz, oben links eine scheußliche Kirche. Zur Mittagszeit ist hier kein Gedränge. Die Grotte ist klein, vor ihr stehen die Betbänke in Reihen. Der Geruch einer großen Menge brennender Kerzen und Stille. Ganz in der Nähe fließt der Gave und von Zeit zu Zeit dringt das deutliche Plätschern seines Wassers ans Ohr. Die zaghaften Schritte der schweigend Vortretenden zerdrücken behutsam und leicht die Sandkörner auf dem Beton. In der Grotte steht die Statue vor einem Hintergrund aus Krücken, Prothesen, Stützkorsetts – orthopädische Ausgrabungsfunde. Hier endet diese ganze gemachte Welt, es bleiben bloß Kargheit und Genügsamkeit. Hunderte Kerzen leuchten, und wohl schon nach einer Weile sieht man nichts mehr als ihr Licht. Der Blick jener, die sich in sie versenken, richtet sich ins Endlose. Wer die Augen offen hält, schaut irgendwo in die weiteste Ferne, durchmisst sie mit Strahlengeschwindigkeit, nur um hier an jener Statue anzulangen, zu deren Füßen er seine Bitten niederlegt. Wer die Augen geschlossen hält, lenkt sie, auf der Suche nach sich selbst, in die eigene, ungeheure Tiefe, aus der vorerst nur Tränen zu bergen sind. Das Licht flackert und versprenkelt sich in milliardenfacher Mehrung. Das ist kein Wunder, das ist bloß sein Glanz, der sich in kaleidoskopischen Prismen vor der Pupille spaltet, in den warmen Kristallen vor den Augen des Kindes, zu dem hier jeder wird, der es nur will ... Nein, der Mensch ist nicht allein, es sei denn, er versperrt aus freien Stücken gewisse Türen. Die Seinsunruhe wird geboren in jenen Seelen, für die der Tod das Ende von allem ist, für die das Leben eine selbstgenügsame Angelegenheit ist, ein Firlefanz, der unter einer Glasglocke ausgestellt wird. Wo ist Platz darunter für die Sterne, die Sonne, die Frische des Regens und des Windes, für schlichte Freudentränen? Wo für die Freuden des Fernseins und ihrer Verheißungen? »Es ist aber eine Schmach, zu beten«,* schreibt Nietzsche, weil er das Gebet für eine allein den Schwachen im Geiste, den Bettlern und Feiglingen ziemliche Handlung erachtete. Ob es auch eine Schmach ist, das Wasser aus den Gebirgsquellen zu trinken, sich mit der grünen, pfefferminzfrischen Luft der Weiden am Gave anzufüllen? Genauso, wie man des Sauerstoffs bedarf, bedarf man Gottes, und der Geist ist nicht nur Verstand, sondern auch Gefühl. Das Gespür für Moral und Freiheit, für Schönheit und das Heilige ist keine Verstandesleistung. Freiheit, Moral, Schönheit, Heiligkeit ... Hierfür gibt es keine Definitionen, hier weiß nur das Fühlen Rat; dieses Fühlen weiß gleichwohl um die Grenzen, an denen ein jedes beginnt oder endet. Und vielleicht ist es nicht das Schlimmste, dass all diese Regungen in ihren äußeren Erscheinungen zunehmend schwerer zu unterscheiden sind, sondern dass alles darangesetzt wird, die Grenzen zwischen ihnen im Innern des Menschen zu schleifen. Die Spannung und das Wirrwarr großer Entscheidungen, unter deren Eindruck die Welt steht, sind deshalb so überwältigend, weil es in ihnen um die Stimme der ganzen Seele geht. Die Abstimmung ist im besten Falle geheim, sie spielt sich in einer solchen Tiefe ab, dass nicht selten der Mensch selbst lange nicht weiß, auf wen seine Wahl letztlich fiel. Descartes blendet, Pascal ist geduldig wie das Wasser, das den Felsen unter der Oberfläche aushöhlt. Man sagt, heute kaue jeder nunmehr auf seinen Gebeten wie auf einem Kaugummi. So ist es nicht, und so wird es nie sein.

Ich gehe rüber auf die andere Seite des Flusses, setze mich ins nasse Gras am Ufer und zünde eine Zigarette an. Von hier sieht man die einzelnen Kerzenflammen nicht mehr, sondern bloß die Konturen der Figur in ihrem Lichternebel. Neben mir sitzen noch andere Menschen, sie essen und trinken. Der kleine Waggon der Standseilbahn erklettert langsam den Pic du Jer, aus der Stadt dringt leiseres Stimmengewirr und das lautere Knurren der Autobusse, die neue Ausflugsmassen tief in die Berge bringen. Hier ist sie wieder, die gütige Welt, die der Suche nach den großen Wahrheiten so viel Aufmerksamkeit schenkt und so wenig dem schlichten Vermeiden von Irrtümern. Doch diese Welt ist mir teuer, ihre Wärme mir nah. In keinem ihrer fünf Erdteile hat sie sich verbraucht.

Am Nachmittag nimmt der Verkehr zu. Vielleicht kommt eine Prozession an diesem Ufer entlang, laut um Wunder flehend, vielleicht bringen sie die Kranken aus den Spitälern, in denen der Mensch in seiner Ohnmacht vor dem Leid des anderen eifersüchtig seine Untersuchungen anstellt, die kalte Chronologie der Tatsachen notiert. Es ist nicht leicht, ihnen zu entgehen. Ich denke an Zola, diesen Schriftstellerdokumentaristen, an sein *Lourdes*, das einen Kompromiss eingeht mit den »heilenden Fluiden«. Am meisten ängstigt sich der Mensch vor dem Offensichtlichen. Das, was dann vor der Grotte geschieht, ist fern der Stille des Evangeliums, fern der gütigen Intimität, mit der Christi Einkehr ins Haus Simons geschildert wird. Doch vielleicht rief die Menge auch damals genauso laut: »Herr – wirk ein Wunder!« Sie verlangte es beharrlich. Die Wundergenesungen sind heute seltener geworden. Wer weiß, ob sie in einigen Jahren nicht sehr selten sein werden. Der Glanz wird erlöschen in Lourdes und weiterziehen, so wie er von so vielen anderen Orten hierhergezogen ist; jedoch nicht aus den Gründen, die Anatole France so geistreich von seiner alten Freundin dargelegt worden waren. In seiner kleinen Studie über den Einfluss von Gebeten auf den Zustand Kranker schreibt Carrel,[*] dass ihre Wirkung von deren Intensität abhänge. Wenn die Wunder in Lourdes heute nicht mehr so häufig sind wie vor vierzig oder fünfzig Jahren, dann deshalb, weil Kranke hier nicht mehr jene Atmosphäre tiefer Einkehr vorfinden, die einst vorherrschte. Aus den Wallfahrern sind Touristen geworden, und deren Gebete sind wirkungslos. Näher sind sie der chemischen Analyse oder den Umlaufbahnen der Astrophysik, die sich eines Tages vielleicht mit den Argumenten der *Summa Theologica* des heiligen Thomas von Aquin kreuzen.

Ich kehre in die Stadt zurück, gehe an den Läden vorbei, schaue mir dieses und jenes an. Zusammen mit anderen halte ich vor den Vitrinen. Vielleicht könnte ich ein paar dieser Heiligenmedaillons kaufen? Vielleicht sind sie ja in dem anderen Geschäft schöner? Ich kaufe sie, ohne weiter darüber nachzudenken. Wem auch immer ich zu Hause eines davon schenke, er wird es bestimmt gerührt annehmen. Er wird nicht abschätzig lächeln in dem Augenblick, da er es in die Hand nimmt, weil er darin ebenjene Gestimmtheit von Einkehr und Genügsamkeit spüren wird, in der es gekauft worden ist. Danach werde ich noch ein paar Ansichtskarten kaufen müssen, sie in den berstend vollen Briefkasten drücken. Auch die Auslagen der Lebensmittelläden wollen in Augenschein genommen werden, sie sind hier reicher in ihrer Dosenvielfalt als irgendwo sonst auf dem Weg. Das Leben sprudelt hier, es ist schlicht; in ihm ist Fülle und Einklang. In den Gesichtern der Menschen, in der Menge von Arbeit gezeichneter Hände, die sich in gleicher Weise nach der Verpflegung wie nach IHR in der Grotte strecken, ist Freude und der Friede eines tief empfundenen Festtags. Viele haben hier eine schwerwiegende Entscheidung gefällt und freuen sich darüber auf ihre Weise. Oft noch werden sie ins Wanken geraten, die Gebote verlachen, aber die meisten werden wieder angezogen werden von der Freiheit zur Verfehlung und der Kraft der Vergebung. Oft werden sie sich in einem so großen Kreis von diesem Punkt fortbewegen, dass es ihnen wird vorkommen müssen, als führte ihr Weg über eine völlig andere Linie; und unversehens gelangen sie doch an ihren Ausgangspunkt, zum ersten Gebet aus dem Kindesalter, zur Ergriffenheit aus der Zeit des ersten Andachtsbildchens.

Gegen Abend machte ich ein Feuer am Rande des Waldes. Aus der Tiefe hinter den Bergen kam langsam die Nacht näher, und die Wiesen im Tal wurden immer kälter. Zum Morgengrauen wird ein herrlich eisiger Nebel sie bedecken, körnig wie Raufrost. Im Wald ist es noch wärmer, die trockenen Nadeln und Stämme der Bäume kühlen langsamer aus. An ihnen kann man sich wärmen, wenn man sich mit dem Rücken an sie lehnt. Der über den Wiesen erkaltete Dampf sinkt rasch ab und heftet sich ans Gras. Unten auf dem Weg gehen Menschen in Richtung Lourdes. Ich schaue ins Feuer und denke, dass Abbé Peyramale, der Pfarrer von Lourdes zur Zeit von Bernadette, recht hatte: »Die Gläubigen bedürfen keiner Erklärung; den anderen hilft sie nicht.« Bittere Worte, aber wie richtig gerade heute, da alles zu einer Frage des Glaubens wird. Des Glaubens von Abbé Peyramale – und eines anderen.

NEKYIA

Paris. Mit jedem Tag nimmt das Dröhnen der großen Stadt zu. Die über lange Jahre vertrockneten Flussbette der Boulevards schwellen wieder an. Sie führen einen reißenden Strom aus Automobilen. Auf den großen Kreuzungen der Straßen und Plätze sieht man dunkelblaue Polizisten, wie sie geduldig die Maschinenknoten entwirren. Immer mehr erhebt sich vom hellblauen Rauch der Abgase in die Luft, und es kehrt der vertraute Geruch der Straße zurück. Paris duftet wie früher auf die ihm eigene, anregende Weise.

Das Flackern in den Blicken der Neonreklamen ist wieder da, das eigene Auge hängt abends an den gläsernen Scheiben der ausgeleuchteten Caféaquarien. Immer mehr Busse, mehr Taxis auf den Straßen und immer weniger Menschen im Ameisenbau der Untergrundbahn. Sobald oben die Unruhe wächst, kehrt auf den Bahnsteigen der Pariser Métro die Ruhe verlassener Stationen zurück. Doch in dieser großen Stadt in ihrem Paradekleid, wieder vibrierend vor lauter Bewegung und Licht, kehrt umso deutlicher auch der Reiz dessen wieder, was ihr wahres Geheimnis ausmacht.

Paris ist eine große Stadt aus kleinen Städten, der *quartiers,* die ihr eigenes Leben führen, verschlossen und provinziell. Von irgendwo aus der Ferne, als wären es Geräusche hinter einer Wand, weht ein Stimmengewirr heran, das von neuen Zeiten kündet, verflochten mit denen, die schon längst verklungen sind; sie bilden einen eigentümlichen, harmonischen Klang, in dem alles hörbar wird. Alle Epochen sitzen hier zusammen und machen Konversation. Zwischen den alten Gemäuern, auf den stillen Plätzen draußen herrscht immer ein und dieselbe große Zeit – die Gegenwart aller vergangenen Zeiten. Es gibt keine Toten, nichts ist vergangen; alles dauert an und lebt so wie früher. In der ärmlichen kleinen Straße der Rive Gauche klingen unverändert die mit geballter Faust an den Zinntresen des schmutzigen *bistrot* geschlagenen Worte von Camille Desmoulins und Danton. Auf den kohlschwarz gefärbten Wänden der Häuser strahlt kreideweiß die Inschrift *Vive le roi* neben einem Anschlag mit Hammer und Sichel: *Camarades!* ... Und an einem stillen Frühlingsabend, inmitten der Bäume und Sträucher von Passy, hört man das Flüstern jener, die vor langer Zeit von hier gegangen sind, und ein schnaubender Citroën, von der Hand einer vornehmen Dame gelenkt, wird unversehens zum Cabriolet von George Sand oder der Comtesse d'Agoult.

Der vom babylonischen Turm aus Zeitschriften, Zeitungen und vom Radio müde gewordene Verstand streckt hier seine erschöpften Glieder aus und kommt zur Ruhe. Hier vergisst man, an was zu erinnern man gemahnt wird, und man erinnert sich an das, was schon längst in Untiefen versunken ist, erstickt von den Geboten einer neuen Welt. Jedes Haus, jeder Stein wirft stumme Fragen auf. Sie zu beantworten, fällt immer schwerer ... Doch wenn man mit ihnen ins Gespräch kommt, wenn die heute vergessenen und mit Mühe geborgenen Gedanken wieder Laut geben, ahnt man ihren wahren Wert.

An einem dieser Frühlingsabende, die den Duft von feuchtem Grün tragen, verlief ich mich und geriet in eine kleine, seltsame Straße. Sie führt am Haus von Balzac im Stadtteil Passy vorbei. Das Haus ist heute ein Museum, und auch die Straße ist ein Monument für sich. Inmitten neuer Häuser mit Terrassen, in der Nähe der Citroën-Fabrik, ist dieser Winkel ganz unberührt geblieben. Das kleine eingeschossige Haus, wie hineingestellt in einen zerzausten Garten, hat sich so erhalten, wie es zu Lebzeiten von Balzac war, der hier unter dem Tarnnamen M. de Breugnol lebte. Das Pseudonym schützte ihn vor den Horden seiner Gläubiger. Der Zauber dieses Hauses und der Charme jener Jahre stecken dort noch in allem. Unter ihm drängt sich das dichte Gestrüpp des Parks, der den kleinen Palast der Prinzessin de Lamballe umgibt. Ich setzte mich für eine Weile auf den

Grenzstein, der hier 1731 zwischen den *seigneureries* Auteuil und Passy eingegraben worden ist. Meine Gedanken lösten sich von den eingerollten Zeitungen, die ich unter meinem Arm hielt, machten einen Satz zurück und ließen sich treiben.

Ja – Balzac hatte ein Auge auf den kleinen Palast da unten geworfen. Sooft er aus dem Haus in den Garten trat, schaute er in diese Richtung. Er witterte ein gutes Geschäft. Er schätzte, es für 300 000 Frs. kaufen und für eine Million wiederverkaufen zu können. Dass er heute nicht mehr lebt, hat ihn um noch größere Gewinne gebracht. Wie viele Gelegenheiten sich seinem Gespür für den Handel böten … Die eigenen Bücher könnte er auf dem Schwarzmarkt anbieten. Dieser Palast hatte ihm lange keine Ruhe gelassen. Später schrieb er an Mme Hańska nach Wierzchownia,[•] er hätte ihn für sie im Auge. Hier, in diesem Häuschen, entstanden in übermenschlicher Geschwindigkeit, geschrieben mit Tinte und schwarzem Kaffee, *Ursule Mirouët*, *Der Landpfarrer* und der herrliche *Cousin Pons*. Von hier schrieb er an Mme Hańska: »Arbeiten, das heißt für mich, jede Nacht um Mitternacht aufstehen, bis acht Uhr schreiben, in einer Viertelstunde frühstücken, bis fünf Uhr arbeiten, abendessen, schlafen gehen und anderntags von neuem beginnen.«

Mit dem Einbruch der Dämmerung wurde der aus der Ferne her wehende Lärm der Stadt leiser. Die Straßen leerten sich, die Laternen flackerten auf. Ich ging weiter. Man kommt hier an einer Terrasse vorbei, die aus den Resten des »Château de Passy« besteht, die sich an ein deutlich jüngeres Haus schmiegen. Jenes Schloss hatte im Jahr 1722 ein gewisser Samuel Bernard gekauft. Die Eingeweihten wissen, dass es Monsieur Samuel war, der hätte sagen können: *l'Etat c'est moi,* jedenfalls mit größerem Recht als Ludwig XIV. Beide hatten einander größere Rechnungen zu begleichen, und es heißt, dass der Sonnenkönig wohl tief in den Taschen von M. Bernard steckte ... Nun, damals siedelte man noch nicht nach Amerika über ... Jedenfalls muss das *lend and lease* stattlich gewesen sein, wenn man an die Gunstbezeugungen und den Empfang von Monsieur Samuel auf Marly denkt. Auch diese Kredite verwehten mit dem Schießpulver, wie jene anderen zuvor auf den Schlachten bei Nördlingen und Zusmarshausen. Versunken in Spinnereien zum Westfälischen Frieden, verirrte ich mich vor ein anderes Haus – ein äußerst merkwürdiges.

Es stand einsam inmitten der wuchernden Pflanzen eines kleinen Gartens. Das von Rost zerfressene Tor war verschlossen, eine Hausnummer fehlte. Ein mit Steinplatten ausgelegter Pfad, von Sträuchern überwachsen, führte zur Veranda. Nach allen Richtungen ausgreifender Efeu kroch die Treppen hinauf und rankte sich in die leeren Höhlen der Fenster. Die Äste der Bäume waren in die Zimmer der oberen Etagen gewachsen und hatten das Dach durchbrochen, von wo sie wie dicke, mit Adern durchzogene Arme ins Innere griffen. Umgeben von den ringsum bewohnten Häusern, auf einer belebten Straße, machte es einen geheimnisvollen und unwirklichen Eindruck. Ich blieb davor stehen, verzaubert von seinem Charme. Vielleicht steht es zur Miete? Man müsste es halbwegs restaurieren und dann vielleicht einen kleinen Abstand verlangen ... Die Nähe zu Balzac tat ihre Wirkung. Sogleich erinnerte ich mich an eine seiner Novellen, *La Grande Bretèche.* Auch das ein verlassenes Haus, worin der Comte de Merret den Liebhaber seiner Frau bei lebendigem Leibe in einem kleinen *cabinet de toilette* eingemauert hatte. Der Liebhaber war Spanier, ausgesiedelt aus seinem Land durch Napoleon. Da die Comtesse schwor, dass in dem *cabinet* niemand sei, war die »Displaced Person« aus Spanien so ritterlich, Frau de Merret nicht zu kompromittieren, und ließ sich in aller Diskretion einmauern. Er sollte nicht mehr herauskommen. Von ihrem Mann verlassen, zog die Comtesse de Merret aus der »Grande Bretèche« in ein Schloss und erließ in ihrem Testament das Verbot, dieses Grabmal zu vermieten. Nicht weniger neugierig geworden als der Dr. Bianchon aus der Novelle, der das Geheimnis der »Grande Bretèche« im Gespräch mit der Zofe der Gräfin lüftete, ging ich in das große Mietshaus gegenüber, um mit der Pförtnerin zu reden. Sie wusste über alles Bescheid. Als sie mich sah, erriet sie sofort, weshalb ich gekommen war.

»*Monsieur* kommen sicher wegen dieses Hauses. *Oui, oui,* ständig fragt man seinetwegen bei mir. *Mais rien à faire. C'est honteux,* aber der Besitzer möchte es partout nicht vermieten. Ich darf noch nicht einmal seine Adresse weitergeben. Niemandem – *vous comprenez?*«

Ich war entzückt. Die Pförtnerin schaute mich verwundert an, ihr aber konnte ich doch nicht begreiflich machen, dass das noch ein Argument mehr für O. Wildes Satz war, es sei das Leben, das die Kunst nachahme. Also sagte ich mit traurigem Gesicht noch etwas über den Wohnungsmangel. Sie winkte ab.

»Oh *Monsieur*, jetzt fehlt es an allem. Es mangelt sogar an Idioten für eine neue Regierung ...«

In der Tat, die Pförtnerinnen haben doch eine eigene Größe. Das Gewicht der Zeitungen, die ich weiter unter meinem Arm eingeklemmt hielt, machte sich bemerkbar, und ich dachte mir, wie viel philosophische Tiefe ihre Worte hatten. Ich trat hinaus auf die Straße ...

Es war schon fast dunkel. Durch das schwarze Pflanzendickicht starrten mich die leeren Fenster an, als belegten sie mich mit einem seltsamen Zauber. Die Hintertüren, aus ihren Angeln gehoben, öffneten sich auf ein kleines, mit hohem Gras überwachsenes Blumenbeet. Zwei alte Bäume warfen hier ihre Schatten, und das Dunkel war hier dichter. Fledermäuse glitten geräuschlos über den hellen Himmelsfleck über dem Dach. Es herrschte vollständige Stille. Ich war überzeugt, in eine andere Welt gelangt zu sein. An einen Baum gelehnt, schaute ich in die dunkle Kluft der Tür, und eine unangenehme Furcht überkam mich. Es war mir, als würde jeden Augenblick jemand aus ihr heraustreten, um mich mit furchtbaren Blicken dafür zu strafen, seine Ruhe gestört zu haben. Und da stieg, zu Beginn noch klein, irgendwo aus der Tiefe, im Gleichtakt mit meinem schnell klopfenden Herzen, ein vergessenes Wort auf und erfüllte alles ringsum: Nekyia.[*]

So wird das elfte Buch der *Odyssee* genannt, das Buch der Toten. Wie war das? Erinnerst du dich? Auf der Heimfahrt durchmisst Odysseus den Ozean, der die Welt der Lebenden von der Welt der Toten trennt. Er legt auf der nebelverhangenen Insel der Kimmerer an, dort soll er den Schatten des Sehers Teiresias befragen, auf welche Weise ihm die Rückkehr in sein Vaterland gelingen mag. In der Einöde hier, gegenüber der klaffend schwarzen Öffnung der

Tür, aus der Tod und Fäulnis drangen, begann mir das Wort »Nekyia« gedehnt in den Ohren zu heulen wie ein Friedhofswind. Blanke Urangst verband sich mit verstohlen lächelnden Erinnerungen an Analogien, an die ich mich hielt, wie man vor sich hin pfeift, um sich Mut zu machen.

Denn es gibt tatsächlich eine solche Insel, ähnlich jener. Sie ist ebenso neblig und auch von der anderen Welt. Aber ob Odysseus und seinesgleichen darauf etwas lernen könnten? Von Kirke unterwiesen, weiß Odysseus, dass er den Schatten warmes Blut zu trinken geben muss, um sie zum Sprechen zu bringen. Er opfert zwei Schafe, verscheucht die aufdringlich sich nähernden Geister und stellt einen mit Blut gefüllten Pokal für jene unter ihnen auf, die er zu hören begehrt. So erfährt er die wichtigsten Neuigkeiten. Nicht nur Teiresias erteilt ihm den weisen Rat, den Sonnengott nicht zu kränken (hm, die Sache mit der Sonne ...), nicht nur führt er Unterredung mit seiner Mutter und den Freunden, die vor Troja den Tod gefunden haben, aber zu seiner großen Verwunderung erblickt er dort auch Agamemnon, den Anführer des Kriegszuges. Was war geschehen? Sie waren doch gemeinsam wieder gen Heimat aufgebrochen. Er reicht ihm also einen Schluck des blutigen Trankes und hört die bedrückendsten Dinge. Agamemnon war früher heimgekehrt – und wurde dort mitsamt seinem gesamten Stab ermordet. Während seiner Abwesenheit hatten sich die Umstände verändert, und der bemitleidenswerte Sohn des Atreus hatte seine Eignung für die neue Gesellschaft eingebüßt. In tragischen Strophen erzählt er davon.

Eine Fledermaus flog dicht über meinen Kopf hinweg, und ein plötzlicher Windstoß rührte an den Baumkronen.

Die schlaff herabhängende Regenrinne klirrte, das morsche Fenster knarzte und knackte. Aus dem Durcheinander von vergessenen Versen, aus dem ebenmäßigen Rhythmus des Hexameters, der mir im Kopf klopfte, splitterten immer mehr Worte ab, wie beim Zerschlagen eines harten Steins:

ἄλλο δέ τοι ἐρέω, σὺ δ᾽ ἐνὶ φρεσὶ βάλλεο σῇσι·/κρύβδην, μηδ᾽ ἀναφανδά, φίλην ἐς πατρίδα γαῖαν/νῆα κατισχέμεναι°

Ja, er riet ihm, so er in seine geliebte Heimat zurückzukehren begehrte, dann nur »krybden« und nicht »anaphanda« anzulanden – heimlich, nicht öffentlich. Auch damals hatte man Repatriierungsprobleme. Odysseus wird seinem Rat folgen und »krybden« heimkehren. Hm – hier indessen wird es weder »krybden« noch »anaphanda« gelingen …

Zusammen mit dem gleichförmigen Metrum der Verse, die plötzlich wiederaufgelebt sind, um keinen Tag gealtert, kehrt auch jenes Wort immer wieder ins Ohr: »Nekyia«. Und ich denke an andere, die ins neblige Land der Kimmerer eingegangen sind. Diese Straße hier, diese Pariser »Grande Bretèche«, die seit langem schon verlassen steht und aus dieser Welt ausgezogen ist, suchen gewiss nicht wenige Schatten auf. Wie viele von ihnen verkehrten, noch als Menschen, im Palast von M. Bernard, formulierten dort Gedanken, die seinerzeit die Geister der Welt erweckten und nicht einschläferten. Vielleicht war hier später auch der Nachbar Balzac zu Gast und mit ihm viele andere. Es drängen sich bekannte Namen auf, vielleicht ja … Ich empfand so etwas wie das Gefühl der Erwartung von etwas Seltsamem, das, verbunden mit der Furcht, die Gedanken in

Erregung zu versetzen pflegt. Die dunkle Öffnung der Tür war so betörend wie das Tor zu einem verbotenen Land. Angst und Neugier trieben mich zu ihr, der griechische Ausdruck klang in einem fort wie eine Beschwörung, voller Tod und Leere. Ich näherte mich ihr langsam und trat ein.

Stille und Dunkelheit. Auf der rechten Seite des schmalen Korridors eine zertrümmerte Tür und ein großes Zimmer. Dahinter noch zwei weitere. Auf der Straße glänzten die Laternen, und ihr Licht fiel durch das Blättersieb der Bäume und die leeren Fenster herein. Der Fußboden war herausgerissen und der Marmor vom Kaminsims verschwunden. Die Tapeten, durch die Feuchtigkeit angelöst, hingen in Fetzen von den Wänden und flatterten im Luftzug, der hier sonst lautlos durchwehte. Aus einem Winkel kam eine Ratte und trapste seelenruhig ins andere Zimmer. Leblose Stille und nebliges Halbdunkel. Ich stehe und lausche. Mein Herz hämmert, die Schläfen pulsieren. Namen vergangener Tage drängen sich mir in den Sinn, ihre längst gesprochenen Wörter klingen wieder auf. Was würden sie heute sagen? Mit welchem Zauberspruch sie herbeirufen und erwecken? – Ein Windhauch streifte mein Gesicht. Der Geruch von Schimmel, vermischt mit noch einem anderen, drang mir in die Nase. Das war der übelmachende Geruch der Druckerschwärze, der vom Zeitungsbündel unter meinem Arm aufstieg. Der Geruch des Blutes der Wahrheit, Tag für Tag, wie ein Schaf geschlachtet. – Wenn doch nur der Geruch dieser Farbe ... die Wahrheit? – Auch sie rochen sie und konnten es besser und klarer ausdrücken ... Ein unsinniger Wunsch, sie von längst verstummten Lippen hören zu wollen. Etwas raschelte im anderen Zimmer, und plötzlich merkte ich, dass ich nicht allein war. Sie sind da. Sie sind gekommen.

Ich hörte nur noch das laute Schlagen meines Herzens und erblickte winzige Lichtflecken. Sie begannen zu flimmern und sich zu Streifen zu dehnen. Ich wich zurück und starrte sie an. Sie wuchsen zu Gestalten. Das Zimmer belebte sich, und im Zwielicht konnte ich einige Gesichter und Silhouetten unterscheiden. Dieser *bon gros* hier, mächtig und beleibt, war Balzac. Ja – vom Hinterkopf bis zu den Absätzen eine gerade Linie, die Vorderseite wie das Profil eines Pik-Ass. Finster wie Ajax, sitzt im Schneidersitz der schnurrbärtige und glatzköpfige Flaubert. Am Fenster schlendert Hippolyte Taine. An die Reste des Kamins gelehnt steht der gebeugte Renan. Im zweiten Zimmer blitzten, weiter entfernt, weiße Perücken und weiße Strümpfe. Ein Kommen und Gehen: Mal verschwinden bekannte Figuren, mal treten sie näher. Ich zittere vor Furcht und Neugier. Ich will sie befragen wie Odysseus, doch wie? Ich zog die Zeitungen unter meinem Arm hervor. Die näher Stehenden strömten zusammen. Ich spürte, wie man sie mir aus den Händen riss. Danach Schweigen und Papierrascheln. Ich werde ungeduldig. Mit zitternder Stimme fragte ich schüchtern in den Raum:

»Und was halten die Herren von dem, was heutzutage vor sich geht?«

Jemand trat zu mir heran, ich erkannte ihn. Es war Gustave Le Bon. Mit gespreizten Beinen stellte er sich vor mich, hielt eine eingerollte Zeitung in der Hand und zielte mit ihr auf mich wie mit einer Pistole.

»Das Zeitalter, in das wir eintreten, wird wahrlich die Epoche der Massen sein. Die Forderungen der Massen werden heute immer klarer und gehen in Richtung der völligen Zerstörung der gegenwärtigen Gesellschaft, mit dem Ziel, sie auf primitiven Kommunismus herunterzubrechen, den gewöhnlichen Zustand jeder menschlichen Gemeinschaft vor dem Anbruch der Zivilisation.«

Hier konnte Balzac nicht mehr an sich halten und schwang eine Wochenzeitung. Mit dröhnender Stimme wandte er sich an alle. Ich bemerkte, dass seine Krawatte gelockert war. Wie immer.

»Meine Herren! Obwohl ich keineswegs danach aussehe, habe ich den Saint-Simonismus, den Fourierismus und den Kommunismus bestens studiert. Letzterer ist die logische Konsequenz aller ›-ismen‹. Das Volk kämpft nicht um irgendwelche Kleinigkeiten. Es geht aufs Ganze. Was also ist der Kommunismus? – Er ist der Rückfall in den Stand der Verrohung – alle Männer, alle Frauen, speisend von einer Tafel ohne einen Centime in der Tasche, denn wenn man bloß die Speisekarte vergrößert, spart der eine, während der andere das Gesparte ausgibt, und das also heißt Mangel an Gleichheit, und das also heißt Krieg. Es ist nicht der höchst-, sondern der mindestmögliche Lohn für die Arbeit jeder Art, den Knüppel des Plantagenbesitzers eingeschlossen, der die Faulen und Widerspenstigen zur Arbeit antreibt …«

»Sie wissen sehr wohl, dass die Gleichheit des Reichtums unerreichbar ist, aber hoffen zumindest auf die Verwirklichung der Gleichheit in der Armut«, warf Le Bon ein.

»Es ist nicht annehmbar, dass ein vernünftiger Mensch Kommunist sei«, fuhr Balzac fort. »So die Republik jemals wiederkehrt in Frankreich, sage ich Ihnen voraus, dass nicht nur ein Robespierre sich Babeuf widersetzt, sondern hunderttausend Robespierres, denn ein echter Republikaner muss dem Kommunismus hunderttausend Mal entschiedener widersagen als ein Monarchist. Der Kommunismus ist der unmittelbarste und brutalste Gegner der Demokratie. Er ist der natürliche Verbündete der absoluten Herrschaft! Die Republik ist die naturgegebene Gesundheit, und der Kommunismus ist das Krebsgeschwür. Er ist das Glück der Scharlatane, repräsentiert von der Despotie, die unter dem Vorwand der Heilung tötet, den einen mithilfe des anderen, um der alleinige Erbe zu werden ...«

Balzac ging der Atem aus. Flaubert verzog ironisch das Gesicht. Balzac hatte er noch nie besonders geschätzt. So sprach er also auch langsam und verächtlich und drehte sich noch nicht einmal in seine Richtung:

»Ich empfinde keinen Hass gegenüber den Kommunarden, aus dem schlichten Grund, weil ich tollwütigen Hunden keinen Hass entgegenbringe. Die Empirie beweist, dass keine Gesellschaftsform das Gute per se in sich trägt; der Orleanismus, der Republikanismus und das Kaisertum sind leere Worte, weil in jede Schublade die widersprüchlichsten Ideen passen. Alle Fahnen wurden zu einem solchen Grad mit Blut und Sch...e befleckt, dass es an der Zeit wäre, lieber keine mehr zu haben. Die große Lehre, die aus der Republik zu ziehen wäre, wird der Beweis sein, dass das allgemeine Wahlrecht genauso töricht ist wie das göttliche Recht, wenn auch weniger scheußlich. So, wie es eingerichtet worden ist, dominiert ein einziges Merkmal zum Nachteil aller anderen: Die Zahl regiert über den Geist, über die

Bildung, über die Rasse. Die Masse, die Zahl sind immer reinste Idiotie. Ich habe nicht viele Überzeugungen, aber diese steht in mir auf festem Fundament. Dennoch muss man mit der Masse rechnen, so stumpf sie auch ist, denn in ihr stecken die Keime einer Fruchtbarkeit, die sich nicht absehen lässt. Gebt ihr Freiheit, aber nicht die Herrschaft. Sofern Frankreich …«

Le Bon unterbrach ihn mit einem skeptischen Lächeln:

»Die Franzosen scheren sich nur in sehr geringem Maße um die Freiheit, doch dafür verlangt es sie umso gieriger nach der Gleichheit, dafür ertragen sie jede Art der Despotie, so sie nur unpersönlich auftritt.«

Wie er so sprach, reichte er Flaubert mit einer beredten Geste ein Exemplar der *Humanité*. Doch der winkte ungeduldig ab:

»Seit 1815 tut man nichts anderes mehr als immer nur über äußere Formen zu diskutieren, die man dem fantastischen und im Grunde verhassten Wesen geben sollte, das sich Staat nennt.«

Le Bon schüttelte den Kopf und drückte damit aus, der Schein trüge:

»Es gibt keine Nation, in der die politischen Parteien zahlreicher und einander feindlicher wären. Dennoch ist das gemeinsame Ideal aller Parteien, von den revolutionärsten bis zu den konservativsten, immer der Absolutismus des Staates. Der ETATISMUS ist die einzige politische Partei der Franzosen. In dieser Hinsicht unterscheidet sich die Seele eines Jakobiners in keiner Weise von der eines Klerikalisten oder eines Sozialisten. Die Franzosen scheinen große Verfechter der Gleichheit zu sein …«

Balzac hielt es wieder nicht aus und unterbrach Le Bon. Er packte ihn an den Umschlägen seines Gehrocks und begann zu brüllen und zu toben:

»Mit der Proklamation der Gleichheit von allen ging die Verkündung des allgemeinen Rechts der Missgunst Hand in Hand. Die Saturnalien der Revolution begeht man heute bei uns in den scheinbar ruhigen Gebieten des Geistes, der Industrie und der Politik; deshalb scheint es gegenwärtig, dass jegliches durch Arbeit, aufopferungsvollen Dienst oder Talent erworbene Privileg auf Kosten der Massen zuerkannt wird. Das Gesetz zur Landreform wird bald noch ausgedehnt, dass sie das Feld der Ehre einschließt ...«

»Von unten nach oben herrscht die Missgunst, und von oben nach unten regiert die Verachtung«, ergänzte Le Bon.

Flaubert, der immer noch im Schneidersitz saß, legte seinen Bart auf die Hände und zermarterte sich den Kopf. Der Einsiedler aus Croisset war kein einfacher Gesprächspartner:

»Ich glaube an keine Klassenunterschiede«, knurrte er daher. »Kasten gehören in die Archäologie. Aber ich glaube, dass die Armen die Reichen hassen und die Reichen sich vor den Armen fürchten. So wird es immer sein. Den einen oder den anderen von Nächstenliebe zu erzählen, ist überflüssig ... Wir leiden einzig und allein an einem: der Dummheit. Sie ist furchtbar und umfassend. Wenn man von der Stumpfheit des Plebs spricht, erliegt man einem Irrtum. Ergo: Es gilt die aufgeklärten Schichten aufzuklären. Fangt am Kopf an: Von dort nimmt die Krankheit ihren Lauf, der Rest fügt sich von selbst ...«

Le Bon verzog das Gesicht: Er bezweifelte doch sehr,

dass sich auf die aufgeklärten Schichten Einfluss nehmen ließe, und vor allem, ob die Saat dort auf fruchtbaren Boden fiele:

»Der denkende Mensch sieht in jedem Problem allzu sehr dessen verschränkte Vielschichtigkeit, als dass er jemals zu tiefen Überzeugungen gelangen könnte, und zu wenige politische Absichten scheinen ihm seiner Mühen wert, als dass er sich auch nur irgendeine zu eigen machen würde. Ebenso wie in der Religion gilt auch für die Politik: Das Glück lächelt immer den Gläubigen, nie den Skeptikern. Und wenn die Zukunft heute den Kommunisten zu gehören scheint – trotz der beunruhigenden Absurdität ihrer Dogmen –, dann deshalb, weil es außer ihnen niemanden gibt, der auch nur an irgendetwas glaubte. Die tonangebenden Sphären haben den Glauben an alles verloren. Sie glauben an nichts – noch nicht einmal an die Möglichkeit, sich vor dem Ansturm der Barbaren zu verteidigen, die sie von allen Seiten her belagern. Eine starke Überzeugung ist so widerspenstig, dass sich nur eine ebenbürtige Überzeugung Chancen auf ein siegreiches Duell mit ihr ausrechnen kann. Der Glaube braucht keinen Feind ernsthaft zu fürchten, außer eben den Glauben ...«

Ich lauschte dem Gespräch und vergaß dabei, dass diese Menschen gar nicht am Leben waren. Ich wandte mich also an Le Bon:

»Mir scheint, Sie unterschätzen die Bedeutung, die der wachsenden Umkehr zum Christentum zukommt, mit dem fortschrittlichen Katholizismus an der Spitze der Bewegung. Meinen Sie nicht auch, dass er in Frankreich in besonders starker Ausprägung beobachtet werden kann?«

Noch ehe mir Le Bon darauf antworten konnte, brach Flaubert in so lautes Lachen aus, dass sich alle zu ihm umdrehten, in Unverständnis über diesen plötzlichen Ausbruch an Heiterkeit. Sogar aus dem Nachbarzimmer wurde ein Kopf unter einer weißen Perücke hereingestreckt, es war der greise Jean-Jacques, der seine Ohren spitzte. Flaubert hörte nicht auf zu lachen und schaute mich mitleidsvoll an. Endlich brachte er hervor:

»Wenn man die Gesellschaft nicht hinter sich herziehen kann, spannt man sie von hinten an wie ein Zugpferd, um den Wagen in seinem Lauf bergab zu lenken. Die alltäglichen Leidenschaften stehen einem dabei zu Diensten. Das ist das Geheimnis großer Errungenschaften – und auch der kleinen.«

Die Triftigkeit seiner Bemerkung ließ mich verstummen. Flaubert lachte weiter:

»Wenn es jedoch darum geht, den Geist der Massen zu erheben, ihren Gottesbegriff zu weiten, ihn – was damit einhergeht – vom Menschen zu entkoppeln, so zweifle ich doch sehr daran ...«

Hippolyte Taine, der bisher am Fenster stand und in die Zeitungen versunken war, trat an mich heran, beäugte mich über die Ränder seiner Drahtbrille hinweg und händigte mir die Gazetten wieder aus wie etwas, das einem schon bestens bekannt ist:

»Lesen Sie bitte die Reden, die von den Tribünen und in den Clubs gehalten werden, die Berichte, die Gesetzesentwürfe, die Pamphlete, die ganze Flut an Schriften, die von laufenden und so wichtigen Ereignissen inspiriert sind: Es gibt keine Vorstellung vom menschlichen Wesen, die dem nahekäme, wie es uns auf den Feldern und auf den Straßen vor Augen steht; man stellt es sich vor wie einen Automaten, dessen Mechanismus man schon kennt. Den Schriftstellern ist es eine Spieluhr der Sätze, für den Politiker ist er jetzt eine Spieluhr der Stimmen, die man nur mit dem Finger an der entsprechenden Stelle berühren muss, um die gewünschte Reaktion zu erhalten. Nirgends wird auf die Fakten geachtet, nichts außer Abstraktionen, Satzfluchten über die Natur, die Vernunft, den Menschen, die Tyrannis, die Freiheit – aufgeblähte Ballons, die sich endlos gegenseitig im Raum anstoßen. Wenn man nicht wüsste, dass das mit praktischen und furchtbaren Resultaten endete, könnte man annehmen, das sei eine logische Spielerei, eine Fingerübung, ein akademisches Begängnis, rein ideologische Kombinatorik.«

Le Bon hatte sich seine Auffassung zu diesem Thema schon längst gebildet. Er lächelte überlegen:

»Wenn man die Reihe der nacheinander entstandenen Zivilisationen seit Anbeginn der Welt studiert, kommt man zu dem Schluss, dass sie in ihrer Entwicklung allesamt von einer verschwindend geringen Zahl fundamentaler Ideen geleitet worden sind. Ginge die Geschichte der Völker in der Geschichte ihrer Ideen auf, wäre sie recht kurz. Wenn es einer bestimmten Zivilisation gelingt, innerhalb eines Jahrhunderts zwei oder drei Leitgedanken hervorzubringen, die bestimmend wären in den Bereichen der Kunst, der Wissenschaft, der Literatur oder der Philosophie, hat man es mit einer herausragenden zu tun.

So wie es seine Zeit dauert, bis gewisse Ideen sich in den Seelen der Massen festsetzen, bedarf es auch nicht weniger Zeit, um sie aus diesen Seelen wieder ›herauszugeleiten‹. So hinken auch die Massen, vom geistigen Standpunkt aus betrachtet, stets um viele Generationen den Gelehrten und Philosophen hinterher. Alle Staatsmänner heute sind im Bilde darüber, mit wie viel Ungereimtheiten die soeben genannten grundlegenden Ideen durchsetzt sind, doch weil jene so unvermeidlich richtungsweisend sind, sind sie dazu gezwungen, nach Grundsätzen zu regieren, an die zu glauben sie in Wahrheit aufgehört haben ...«

Die letzten Sätze skandierte Le Bon überdeutlich im Takt seiner Handbewegung. Flaubert blickte zum unweit stehenden Rousseau, und ich hörte, wie er Michelet zuflüsterte:

»Wenn ich auch zur Herde seiner Enkel gehöre, dieser Mensch gefällt mir überhaupt nicht. Ich meine, dass sein Einfluss ein unglücklicher war. Er ist der Stammvater der missgünstigen und tyrannischen Demokratie. Seine Melancholie hat den französischen Hirnen den Begriff vom Recht vernebelt ...«

Michelet lächelte säuerlich. Taine schaute in ihre Richtung und bemerkte, als würde er zu sich selbst sprechen:

»Man muss nur einige sehr allgemeine und einfache Begriffe ausschalten, zweitens jeden Erfahrungswert verwerfen und sich dann in Komparationen ergehen, alle übriggebliebenen Begriffe miteinander verknüpfen und aus dem künstlichen Mosaik, das sich daraus ergibt, mittels möglichst simpler Schlussfolgerung alle möglichen Konsequenzen deduzieren ...«

»Die einfache und reine Feststellung, frei von jedem Denken und jeder Beweisführung, ist der sicherste Weg, den Geist der Massen mit einer bestimmten Idee zu erfüllen. Je knapper die Feststellung, je unbeschwerter von allen Nachweisen und Argumenten, desto größer ist ihre Autorität«, antwortete Le Bon.

Balzac war in die Zeitungslektüre versunken und brummte knapp:

»Wenn es die Presse nicht gäbe, man dürfte sie nicht erfinden!«

Flaubert stand auf und ging zum Fenster. Zur Straße gerichtet, zischte er wütend:

»Bei der Dummheit dieses Zeitalters überkommt mich ein Schwall des Hasses, der mich geradewegs erstickt. Die Sch…e steigt mir in den Mund wie bei einem leidlich verarzteten Eingeweidebruch. Um ehrlich zu sein, bringen mich eine ganze Menge Dinge um jede Hoffnung. An dem Tag, an dem meine Empörung verklingt, falle ich in mich zusammen wie eine Puppe, aus der man das Stöckchen gezogen hat …« Er wandte sich an alle: »Nie zuvor, werte Herren, haben mich die Menschen so sehr angewidert. Am liebsten würde ich die Menschheit in meiner Kotze ertränken …«

Balzac nickte zustimmend und reichte ihm einige Zeitungen. Ich dagegen erstarrte vor Entsetzen. Dieser Märtyrer des Stils, der jahrelang vom Gebrauch der unvermeidlichen Konstruktionen mit doppeltem Genitiv in der *Madame Bovary* (»Une Couronne de fleurs d'oranger«) gequält wurde, zeigte sich hier von einer mir völlig unbekannten Seite. Der tattrige Berthelot indes wollte wahrscheinlich den allgemeinen Pessimismus besänftigen und winkte ab:

»Im Jahr 2000 wird es weder Landbau noch Hirten, noch Bauern, noch Kriege, noch Grenzen geben … Ein jeder wird seine Nahrung bei sich führen, sie wird aus einer kleinen Stickstofftafel bestehen, einem kleinen Fettblock, einem Klümpchen Stärke oder Zucker, einem kleinen Flakon aromatischer Wurzeln ... Der Mensch wird milder werden und zugleich moralischer, weil er nicht mehr vom Schlachten lebender Geschöpfe lebt ... Die Erde wird zu einem einzigen großen Garten ...«

Doch sein Optimismus machte keinen Eindruck. Der bisher schweigende und dem Gespräch nur lauschende Renan brach in höhnisches Gelächter aus und schrie beinahe:

»Wir wissen mehr als die Vergangenheit. Die Zukunft wird mehr wissen als wir. Es lebe die Zukunft ...!« Er machte einen Satz hin zu Berthelot, der über diesen plötzlichen Ausbruch verblüfft war, und zischte ihm geradewegs ins Gesicht: »Wenn die Wissenschaft unverändert jene bleiben sollte, die sie ist, müsste man sie fluchend begraben; denn sie dient zum Niederreißen, nicht zum Aufbau. Das Hauptproblem ist die bedauerliche Tatsache, dass wir nicht in die Zukunft sehen können, nicht wissen, wie der Menschheit ein Katechismus zu geben wäre – mit Ausnahme der Wiederbekehrung zum Glauben –, der dann annehmbar wäre. Ich bekenne ehrlich, dass ich mir nicht vorstellen kann, wie man die alten Fundamente des edlen und glückseligen Lebens ohne die alten Trugbilder wiedererrichten soll ...«

Le Bon seufzte auf:

»Einer der großen Irrtümer der Neuzeit ist der Glaube daran, dass das Glück einzig in äußeren Dingen steckt. Es liegt in uns selbst, ist von uns selbst geschaffen und fast nie außerhalb von uns ...«

Schweigen kehrte ein. Einzig Flaubert legte ein paar Zeitungen ab und brummte:

»Dieses arme Frankreich ist zurzeit überhaupt nicht nett anzusehen, jawohl, weder nobel, das vor allem, noch lustig. Aber es ist – schlussendlich – immer noch Frankreich ...«

Renan schob seinen Kopf in den leichten Buckel seines Nackens:

»Frankreich ist gewissermaßen der Inbegriff des analytischen, revolutionären, areligiösen, bilderstürmerischen Zeitalters der Menschheit ... Es ist sehr gut möglich, dass Frankreich eines Tages, da es seine Funktion erfüllt hat, zum Hindernis im Fortschritt der Menschheit wird und verschwindet, denn die Rollen sind sehr klar unterschieden: Der, der die Analyse verantwortet hat, wird keine Synthese herstellen können. Jeder hat sein Scherflein beizutragen – das ist das Gesetz der Geschichte ...«

Stille. Es schien, als würden alle über diese Worte nachsinnen. Ich nutzte das aus und wandte mich an Renan:

»Doch glauben Sie etwa nicht, dass vielleicht Russland ...«

Weiter kam ich nicht. Plötzlich entstand eine erregte Unruhe, ein Geschrei erhob sich. Aus dem anderen Zimmer liefen neue Schatten herbei, und einer versuchte den anderen zu übertönen. Neben Le Bons Jackett und den übrigen Gehröcken tauchten andere Kleider auf, die ein Durcheinander ergaben wie hinter den Kulissen eines Theaters. Ein Stapel Zeitungen wurde in die Luft geworfen und verstreute sich im Raum. Renan, eingeschüchtert durch das Geschrei, verstummte wie bei seiner ersten Audienz. Allein Balzac, bekannt für seine durchdringende Stimme, übertönte alle anderen:

»Wenn dereinst, irgendwann in unvorhersehbarer Zukunft, Russland bei uns einfällt, die ganze Welt unterwirft, dann wird es dazu nur in der Lage sein dank seines *esprit d'obéissance* ... Ihr werdet sehen, dass keine Nation der Welt besser fürs Erobern organisiert ist ...«

Jemand lachte lauthals auf – es war Alfred Rambaud; gestikulierend rief er:

»Peter der Große gewöhnte seine Adelsleute mithilfe von Stockschlägen daran, sich als freie Menschen, als Europäer zu fühlen ...«

Michelet schüttelte sein ergrautes Haupt und gluckste:

»Russland zählt in Russland überhaupt nichts. Es gibt keine Nation – nur einen Schreibtisch und eine Peitsche ...«

Rousseau dagegen, ungerührt von den leidenschaftlichen Ausbrüchen und dem Geschrei, wägte das Ganze ruhig ab und sprach mit Condillac. Als ich sah, dass er die Unbeherrschtheit seiner Schüler missbilligte, rückte ich näher an ihn heran, um etwas Klügeres zu hören als die übrigen Tiraden.

»Die Russen wird man nie wirklich zügeln können, weil man ihnen die Zügel zu früh angelegt hat. Peter war ein Genie der Imitation, aber echtes Genie – also ein schöpferisches, das aus dem Nichts etwas schafft – hatte er nicht. Einige seiner Werke waren gelungen, die meisten völlig fehl am Platz. Er hatte begriffen, dass sein Volk ein barbarisches war, doch er hatte völlig übersehen, dass es nicht reif war für eine Polizeiordnung, und er wollte es lediglich zivilisieren, statt es stählen. Er hatte damit begonnen, aus seinen Untertanen Deutsche oder Engländer zu formen – wohingegen man aus ihnen zunächst Russen hätte machen müssen. Das russische Imperium wird andere knechten wollen, während es selbst geknechtet werden wird. Die Tataren, seine Untertanen oder auch Nachbarn, werden ihre Herren sein – und unsere. Dieser Ausgang scheint mir unumgänglich ...«

Condillac lauschte aufmerksam und stimmte zu. Er nickte und ergänzte:

»Peter hat Matrosen, Konstrukteure, Soldaten, Kaufleute, Artisten erschaffen; doch wenn er *sie nicht zuerst gelehrt hat, Bürger zu sein*, welchen dauerhaften Vorteil kann Russland dann haben von seiner Arbeit, seinen Innovationen, seinen Talenten? Holland ist nicht wegen seiner Manufakturen, seiner Kanäle und Deiche so vortrefflich, sondern wegen des Geistes, der sie errichtet hat, wegen der Gesetze, die *ihm die Freiheit gegeben haben* ... Von Peter hat man nicht verlangt, Zimmermann zu sein, sondern Gesetzgeber.«

Michelet verstand es nicht recht, den Ton der vernünftigen Diskussion zu treffen, und ließ, wie er sich an Condillac wandte, beide Hände sinken, als würde er etwas in zwei Teile zerschneiden:

»Die Welt des Rechts und der Gesetze hat ihre Grenzen, und die verlaufen genau dort, wo sie im Mittelalter waren – an der Weichsel und der Donau ...«

Ich wollte es nicht zu einem völlig reaktionären Disput kommen lassen, bemerkte ich doch, dass hier vom Russland vergangener Zeiten die Rede war, mit dem das von heute nicht mehr viel gemein hat. »Es gibt Grund zur Feststellung ...« Aber wieder erhob sich ein Stimmengewirr, das meine Ausführungen übertönte. Der Marquis de Custine gestikulierte wild und erlaubte keinen Widerspruch:

»Russland ist heute bloß vier Jahrhunderte vom Zeitpunkt des Barbareneinfalls entfernt, während der Westen die gleiche Krise vor vierzehn Jahrhunderten durchgemacht hat: Tausend Jahre zivilisatorischer Entwicklung bedingen freilich eine unermessliche Entfernung zwischen den Sitten der Nationen ...«

»Unter dem Bolschewismus entstand, ganz im Einklang mit dem durch die Beispiele so mancher Revolution im Westen bestätigten Gesetz, ein zweites Russland. Und es ist das jahrhundertealte Russland, das sich regt und nach Raum und Atem ringt in dem Sinne, in dem Russland immer nach Raum gerungen hat. Ob sowjetisch oder nicht, Russland bleibt Russland«, folgerte J. Bainville, abwechselnd in meine und Michelets Richtung blickend.

»Ja, aber heute deutet alles darauf hin, dass Russland vieles gelernt hat. Die letzten Konferenzen und eine gemessene, kluge Nachgiebigkeit ...« Wieder ließ man mich nicht ausreden.

»Ein Crescendo der Lügen, des falschen Scheins, der Illusionen ...«, knurrte Michelet.

Bainville drohte ihm mit dem Finger, aber war keinen Deut gnädiger:

»Schon oft hat man sich in Russland getäuscht, und eigentlich lässt man sich immer noch täuschen, besonders seitdem Lenin die Macht übernommen hat. Es wäre überdies fahrlässig, den Anzeichen des Maßes und der Vernunft zu trauen, die die bolschewistische Regierung von sich gibt. Abdul Hamid und die Kaiserin von China waren ebenfalls begnadet in der Kunst, Reformen zu versprechen, wenn sie des nobilitierenden Segens aus Europa bedurften ...«

»Man hat dort jedoch viel erreicht, und jedermann, der Russland besucht hat …« Nein – ein Gespräch war unmöglich, weil der Marquis de Custine buchstäblich schrie:

»In Russland kann man all das sehen, was sie in ihrer Huld zu zeigen gewillt sind …«

Nun begann Michelet, Verdikte von sich zu geben, die sich überhaupt nicht mehr zur Wiedergabe eignen. Die polnische Frage hatte ihn völlig verblendet.[•] Vergeblich versuchte ich zum Marquis de Custine durchzudringen, schaffte es jedoch, ihm zu sagen, dass er Russland zuletzt im Jahre 1840 besucht habe und er lieber den Mund halten solle. Ohnehin seien alle strittigen Themen schon auf dem besten Wege, zur Zufriedenheit aller gelöst zu werden. Doch Bainville war anderer Meinung:

»Wird denn das Problem der Türkei und Konstantinopels sie nicht genauso interessieren wie seinerzeit die Peters, Katharina, die drei Alexander und die beiden Nikoläuse? Und wird Russland nicht als Erstes und vor allem einen Blick auf seine Grenzen werfen? Das dürften beinahe unverzüglich eintretende Konflikte werden, die womöglich nicht immer bloß diplomatische bleiben. Es wird überdies über ein erhebliches Mittel verfügen, das zu reden und zu handeln befähigt, nämlich die Armee – unter der Führung der Brussilows und einem Poliwanow als Kriegsminister, wie zu Zeiten des Zaren.«

»Russland wünscht keinen Krieg, es ist nicht in seinem Interesse. Sie erzählen Dummheiten, und mich wundert es überhaupt nicht mehr, dass es sogar auf Ihrem Begräbnis zu einem Skandal kam«, erwiderte ich trocken.

»Sofern Russland ohne neue Krisen und ohne einen

Rückfall in die Anarchie wieder auf die Beine kommt, wird es all das, was beschlossen worden ist, nicht anerkennen, oder es nur zähneknirschend und vorläufig anerkennen. Es wird so zum natürlichen Verbündeten all jener, die ein Interesse daran haben, die Traktate zu zerreißen und die neue Ordnung der Staaten und Territorien zu verwirren.«

»Ja, genau. Endlich haben Sie mir die freundlichen Gefühle erklärt, die Russland uns gegenüber hegt«, entgegnete ich ironisch. »Sie wissen zweifellos, dass heute dem ganzen Land nachgesagt wird, Lust auf einen neuen Krieg zu haben.«

Bainville blieb unbeeindruckt. Er lächelte mir zu und legte die Stirn in Falten:

»Die Rote Armee wird dem Westen so lange nicht wirklich gefährlich werden, solange die russischen Massen nicht mit den deutschen verschmelzen. Russland lässt sich von uns nicht unter Druck setzen. Deutschland dagegen wurde von uns gedrückt, und wir können den Druck noch beträchtlich erhöhen. Deutschland muss unfähig gemacht werden, eines Tages den Frieden zu stören – *mit Hilfe von Russland.*«

Er streckte eine der Zeitungen in die Luft und zeigte mit vielsagender Geste auf einen Leitartikel: *Das deutsche Problem.*

»Eines ist sicher«, erwiderte ich, »und zwar, dass jede Abneigung gegen Russland, weil es Grenzen verschiebe oder wegen ihres ›Imperialismus‹, unbegründet ist. Russland weiß, dass der Westen immer noch wie Sie, werte Herren, denkt, und geht deshalb auf Nummer sicher.« Da brach wieder ein unbeschreiblicher Tumult aus, Protestrufe wurden laut, sogar Pfiffe. Jemand rief aus der Menge:

»Haben Sie etwa vergessen, wie Katharina II. nach der ersten polnischen Teilung an Voltaire geschrieben hat? ›Wir haben kein anderes Mittel gefunden, unsere Grenzen zu schützen, als dieselben etwas auszudehnen.‹«*

»Der Russe ist die leibhaftige Lüge. Die Lüge steckt im großen Herrn, im Popen, im Zaren ...«, schäumte Michelet und stampfte mit den Füßen, von ungehemmter Leidenschaft ergriffen.

Ich sprang ans Fenster, um zu sehen, ob nicht schon die Polizei auf der Straße stand, bereit, uns alle einzusperren. Und zugleich wurde mir bewusst, wozu das unverantwortliche Agitieren gewisser Emigrantenzirkel führt. Was Mickiewicz nur angestellt hatte ...

»Bitte unterlassen Sie diese Art Argumente«, schrie ich. »Das verbietet sich heutzutage ganz und gar, so sollte man nicht reden, sowas sollte man nicht hören müssen.«

Nach diesen Worten kehrte jähe Stille ein. Alle blieben wie angewurzelt stehen und begannen mich neugierig zu mustern. Ich hatte das Gefühl, als wäre ich eine plötzliche Erscheinung in der Welt der Schatten, eine Erscheinung, die geradezu wissenschaftliches Interesse hervorrief. Unter den Blicken begann ich unwillkürlich zu erröten. »Weshalb ...«, begann ich stotternd. Mich suchte das Lächeln so vieler Gesichter heim, dass ich meine ganze demokratische Keckheit verlor. »Wieso ...«, begann ich wieder. Aber ich hatte Angst, auch nur irgendetwas zu sagen, weil ich merkte, dass ich eine völlig unverständliche Sprache sprach. »Eben – es schickt sich einfach nicht, schlicht und ergreifend ...« Zum dritten Mal verhaspelte ich mich.

Flaubert betrachtete mich mit geschürzten Lippen und unterzog mich einer Vivisektion. Ein Fachmann. Michelets Blick mit seiner Giftspitze der Verachtung blieb in mir stecken. Mit einem vor die Augen gehaltenen *lorgnon* schnitt mich Condillac wie mit einer goldenen Schere in Stücke. Balzac bedeutete mir mit seinen Händen, in Gesten von Rabelais'scher Derbheit, dass ich endlich die paar Wörter hervorbrechen möge, nur um daraufhin, wie er mir damit ankündigen wollte, vor Lachen zu platzen. In diesem Moment verstand ich, dass das, was noch vor kurzem völlig unverständlich war, was allen Grundsätzen widersprach, die die Welt sich errungen hat – dass all das heute völlig natürlich geworden ist und zunächst doch schwer zu erklären scheint, wie das bloße Atmen. Ich atme, weil ich atme. Zum Glück erlöste mich Le Bon aus meinem Dilemma:

»In den Zivilisationen von heute wurden die Ideen von einst, die die Grundlage bildeten für Sitten und Meinungen, im Laufe des 19. Jahrhunderts fast allesamt widerlegt, weshalb sie die Gemüter nun schon kaum mehr regieren. Sie sind in die Phase der Abnutzung eingetreten, während derer einst lichte Gedanken in den Zustand des Aberglaubens übergehen. Solange sie nicht durch einen neuen Leitgedanken ersetzt worden sind, herrschte Anarchie in den Köpfen. Allein dieser Anarchie ist es zu verdanken, dass der Diskussion Raum gegeben worden ist. Die Schriftsteller, Denker und Philosophen sollten das 19. Jahrhundert lobpreisen und sich beeilen, Nutzen aus ihm zu ziehen, da sie es nicht wiedersehen werden. Es war dies womöglich ein

Jahrhundert der Dekadenz, doch war es eines der seltenen Wimpernschläge in der Weltgeschichte, in der die Gedanken frei geäußert werden konnten …«

Ich richtete mich auf, und meine Selbstsicherheit kehrte zurück. Mit einem Blick, der sagte: »da seht ihr«, rächte ich mich für die Verachtung zuvor und schaute herablassend in die Runde. Le Bon fuhr fort:

»Es wird nicht von Dauer sein. Die gegenwärtigen Bedingungen der Zivilisation führen die europäischen Völker zu einem gesellschaftlichen Zustand, der weder Debatte noch Freiheit tolerieren wird. Die neuen Dogmen, die entstehen werden, werden sich nicht anders zu behaupten wissen als unter Ausschluss von Debatten jedweder Art, und sie werden ebenso apodiktisch wie die Dogmen, die ihnen vorausgingen.«

»*Voyez-vous, c'est comme ça*«, sagte ich stolz, unbeeindruckt von der ehrlichen Anteilnahme, die zur Abwechslung in allen auf mich gerichteten Augen aufschien. Le Bon erklärte weiter:

»Der Cäsarismus vergangener Zeitalter, der historisch gesehen immer in der Dämmerung einer neuen Zivilisation sowie der letzten Phase ihres Zerfalls in Erscheinung trat, ist gerade einer deutlichen Entwicklung unterworfen. Er erneuert sich heute unter dem Namen des Kommunismus. Dieser neue Ausdruck etatistischen Absolutismus wird zweifelsohne die unerbittlichste Form des Cäsarismus, denn es wird eine unpersönliche sein, der jede Furcht fremd ist, die noch die ärgsten Tyrannen zügelt …«

»Eben, genau – verstehen Sie, meine Herren«, sprach ich freudig. »Es hilft nichts, man muss es erdulden. Augenblicklich ist es der einzige Weg zur Freiheit. Doch danach wird der Mensch ...«

»Ohne heftige Gefühle und Angewohnheiten, ohne Wahn oder Genie, mit durchschnittlichen Gedanken, durchschnittlichen Urteilen, stirbt er mittleren Alters an einer durchschnittlichen Krankheit, erfunden von der Statistik«, sagte der Mathematiker Bertrand und zuckte die Schultern.

Alle begannen leise zu kichern, und dieses Kichern verwandelte sich in ein gespenstisches Lachen. Die Worte blieben mir in der Kehle stecken, eine fürchterliche Angst ließ mir die Haare die Berge zu stehen. Nun nämlich hörte ich das furchtbarste aller Todesurteile: Es erging gegen den Geist und den Verstand des Menschen.

Ein Zittern, beginnend am Kopf, erfasste meinen ganzen Körper. Ich hatte ein eintöniges, durchdringendes Pfeifen im Ohr, wie man es in Augenblicken völliger Stille hört. Ich merkte, dass ich die Stille des absoluten Todes hörte, der Leere der Welt der Lebenden, der inwendig Erstorbenen. Und ich spürte erstmals die ungeheure Zahl der Morde, die nach lautloser Annäherung den Lebensraub ebenso lautlos vollziehen. Die Herzen schlagen weiter, das Blut zirkuliert, die Gliedmaßen bewegen sich – aber an einem anderen Ort, in einem anderen Reich, wächst der Stapel hingeraffter Seelen, zum ewigen Schweigen verurteilt.

Ich schloss die Augen und biss meinen klappernden Kiefer zusammen. Ich überwand die Angst und flüsterte durch die Zähne:

»Also? Was könnt ihr mir sagen?«

Die Antwort war Schweigen. Das Lachen riss ab. Ich öffnete die Augen und bemerkte, wie alle zur Seite wichen, als machten sie für jemanden Platz. Es schälte sich eine neue Figur heraus. Ein energisches Gesicht und ein Paar scharfer Augen schaute auf die Versammelten. Auf dem Hinterkopf ruhte ein Scheitelkäppchen. Ich erkannte ihn. Es war der berühmte »Adler von Meaux«, Bossuet. Ich faltete die Hände und sah seine Gestalt mit flehentlichem Blick an. Doch er schaute nicht in meine Richtung. Er kam in der Mitte zum Stehen und erhob die Hände. In die vollkommene Stille fielen diese donnernden Worte:

»Eilt euch, in eure Gräber zurückzukehren, um nicht ansichtig zu werden dessen, was eure Erben aus euch und euren Ansinnen gemacht haben ...«

Ein Wind zog auf, die hängenden Tapeten begannen zu rascheln, krachend fielen die Fensterläden zu und es wurde dunkel.

»Ich verharrte auf meinem Platze in der Hoffnung, vielleicht noch andere längst gestorbene Helden zu schauen. Aber ich begann zu zittern, mich packte das bleiche Entsetzen, packte die Furcht, es streckte die würdige Proserpina aus den Tiefen des Erebos das Haupt der schrecklichen Gorgo meinem Blick entgegen.«[*]

Ich floh. Auf den leeren Straßen hallten meine eiligen Schritte wider, mir schwirrte der Kopf vor lauter Gedankenfetzen, die ich dort, im einsamen Haus, gehört hatte. Ob sie wirklich erschienen waren? Hatten sie etwas Neues zu sagen? Vielleicht haben sie nur Worte wiederholt, die schon längst gesprochen und wieder vergessen worden waren. Aber ja doch ... Es waren Erinnerungen, die Gestalt angenommen haben und wiedergekehrt sind, wie nach Jahren ein längst vergessenes Gedicht wiederkehrt.

»Sie erfüllten die Hölle mit bedrückenden Seufzern und furchtbaren Wehklagen.«[•] Nein – weil ihre Welt keine Hölle mehr ist.

ADIEU

Er klopfte an meine Tür und trat ein. Schweigend hob er die Hand, ganz genau so wie vor drei Monaten, als er endlich Paris erreicht hatte nach all den Abenteuern einer reisepasslosen Reise. Und so wie zuvor nahm er jetzt wieder im Sessel Platz.

Noch im Gymnasium nannten wir ihn »Gandhi«, wegen seiner dünnen, langen Beine, der Brille mit Drahtgestell und seiner philosophischen Ruhe. Mich verband mit ihm eine große Freundschaft, eigentlich die einzige in meinem Leben.

Von der sechsten Klasse an sah man uns immer zusammen. Wir waren so etwas wie ein separater Organismus in der Klasse, um den herum sich andere Kameraden bewegten, die wir auf kleinerem oder größerem Abstand zuließen – je nach unserem Gutdünken. Viele Entscheidungen trafen wir gemeinsam und machten uns ein eigenes Bild von der Welt. Auch von den Lehrern wurden wir gesondert behandelt, und ich weiß, dass man in Schulkonferenzen viel über uns sprach. Es kam sogar dazu, dass der Tutor bei einem Elternabend nicht mehr an sich hielt und sich mit einer nicht ganz unverfänglichen Frage an meine Mutter wandte: »Meinen Sie nicht, dass – hmm – die beiden ETWAS mehr verbindet als – hmm – Freundschaft? Ich glaube, Sie verstehen, was ich meine …?« Meine Mutter erzählte uns lachend davon. Zu vielerlei Gelegenheit war sie so etwas wie unsere dritte Gesellin, und »Gandhi« behauptete mit heiligem Ernst, dass er sie mehr liebte als seine eigene.

Um uns schichteten wir die Ziegel der gleichen Bücher, errichteten aus ihnen einen Wall mit dem Mörtel unserer Gespräche, und obwohl wir uns nach der Matura schon seltener trafen, ist zwischen uns nichts zersprungen, hat sich nichts durch unser weiteres Leben gelöst. So was ist selten, und ich weiß, dass der Fortbestand unserer Beziehung vor allem Ghandis Wesen zu verdanken ist. Das letzte Mal vor dem Krieg sahen wir uns bei mir zu Hause, im Februar 1939. Es war eiskalt, die kleine Vorstadtsiedlung unter hohem Schnee versunken. Irgendwie ist mir dieser Schnee besonders in Erinnerung geblieben, und immer wenn ich heute an Schnee denke, denke ich an diesen und keinen anderen. Ghandi arbeitete da schon als Ausbilder in der Landwirtschaft in der Gegend von Kielce und war dienstlich in Krakau, als er abends vorbeikam, um bei mir zu übernachten. Wir waren damals beide ziemlich niedergeschlagen und das Gespräch wollte nicht recht in Gang kommen. Ich erinnere mich bloß, dass er mir, während er sich, an den Ofen gelehnt, mit unnachgiebiger Akribie die Brille putzte, mir lang und breit von seiner Diplomarbeit erzählte, die er gerade zu Ende geschrieben hatte. Ich weiß nicht, ob er schon vorausahnte, dass das unsere letzte Begegnung in diesem Lebensabschnitt sein würde, aber den Morgen darauf hielt er meine Hand länger gedrückt als sonst und schaute mir tief in die Augen. Dann streichelte er mir schnell über den Kopf und drehte sich um. Ich stand in der Tür und schaute ihm nach, wie er auf seinen langen Beinen in Richtung Wald ging. Unter seinen Absätzen sprang der frische Schnee, der in der Nacht wieder gefallen war, in braunen Klumpen in die Luft. Wenig später verlor ich ihn aus den Augen.

Und so haben wir einander nun plötzlich in Paris wiedergefunden, nach über acht Jahren. Ghandi klopfte an die Tür, hob die Hand, als hätten wir uns diese ganze Zeit über häufig gesehen, umarmte mich fest und wiederholte mehrere Male mit großer Rührung: »Wie geht es dir, wie geht es dir.« Dann setzte er sich hin und erzählte mir knapp, wie es ihm ergangen war. Das Übliche: September, Zivilkleidung, Besatzung, Untergrund, Aufstand – und dann die Enttäuschung. Schon während seines kurzen Berichts entdeckte ich »meinen« Ghandi wieder; ich ahnte, dass er das alles so erlebt und wahrgenommen hatte, als hätte er es auf einer Bühne oder einer Leinwand gesehen. Er war immer der Auffassung, dass jeder Mensch über eine Art kühles Auge verfügte, das keiner Gefühlsregung unterworfen, überzeitlich sei. Er nannte es das »Auge des Kraken« und sagte, dass er es deutlich spürte: »Es sitzt in dir drin und beobachtet dich. Ob du zwanzig Jahre alt bist, dreißig oder schon alt, es wird dich und die Welt immer gleich betrachten: durchdringend und kalt. Und versuch nur ein bisschen zu flunkern, dir selbst etwas vorzugaukeln, sofort spürst du seinen Blick.« – Jetzt sprach Ghandi langsam und nachdrücklich, lächelte hin und wieder und war immer noch der alte Ghandi, von dem ich mich vor so langer Zeit verabschiedet hatte. Die ersten Gespräche sind für gewöhnlich unsortiert, aber dennoch weiß man sogleich, ob alles so einrastet, wie es sollte. An diesem ersten Abend verstanden wir uns auf Anhieb.

Als Ghandi mit seinem Blick über mein kleines Zimmer fuhr, versicherte er mir lächelnd, er werde mir keine Last sein, er würde in irgendeinem Hotel wohnen, und Geld habe er genug. Er hatte es für diese Reise fast zwei Jahre lang zusammengespart. »Übrigens bin ich immer noch nicht verheiratet«, ergänzte er. Ich ahnte, dass er sich in dieser Frage zu anderer Gelegenheit offenbaren würde. Polen hatte er im Frühherbst '47 verlassen können. Nach längeren Aufenthalten in Deutschland und Belgien schaffte er es nach Paris.

Nach diesem Abend unserer ersten Begegnung fingen unsere »Flitterwochen« an, wie sie Ghandi nannte, und wir sahen uns fast täglich. Ich führte ihn durch die Stadt und wir klopften die letzten acht Jahre der Trennung skrupulös ab wie einen Teppich, den man vom Dachboden geholt hatte. Der Staub rieselte nur so und bildete die unterschiedlichsten Muster. Wir sprachen nicht viel von der ferneren Vergangenheit, da steckte schon alles in Schubladen und taugte nur noch fürs Archiv. Ghandi erzählte mir eher von den letzten Jahren, von der sogenannten neuen polnischen Wirklichkeit, und von anderen Menschen, von Freunden. Ich sprach von Frankreich, von Europa, vom Westen. Lange, herrliche Plaudereien bei einem Glas Wein oder während unserer Streifzüge von einem Ende von Paris zum anderen.

In den Bemerkungen Ghandis über das Polen von heute steckte keine Übertreibung. Er erzählte mir davon, als würde sein ominöses Auge ihn ständig beobachten. Ich war ihm dankbar dafür. Auf alle meine Fragen bemühte er sich ruhig und sachlich zu antworten. Er sagte mir, dass die Dinge nicht so schlecht seien, wie man hier in der Emigrationspresse oder auch der ausländischen gern sagt, weil auf sie dort, im Land selbst, oft einfach aus einer anderen Perspektive geschaut wird; dass in vielen Fällen das Verhalten unterschiedlichster Leute von Motiven geleitet ist, von denen man hier keine Vorstellung habe. Der Krieg und die Besatzung haben die Menschen auf andere Weise geschliffen als hier, und so bricht auch ein und derselbe Strahl drüben auf andere, oft recht komplexe Weise. Das Schlimmste jedoch, meinte er, sei das, was er die »Schmerzen des amputierten Beins« nannte:

»Weißt du, eine ganze Reihe von Menschen, denen man ein Bein oder einen Arm abgenommen hat, spürt danach noch bis zum Ende ihres Lebens einen Phantomschmerz. Diese Schmerzen sind manchmal so stark, dass sie dem Invaliden die Gewöhnung an sein neues Leben erschweren oder gar verunmöglichen. Ich sage dir, die überwältigende

Mehrheit der Polen leidet bewusst oder unbewusst ...« Hier kam Ghandi ins Grübeln und nach einer Weile endete er: »... am häufigsten allerdings bewusst unter Schmerzen dieser Art. Man operiert an uns herum, während wir unter Narkose stehen, viele stimmen sogar mit der Diagnose überein, dass einige der rausgeschnittenen Teile schon brandig waren, aber danach überkommen sie die Phantomschmerzen – oft sind sie kaum zu ertragen. Sogar die einfachsten Menschen spüren diese Schmerzen, obwohl du weißt, dass der Zustand einer gewissen Euphorie nach so einer Narkose bei diesen prinzipiell länger anhält. Ganz zu schweigen davon, dass bei ihnen deutlich weniger amputiert werden musste. Das ist vielleicht das Schlimmste, weil es zu einem kollektiven Komplex wird.«

»Und wie würdest du diesen Komplex nennen?«, fragte ich.

»Ich weiß nicht. Wir drüben versuchen eigentlich, ihn uns nicht einzugestehen ... Vielleicht einfach als Sehnsucht, eine meist schwer zu beschreibende. Das ist alles wirklich phantomhaft. Bei Leuten mit einer gewissen Bildung ist sie klarer definiert als eine Art Sehnsucht nach dem Westen, nach einer Art Entspannung, einem Luftholen ... Darüber hinaus wird das, was Gałczyński* einmal so gewitzt und zugleich profund in einem seiner Gedichte als *das ewig Polnische* bezeichnet hat, in uns zerknautscht und zerknittert, wie man es bisher wohl noch nie erlebt hat. Es nimmt geradezu absurde Züge an und betrifft auch eine Reihe Kommunisten.«

Er erhellte mir eine Menge von dem, was ich in unverstellender Ausleuchtung verstehen wollte. Er freute sich, dass ich offen war für seine Worte, ohne reflexhafte Widerstände, ohne die für uns hier im Ausland so charakteristische Eigenart, auf die neue polnische Wirklichkeit fast ausschließlich mithilfe irgendwelcher Brillen zu schauen, die nicht immer notwendig die passendsten sind. Manchmal, wenn er mir nicht leichtfertig antworten wollte, notierte er sich meine Fragen und beantwortete sie während unseres nächsten Treffens. Seine oft so umsichtigen Antworten beendete er für gewöhnlich mit der immergleichen Einschränkung: »Aber weißt du – eigentlich muss man das mit EIGENEN Augen sehen.«

Ich half ihm mit den Formalitäten für eine Aufenthaltsgenehmigung in Frankreich. Unterdessen verschlang er die Eindrücke geradezu. Er tat das mit der ihm eigenen Ruhe, quasi pflanzenhaft. Er beobachtete und las, schaute sich ein bisschen nach Arbeitsmöglichkeiten um, dachte darüber nach, ob er nicht weiterziehen solle. Sein Gebiet, das Agraringenieurwesen, machte es ihm leicht, im Ausland zu arbeiten. Ich pries seine Umsicht in finanziellen Fragen, denn ich weiß nicht, was er ohne seine Bargeldreserven anstellen sollte. Den bitteren Begegnungen mit wohlwollenden, aber machtlosen Menschen konnte er dadurch ebenso aus dem Weg gehen wie dem Umgang mit den polnischen Institutionen, bei denen die Gehälter ihrer Mitarbeiter im Grunde die einzigen Leistungen sind, die aufzubringen sie noch in der Lage waren. Vor ihnen hütete er sich. Wir sprachen über diese und andere Emigrationsphänomene. Ghandi war hier deutlich beherrschter als ich. Er verglich sie mit Schnittblumen, denen nichts anderes übrigbliebe: »Würden Schnittblumen denken, ihre Art zu denken wäre eurer sehr ähnlich. Es trieft aus allen euren Publikationen«, sagt er. Ich antwortete ihm, dass Ähnliches auch über die Veröffentlichungen in Polen gesagt werden könnte.

»Natürlich, aber das ist was anderes. Setz doch einmal deine Brille ab, dann kommst du nicht umhin, zu gestehen, dass diese Schriften trotz allem wesentlich interessanter und reicher sind als eure hier – und zwar den sich ständig verschlechternden Bedingungen, der Atmosphäre zum Trotz. Wenn von einem Verwelken gesprochen werden kann, so schreitet es hier doch schneller voran als bei uns. Das hängt von der Fruchtbarkeit des Bodens ab, mein Lieber – da kann man nichts machen. Dort geschieht JENSEITS der Zeitschriften und Zeitungen – da nun zugegebenermaßen nicht – noch eine ganze Menge, und genau das ist der Torf.«

Oft musste ich ihm, um ehrlich zu sein, recht geben. Ich stimmte mit ihm überein, dass uns Exilanten eine unterbewusste Furcht eigen ist, wir scheuen uns, gewissen Fragen ins Auge zu sehen, uns gewissen Erscheinungen zu stellen. Häufig führten wir unsere Gespräche, während wir gleichzeitig Kunstausstellungen besuchten oder Bücher in Buchhandlungen oder bei den *bouquinistes* an der Seine durchblätterten. Ghandi konnte einer Sache seine scheinbar volle Aufmerksamkeit schenken und dabei doch über eine völlig andere reden. Mir schien immer, als hätte er neben seinem »Auge« noch eine zweite Filmrolle. So schoss er Fotos und ließ sie sich seelenruhig entwickeln, während er schon wieder etwas anderes aufnahm. Einmal, als wir auf der Ausstellung der Sammlung des Wiener Kunstmuseums im »Petit Palais« unsere Nasen auf die Glasglocke drückten, unter dem das berühmte Salzfass von Franz I., ein Werk von Benvenuto Cellini, stand, fragte er plötzlich:

»Was ist deiner Meinung nach verwerflicher: ehrliche Verlogenheit oder unaufrichtige Verlogenheit?« Versunken in das mit Edelsteinen gespickte Gold, in den hinreißenden Anblick der Perlentropfen, wusste ich im ersten Augenblick nicht, was er meinte. Ich entfernte mich vom Glas, ging in das Dunkel des Saales und betrachtete Ghandis Gesicht. Er schaute weiter, scheinbar gleichgültig, aber ich sah, wie begierig er den Eindruck aufnahm, der von diesem Gewürzfass ausging. Vielleicht kam auch ihm dieser uns einmal liebste Satz von Ulrich von Hutten in den Sinn: »O Jahrhundert, o Wissenschaften! Es ist eine Lust zu leben«, und vielleicht dachte er bei Cellinis Salzfässchen an die *Epistolae obscurorum virorum*, die wir vor so langer Zeit gemeinsam gelesen haben? Ich stand im Dunkel, außerhalb des Scheins, der aus dem Glaskasten fiel, und antworte ihm nach einiger Überlegung:

»Ich glaube, die ehrliche Verlogenheit ist schlimmer …«

Ghandi umkreiste das Salzfass, beugte sich vor, um irgendein Detail besser zu sehen, und sagte langsam:

»Das glaube ich auch … Weil es eine Verlogenheit ist, die in Fleisch und Blut übergangen ist. Der Mensch merkt nicht, dass er lügt.«

Wir gingen weiter in die anderen Säle. Durch die Fenster konnte man unten die breite asphaltierte Fahrbahn sehen, die zum Pont Alexandre III lief. Es war ein hellgrauer, nebliger Tag. Auf dem nassen Asphalt spiegelten sich die Umrisse von Autos und Menschen, und über den Bäumen der Champs-Élysées zeichneten sich die ovalen Fenster der

Mansarden ab, alten Medaillons ähnelnd. Ghandi erging sich lange in diesem Anblick, und als ich zu ihm trat, seufzte er fast affektiert auf und zog mich zu sich heran:

»Schau, was für eine Ruhe! … Und der hellgelbe Rauchstreifen auf dem aschgrauen Himmel. Er sieht so appetitlich aus, dass ich Lust hätte, ihn zu essen – in ihn hineinzubeißen wie in ein Würstchen.« In allen Sälen, in denen wir waren, schaute Ghandi durch die Fenster und ignorierte die Gemälde. »Für die Gemälde komme ich ein andermal – lass mich rausschauen!«

Ich freute mich daran, ihn so zu sehen. Es war die gleiche Freude, wie ich sie einmal in längst vergangenen Jahren verspürt hatte, als ich ihn im Gorce-Gebirge, nach einer ganztägigen Wanderung durch Regen und Kälte, abends in einer Berghütte auf dem Lubań aufgepäppelt habe. Als wir dort ankamen, war er völlig ausgezehrt und fiebrig. Ich zog ihn aus, trocknete ihn mit einem dicken Leinenhandtuch ab und gab ihm heißen Tee zu trinken. Jetzt schien es mir ständig, als würde ich ihn wieder abtrocknen und als würde sein Zähneklappern wieder langsam schwächer.

Einige Zeit danach fuhr ich aufs Land. Im Laufe dieser paar Wochen bekam ich alle paar Tage Postkarten von ihm, auf denen er mir kurz von seinen »Entdeckungen« erzählte, vom Theater, über Filme. Nach meiner Rückkehr nach Paris rief ich ihn gleich an und am Nachmittag klopfte er an meine Zimmertür.

Wir sprachen über meinen Aufenthalt auf dem Land. Ihn interessierte besonders die politische Situation in der französischen Provinz und die Erfolge der Kommunisten bei der Bauernschaft. Als ich ihm sagte, ich glaubte nicht daran, dass sie sich auf lange Sicht durchsetzen, weil die Strategie, die sie auf dem Land anwenden, dem, was sie den Arbeitern in den Städten sagen, so fundamental entgegengesetzt ist, und dass diese Widersprüche früher oder später der einen oder anderen Seite die Augen öffnen werden müssen, schaute Ghandi mich an und sagte kurz:

»Keineswegs. Aber vielleicht hast du Lust, rauszugehen?«

Ich war gerne einverstanden. Nach den letzten Nachzüglertagen des Winters war es wieder wärmer geworden, und die Pariser Straßen begannen schon nach diesem Ungreifbaren zu duften, das einen träge machte. Wir überquerten einen Platz, auf dem eine Fontäne stand, und gingen die breite *avenue* Richtung Bois de Vincennes hinunter. Vor einem Obstgeschäft döste eine stattliche Katze auf leeren Kisten, und beide hielten wir an, um sie zu streicheln. Doch da lief schon ein Hund vorüber, die Katze erhob sich, fauchte und sprang eine Kiste höher. Ghandi begann jäh zu lachen, und zwar auf so eine seltsame Art, dass ich ihn erstaunt ansah.

»Weißt du«, sagte er, immer noch so unangenehm lachend, »diese Katze ist für mich das Sinnbild all dessen, was gerade im Westen passiert. Diese Katze, das ist der ganze sogenannte Westen. Er springt auf immer höhere Schachteln und faucht dabei überheblich und voller Verachtung den Hund an.«

Ich blieb stehen und sagte: »Ghandi ...«, so wie man »um Himmels willen« sagt. Auch er blieb stehen und unter seinen Brillengläsern sah ich seinen harten Blick, der meinem kühn widerstand. In seinen Augen war nicht die Spur eines

Lächelns. Er lachte kühl, nur mit dem Verstand, und das verletzte mich. Ein Schweigen setzte ein, während wir weitergingen. Er zündete sich eine Zigarette an.

»Ich wollte mit dir reden. Ich fürchte aber, dass ich falsch angefangen habe. Eigentlich hat mir diese Katze den Auftakt vermasselt, ich merke, mein Lächeln hat dich verschreckt, ich habe zu tief angesetzt. Aber das ist nicht schlimm, das bestätigt mich nur in meiner Wahrnehmung, dass du in gewissen Fragen von einer eigentümlichen Schamhaftigkeit oder sogar Scheinheiligkeit bist. Aber vielleicht ist das nur die gewöhnliche Verblendung, die ehrliche Verlogenheit?«

Ich schwieg und auch Ghandi sprach nicht weiter. Ich weiß nicht, warum, aber plötzlich erinnerte ich mich daran, wie ich einmal auf einen Operationstisch gefahren wurde.

»Sprich weiter!«

Wir betraten den Wald. Vom Teich erhob sich leichter Dunst. Vor dem stillen Vorabendhimmel zeichneten sich deutlich Mistelkugeln inmitten kahler Äste ab. Der Rasen war schon vermüllt und ein verspätetes Paar trieb noch in einem Boot auf dem Teich.

»Seltsam«, begann Ghandi scharf, »seit einiger Zeit wache ich morgens mit einer völlig unmenschlichen Lust zu schreien auf. Ich weiß nicht, ob du dieses Gefühl kennst, aber es ist schrecklich. Du schaust aufs Fenster, hörst die Geräusche der Straße, stellst dir vor, wie die Leute in Läden gehen, wie die Zeitungsburschen zu den Kiosken fahren. Du siehst die schwarzen Titelzeilen, schon kauft sie jemand und geht hinunter zur Métro. Es beginnt ein normaler Tag, ein Arbeitstag. Und du willst schreien, du kriegst keine

Luft, es schnürt dir die Lunge zu, du würdest gerne mit der vereinten Stimme aller Alarmsirenen aufheulen und den Leuten hier klarmachen, dass die Eisschicht, auf der sie gehen, von unten schmilzt, dass es da unten taut und flüssig wird ... Ja, ich würde gerne heulen, dass das, was hier getrieben wird, voller Lügen und Plattitüden ist, voller Angst und Heuchelei. Und dabei ist es das, was vom Westen gerade bei uns drüben angeprangert ...«

»Entweder hörst du auf, so hysterisch zu sein, oder wir hören hier auf«, unterbrach ich ihn. Ich hielt an. Ghandi ging mechanisch noch ein paar Schritte weiter und blieb auch stehen. Wir schauten uns schweigend an.

»Ich bin hysterisch, ich bin hysterisch ...«, äffte er mich nach. »In dem, was ich sage, ist nicht eine Spur Hysterie. Du bist es, der vor lauter Angst eine Überschussreaktion hat. Du hast Angst, dass ich mich – an deiner Statt – zu Dingen bekenne, die du mit andauerndem und plattitüdenhaftem Reden darüber umschiffst, was drüben auf der anderen Seite passiert. Du versuchst, mit Worten wie ›Kultur‹, ›individuelle Freiheit‹ und ›Westen‹ eine gewisse Leere zu stopfen, von der du weißt, dass es sie gibt. Und du merkst zugleich, dass sie in der Bedeutung, in der du sie gebrauchst, das Produkt einer Gesellschaftsordnung sind, die schon längst vergangen ist; du weißt genau, wie wirklichkeitsfern sie mittlerweile sind und wie klein die Schicht ist, der sie noch nicht bloß wie hohle Phrasen klingen. Nein – ›Kultur‹, ›individuelle Freiheit‹ und ›Westen‹ sind keine Ideologie. Auch keine Politik. Das sind zarte Pflänzchen, die wirklich nur auf dem Boden eines *Systems* – oder wie immer du das nennst – wachsen können. Es sind zugleich große Wahrheiten, die gestützt werden müssen durch eine Reihe kleinerer Wahrheiten für wenige Leute. Aber du weißt, dass weder diese kleinen Wahrheiten etwas für dich sind, noch verfügst du über ein System, und alles, was du sagst, ist im Grunde völlig ohne Grundlage. Du klammerst dich also an diese Begriffe wie an die kostbaren Überbleibsel eines gesunkenen Schiffs, und die Wellen, mit denen du zu kämpfen hast, verlangen dir immer mehr ab. Und natürlich tröstest du dich damit, dass du NOCH oben schwimmst. Erinnerst du dich, wie du mir erzählt hast, dass, wenn es 1940 genug Züge und Autos gegeben hätte, ganz Paris vor den Deutschen geflohen wäre? Und heute, was würde heute passieren, wenn die Russen gen Westen marschieren würden? Antworte!«

Ghandi schaute mich ruhig an und wartete. Mir kamen die Worte irgendeines Arbeiters in den Sinn, der sich aus dem Fenster eines schmutzigen Hauses neben meinem Hotel lehnte und zu einem zweiten rief: *»Y a du bon pour nous!«* Das war am Tag der Vereidigung der Regierung Gottwald• in der Tschechoslowakei. Und ich erinnerte mich auch an eine Schneiderin in meinem Viertel, die für Kommunistinnen 30 Prozent günstiger näht … Ich antwortete:

»Ich glaube, dass nur wenige fliehen würden … Und dass unter den Flüchtenden solche, für die der Hauptfluchtgrund ›Kultur‹, ›individuelle Freiheit‹ oder ›der Westen‹ wären, nur einen verschwindend geringen Anteil ausmachen würden …«

Ghandi betrachtete mich aufmerksam und lachte auf:

»Was für eine lobenswerte Ehrlichkeit. Natürlich, ja. Denn die ganze antikommunistische Propaganda beruhte und beruht – ob du willst oder nicht – immer noch auf der

Verteidigung der Interessen bestimmter Klassen und ihrer Privilegien, noch nicht einmal zwingend materieller Art ... Früher oder später entlarvt sich das von allein. Unterbrich mich nicht ... Wozu sich selbst betrügen? Und deshalb spricht diese Propaganda NUR zu diesen Klassen. Die Massen spüren das instinktiv, und zwar besonders in schweren Zeiten wie jetzt. Und du eigentlich auch. Geh einmal in dich, seziere deine Gefühle einmal, wenn du Wahlergebnisse siehst. Du schaust auf die Zahlen wie auf Lotterietabellen; ist die Menge der nichtkommunistischen Stimmen größer, bedeutet das den großen Sieg, großes Glück. Es herrscht in dir das Gefühl des ›Gelingens‹ vor, einen weiteren geschickten Sprung über die Welle geschafft zu haben, und nicht das Bewusstsein des Sieges in einem schwierigen Spiel. Dieser Dynamik kannst du nur noch solche oder ähnliche Tricks entgegensetzen, die hier und da gelingen oder auch nicht. Aber Tricks, die kein Fundament in einem *System* haben, sind Gewehre mit kurzem Lauf.«

»Mein Lieber, der ganze Kommunismus beruht doch auf Tricks, du hast mir selbst davon ...«

»Selbstverständlich, aber auf Tricks, die sich aus dem System selbst ergeben. Genau das erklärt ihren Erfolg und dass sie nicht in den Gewändern immerzu neuer Kniffe daherkommen müssen. Und wenn es um ein Gesellschaftssystem geht, das klar, einfach und – das ist das Wichtigste – jedem zugänglich ist, musst du wohl zustimmen, dass der Kommunismus augenblicklich das einzige ist, was all diesen Bedingungen entspricht. Der Westen ist außerstande, dem etwas anderes entgegenzusetzen als die traditionellen Hochrufe auf die Freiheit des Einzelnen und die christliche

Zivilisation, Hochrufe und Überlegungen, die nur zu gewissen Gesellschaftsschichten durchdringen ... UND NATÜRLICH ZUR ÜBERWÄLTIGENDEN MEHRHEIT AUF DER ANDEREN SEITE ... Aber das wird nur noch so lange währen, bis der Glauben an die Stärke und Überlegenheit des Westens bricht. Und ich, mein Lieber, ich sehe diese Stärke und Überlegenheit nicht, verstehst du, denn ich sehe inzwischen nichts außer Phrasen und die ständige Erwartung irgendeines TECHNISCHEN Sieges mithilfe irgendeines Tricks, der schlussendlich und ganz am Ende immer ›Amerika‹ heißt. Der ganze europäische Westen befindet sich heute im Magnetfeld des Kommunismus. Du kannst nichts daran ändern, dass sich die Masse der menschlichen Eisenspäne so und nicht anders ausrichtet. Alle Abwehrmechanismen, die man vor dieser Anziehungskraft ergreift, werden so lange versagen, solange du ihnen nicht etwas mehr zur Seite stellst als irgendwelche Unerhörtheiten von hinter dem Eisernen Vorhang, als Bekenntnisse sowjetischer Überläufer und Stoßseufzer über die westliche Kultur – und natürlich Dollars!«

Es wurde langsam dunkel, wir gingen schweigend weiter und machten auf der Brücke über einem der Zuflüsse des Teiches Halt. Ein kleiner Wasserfall rauschte herab. Wir lehnten uns an das Geländer.

»Na, und was fällt dir sonst noch auf?«, fragte ich eine Spur ironisch. »Was du gerade machst, hat mehr von einer Schlaftherapie als einem Gespräch. So etwas wie eine Pentothal-Spritze ...«

»Hör auf so zu lächeln. Mir ist nur noch zum Schreien zumute. Ich glaube, wenn der Westen sich nur so manches eingestehen, wenn er sich sagen könnte, dass die Krankheit, unter der er leidet, in Wirklichkeit schwerer ist als eine Grippe, für die ein paar Tabletten des Marshallplans nicht ausreichen, würde das schon eine Menge bedeuten. Aber nein – auf allen Ebenen verbirgt man seinen Bankrott, trickst herum, vergewaltigt im Stillen die Grundsätze, die man laut vor sich herträgt und als Gegensatz zur anderen Seite verkauft. Wie soll man das glauben? Ich habe Deutschland durchquert, ich war in Belgien, jetzt bin ich hier. Ich schaue und lese, höre zu. Überall Heuchelei, ratloses Gerede und politisches wie gesellschaftliches Flickwerk. Ein Mosaik aus immer neuen Anläufen, aus Versuchen, die ausnahmslos auf Rechnungen beruhen, in denen ein Fehler steckt, der früher oder später doch ans Licht kommt – und in letzter Zeit eher früher als später. Merkst du denn nicht diesen geheimnisvollen Fehler, der in allem steckt? Dieser Fehler quält mich. Ich würde so gerne, dass man überall anfinge, über ihn zu reden und zu schreiben, zu grübeln, wie man ihn ausfindig macht. Aber das wird nicht damit gelingen, indem man gesellschaftliche Realitäten beschweigt, hin und wieder einmal hinter der bloßen Phrase hervorlugt oder auch die geschicktesten politischen Federstriche tut. Denn von dort kommt mehr als politisches Geschick. Du wirst sagen: genialische Demagogie, ein meisterhaftes Spiel mit dem Schein. Ja, gewiss, aber darüber hinaus ist da immer noch etwas. Dieses Etwas, dem keine Propaganda etwas anhaben kann, ist das rätselhafte ›Aber‹ des Menschen in der Masse, der auch auf die grausamste Wahrheit über jenes System eine Antwort weiß. Denn er ahnt das Gleiche wie du, nur dass du dir diese Ahnung nie eingestehst; du wirst dir den Mund mit ›unabhängigem Sozialismus‹, ›Demokratie‹ und ›Freiheit‹ ausspülen, in der stillen und sorgfältig kaschierten Hoffnung, dass es dir mithilfe dieser Begriffe gelingt, auch nur einen Hauch der behaglichen bürgerlichen Ordnung um ein paar Jahre zu verlängern. Du verziehst das Gesicht, weil du diese aus dem anderen Wörterbuch entlehnten Ausdrücke nicht ausstehen kannst, und schaust angespannt in Richtung Amerika: Ob es endlich das Brot gibt, das die Aufmerksamkeit dieser Masse für eine Weile ablenkt und sie für deine leeren Winkelzügen, die ausgefeilten Aufmärsche und Gegenmärsche abstumpft, die von einer Gesellschaftsdoktrin längst vergangener Tage zehren. Eine reine, trockene Politik, die auf ein paar Begriffen beruht, deren Wert unterhalb eines bestimmten Monatseinkommens und einer gewissen Bildung endet – das ist doch sehr wenig. Du denkst immer noch in den Kategorien einer gewesenen Elite – ja, ja, greif nur mit beiden Händen mitten rein und schau dir das Innenleben richtig an. Grab ein bisschen herum und such ... Du wirst eine Menge spannender Dinge entdecken. Wobei, es ist gut möglich, dass du doch nicht viel entdeckst, weil deine ganze Aufmerksamkeit nur nach drüben gerichtet ist. Ach – wenn du dich nur an ›der anderen Seite‹ schadlos halten kannst, wird es dir gleich leichter ums Herz und in der Seele ... Dann scheint dir das Gewicht, das dich hier zerquetscht, gleich viel leichter. Mit Krawtschenko und Jan Valtin stopfst du eifrig die Ritzen, aus denen die Kälte und Leere hereinzieht. Das lässt dich den Albtraum einer plötzlichen Wirtschaftskrise in den Vereinigten Staaten vergessen. Schon Wallace plagt und beunruhigt dich – gib's zu.

Aber du zählst darauf, dass sie ihn ›irgendwie‹ in den Griff kriegen. Du willst es nicht hören, dass deine Hoffnungen an den Kursen der Wall Street hängen wie an einem dünnen Faden und dass die Gesellschaftsordnung der USA ihre Homogenität und ihren Zusammenhalt einem Faktor verdankt, der schon in sehr kurzer Zeit verschwinden kann und trotz allem immer weiter schwindet, und zwar der CHANCE – der Perspektive des Durchschnittsmenschen, ein hohes materielles Niveau zu erreichen, der gleichen Aussicht, die so lange Zeit der Hebel einer ähnlichen Gesellschaftsordnung in Europa war. Hier bestehen ihre Überbleibsel nur noch für eine schmale Schicht fort, dort immer noch für alle, zumindest theoretisch. Aber wenn auch drüben ihr Zauber verginge, wenn auch da diese Chance erlöschen würde, was dann? Dann vielleicht wieder ›Kultur‹, ›individuelle Freiheit‹, ›Westen‹? Nein – du rechnest nämlich insgeheim damit, dass Amerika ›irgendwie‹ aus den Problemen herauskommt. Und zusammen mit diesem ›irgendwie‹ nimmst du Dinge in Kauf, die dich auf der anderen Seite des Vorhangs so empören, dass du sie jeden Tag anprangerst? Hier bei euch nimmt deine Empfindlichkeit für das Traktieren streikender Arbeiter mit Schlagstöcken, für die Schüsse der Polizei und die Festnahmen der Anführer ›illegaler‹ Gewerkschaften und andere – wie du sie ausweichend nennst – ›unvermeidliche Konsequenzen‹ rapide ab. Warum schweigst du und willst nicht davon erzählen, was du über die Flüchtlinge und ihr weiteres Schicksal hier, auf dieser Seite, weißt? Weil du dich schämst, weil du nur sehen willst, dass sie es ›herausgeschafft‹ hätten und nun ›aufatmen‹ können? Für wie lange? Was sie sich wohl denken? Du willst nur gewissermaßen die Postkartenansicht dieser Frage wahrnehmen und merkst dabei nicht, zu welchem Ausmaß der Westen für dich zum Synonym irgendeines Kurorts mit angenehmem Klima geworden ist, voller Lebenslust und den Überbleibseln deines geliebten 1900 ...«

Ghandi sagte das alles mit größter Ruhe, richtete seinen Blick dabei auf die schwarze Oberfläche des Wassers. Ich schaute in den Himmel, der sich, sanft und tief, langsam verdunkelte. Von irgendwo aus der Ferne drang Musik – bestimmt aus den Lautsprechern des Karussells oder des Autoscooters der Wanderkirmes.

»Ghandi«, begann ich mit der Stimme eines Arztes, der sich über das Kopfende des Patientenbettes beugte, »aber all das, was auf der anderen Seite vor sich geht, ist doch noch hundertmal schlimmer. Das weißt du doch besser als ich ...«

»Schweig!«, schrie er auf einmal. »Sprich vor allem nicht in diesem Ton mit mir. Wenn dir die Argumente ausgehen – und sobald wir an die Ursachen gehen, fehlen sie dir bisher grundsätzlich –, fängst du an wie ein Psychiater zu reden. Siehst du nicht, dass das wieder deine Art der Wirklichkeitsverweigerung ist? Du willst um jeden Preis wieder nach oben treiben, in der Schicht schwimmen, wo das warme Wasser elaborierter Gedankengänge, intellektueller Schattentänze und effekthascherischer Zitate strömt, die sich aber jäh zusammenziehen, wenn sie mit den niederen Strömungen in Berührung kommen. Und wenn es dich einmal nach dort unten hinabzieht, wehrst du dich wie ein Rotzbengel und schreist, der andere sei noch schlimmer. Das ist dein einziges Argument, wenn du mit dem Rücken zur Wand stehst. Aber dieses Argument ist schon ziemlich abgenutzt – das kann ich dir versichern – und, was schwerer wiegt, es impliziert den Mangel eines grundsätzlichen KONTRASTES. Ja, genau – eines grundsätzlichen. Das Verwischen der Kontraste, das ist dein Tod. Und gesteh dir doch ein, dass der beinahe einzige Kontrast mittlerweile das ist, was ich die Kurort-Ruhe genannt habe ... Oh, ja, du hast ja recht, und zwar sehr. Ich habe mich auch furchtbar danach gesehnt, mit jeder Faser, und nach meiner Ankunft hier habe ich mich daran berauscht, bis zur Besinnungslosigkeit. Aber in den Augenblicken der Ernüchterung, so kurz sie auch waren und so heftig ich sie auch abgewehrt habe, spürte ich mit erschütternder Klarheit, in welchem Maße das für uns, für uns noch junge Menschen, nicht alles sein kann ... Und noch jüngere als uns muss das noch viel weniger ansprechen. Denn zwischen dem fünfzehnten und dem fünfundzwanzigsten Lebensjahr sucht man doch reißende Lebenssäfte, egal woher sie strömen, und keine Früchte, die man nur zu pflücken braucht. Hier strotzt es nur so von Früchten, die Säfte aber haben zu zirkulieren aufgehört. Schau dir die Jugend an und hör ihnen zu, was sie davon halten. Dort drüben geschieht nämlich eine ganze Menge, dort gibt man der Jugend trotz allem etwas. Es ist nicht so einfach, wie du denkst ...

Hör auf, mich wie einen Kranken zu betrachten, und leg deine Doktorbrille ab. Mit Denkschablonen, Beschweigen und Verleugnen kommst du nicht weit. Du wünschst dir den Krieg, betest fast, dass er kommen möge, weil nur noch das Uran-Atom irgendetwas in dir zum Explodieren bringt. Und was kommt danach? Du schniefst und wirst ungeduldig. Worte, nichts als Worte. Aber das ist wirklich amüsant, wie leicht du aus der Ruhe zu bringen bist, wie argwöhnisch und platt du geworden bist, seit wir uns das letzte Mal gesehen haben. Damals hattest du keine Scheu vor bestimmten Ausdrücken – heute gebietet dir der bloße Umstand, dass man sie drüben verwendet, sie für *a priori* falsch zu halten. Du vermeidest sie umso mehr, je stärker du ahnst, dass sie objektiv völlig zutreffend sind. Dass man sie dort für bestimmte Zwecke gebraucht, in vielen Fällen gewiss im Widerspruch zum wahren Menschheitsfortschritt, nimmt dir den Mut, sie auf dich selbst anzuwenden. Du gehst auf Zehenspitzen, um Begriffe wie ›Bourgeoisie‹, die ›zweihundert Familien‹,[*] die ›Trusts‹ und den ›Kapitalismus‹ herum. Wenn du die Gesellschaftsstruktur verteidigst, die ihnen die Existenz sichert, warum sagst du das nicht geradeheraus? Aber nein, du bist progressiv und versteckst dich lieber hinter ... ach, du weißt ja besser, wohinter. Hier kreisen lauter Ideen, viele ›dritte Kräfte‹, ›republikanische Aktionen‹, aber warum vergehen sie so ohne Widerhall? Ich will's dir sagen: weil sie alle mehr oder weniger bewusste Gaukelbilder sind ...«

»Und ist drüben nicht alles ein einziges großes Gaukelbild?«, schnaubte ich, schon wütend.

»Du greifst immer wieder nach deinem einzigen Argument. Himmelherrgott, siehst du denn nicht, dass wir in Zeiten leben, in denen man den Ball nicht immer nur zurückschießen kann? Überleg mal, ob dieser Sport mit seiner felsenfesten Überzeugung von der eigenen Überlegenheit und dem Glauben an die verkündeten Spielregeln nicht das Vertrauen jener am meisten anknackst, an denen dir am meisten liegt. Du wirst wohl nicht vergessen haben, dass wir augenblicklich noch nicht dem Kampf zweier Welten beiwohnen, sondern eher einer ersten Begegnung beider Mannschaften. Es wird von Millionen Zuschauern verfolgt, dabei sind die Sympathien der Öffentlichkeit paradoxerweise entgegengesetzt: Die Roten wissen die Mehrheit der Weißen hinter sich und die Weißen die Mehrheit der Roten. Aber wenn sich deine Seite weiter mit dem rein technischen Verteidigen des schon morschen Tors begnügt und nur immerzu den Ball auf die Spielfeldhälfte des Gegners schlägt – was übrigens ganz dem Willen der Gegner entspricht – kann das auch die Sympathien der anderen Seite neu verteilen. Und was dann? Dieser Prozess hat trotz allem schon längst begonnen. Und es lohnt sich, darüber nachzudenken ...«

Ich schaute Ghandi an und erschrak. Mich erschütterte seine Ruhe, die Kälte dieses »trotz allem«, das er so hart und entschieden aussprach.

»Ghandi«, flüsterte ich, »überleg doch, wie viele von dort fliehen ...«

»Und wie viele kommen zurück? Was ist die Bilanz? Was sind die Beweggründe für die Rückkehr? Ist es denn nicht am häufigsten genau das, wovon ich rede? Und wer flieht? Wie nimmt man sie hier auf? Du hast doch zuletzt von den Russen gelesen, die in die amerikanische Zone flüchten. Und was stand da? Dass die ›Nützlichen‹, also die sowjetische Intelligenzia, in die USA gebracht werden, und was die anderen betrifft, gibt es die Überlegung, sie im Rahmen irgendeines Tauschs auszuliefern, ›Deserteur für Deserteur‹ ...«

»Sei doch ruhig! Das ist nur Gerede ...«

Ghandi schlug plötzlich mit der Faust aufs Brückengeländer und fing fast an zu schreien. Es war schon dunkel.

»Nur Gerede, nur Gerede«, er verschluckte sich, »das ist alles, was dir dazu einfällt. Das ist die Antwort eines ›Eingeweihten‹. Aber heute verbietet sich jedes ›Gerede‹, der Schwindel, das Jonglieren mit jenen Regeln, von denen man in die ganze Welt hinausposaunt, sie seien ›heilig‹ und ›sakrosankt‹.« Er packte mich am Revers meines Mantels und schrie mir direkt ins Gesicht, mit einem Schluchzen in der Stimme: »Verstehst du nicht, zum jetzigen Zeitpunkt ist nicht nur das Schreiben solcher Dinge, sondern schon ein bloßer Gedanke in diese Richtung ein Verbrechen. Dort, da bin ich mir sicher, eilt die geflüsterte Kunde davon schon über Tausende Quadratkilometer ... dort, wo eure Anhängerschaft steckt. Ich soll kleinkariert sein? Nein, in diesen Fragen gibt es keine Kleinkariertheit. Du hast keinen Schimmer, also halt dich einfach mit deiner eisernen Strenge und Sorgfalt zumindest an die paar schönen Prinzipien, die du von morgens bis abends herunterbetest. Aber auch das kannst du nicht, weil sich schon zu viele Egoismen auf ihnen niedergelassen haben wie die Fliegen, Egoismen, mit denen du insgeheim ohnehin rechnest. Kaum hast du dich versehen, schon bist du zum Kirchgänger einer dubiosen Religion geworden. Und von dort nimmt das Unheil seinen Lauf ...«

Ich riss Ghandis Hände von den Umschlägen meines Mantels und reichte ihm eine Zigarette. Er griff nach der Streichholzschachtel. Seine Hand zitterte so stark, dass er mit der Flamme den Tabak nicht treffen konnte. Im schwachen Streichholzlicht bemerkte ich Schweißtropfen auf seiner Stirn und seinen Wangen.

»Komm«, sagte ich ruhig. Ich hakte ihn bei mir unter und führte ihn langsam fort. Ins Schweigen versunken, verließen wir den Park. Danach gingen wir eine der kleinen, mit dem spärlichen Licht von Gaslampen beleuchteten Straßen entlang. Unter einer der Lampen blieb Ghandi plötzlich stehen. Es war völlig still, und allein die blasse Gasflamme über uns zischte. Ghandi trat einen Schritt von mir zurück und sagte, schon wieder völlig ruhig:

»Hör zu, eigentlich wollte ich mich von dir verabschieden – ich fahre zurück!«

Er schaute mich an. Ich holte langsam Tabak aus meiner Tasche, stopfte mir langsam meine Pfeife und lächelte ihn an:

»Das habe ich mir schon gedacht. Ich danke dir, Ghandi.« Ich legte meine Hand auf seine Schulter. »Weißt du, du hast mir so viel eiskaltes Wasser über den Kopf gegossen, dass es einen Toten auferwecken würde. Ich bin dir dafür dankbar, so was tut gut. Man sollte dem nicht aus dem Weg gehen, eine solche Konfrontation nicht fürchten. Das alles, was heutzutage vor sich geht, ist in großem Maß das Ergebnis davon, dass zu viel beschwiegen und auf Zehenspitzen umschlichen wird ... Aber das hast du ja selbst gesagt. Und damit hast du recht, vollkommen recht, ja – bis zum, bis ...« Ich lachte auf: »Bis zu dieser Laterne.«

Kräftig drückte ich seine heiße Hand. Dann strich ich ihm schnell über den Kopf. Er drehte sich um und ging, verschwand im Dunkel, und allein seine dünnen Beine flackerten noch lange im schrägen Licht.

EIN BRIEF

»Diese Makellosigkeit meiner Gewissheit
geniert mich: Alles ist allzu klar.«
Mallarmé, *Igitur*

Mein Lieber! Ich schreibe dir diesen Brief, da du zu plötzlich gegangen bist; du hast dich umgedreht und bist rasch im Dunkel verschwunden. Ich bin geblieben. Und weil ich nicht weiß, ob du über diesen (zumindest für mich) so wesentlichen Umstand nachgedacht hast, muss ich schreiben. Ich muss diese paar Worte umso mehr schreiben, weil ich mir nicht sicher bin, ob dir das auch später zu denken gegeben hat, als du die Beschreibung unseres Treffens und unseres letzten Gesprächs gelesen hast, die unserem plötzlichen Abschied vorausgegangen war.

Ich schreibe »plötzlicher Abschied« und nicht »plötzliche Entscheidung zur Rückkehr«, weil ich weiß, dass du diese deine Entscheidung schon lange vor jenem Abend getroffen hast, an dem wir in einer der ruhigen kleinen Straßen von Paris auseinandergegangen sind. Dass du sie schon vorher gefällt hast, davon zeugt wenigstens die Wahl der Argumente, mit denen du deine Entscheidung untermauert hast, mit denen du sie geradezu zur Festung ausgebaut hast – und das nicht so sehr aus Angst vor Attacken von außen (solche Logikbunker zerschlägt man nicht so leicht), als vielmehr um sie vor Anschlägen von innen zu schützen.

Leugne es nicht. Du weißt genauso gut wie ich, dass eine der charakteristischen Eigenschaften der Ideologie, die anzunehmen du dich entschieden hast, ihre besondere Empfindlichkeit dem gegenüber ist, was von innen gegen die Mauern anstürmt – und das ausgerechnet von jenen Kräften, deren Existenz sie prinzipiell nicht anerkennt. Mir scheint, daher rührt auch ihre ermüdende Redseligkeit und diese schablonenhafte gedruckte Sprache: Sie weiß nie, ob ihrer schon genug ist, um das Ächzen der verborgensten Sprungfedern des Menschen zu übertönen, die sich auch in dir manches Mal melden, ganz unvorhergesehen, bisweilen erst nach Jahren ... Aber ich schweife ab.

Du weißt genauso, dass man eine wirklich tiefgreifende Entscheidung fast nie von wirklich überzeugenden Argumenten abhängig macht. In Wahrheit findet man sie erst »danach« und nur sehr selten »vorher«, ganz zu schweigen davon, dass sie dann am stärksten sind, wenn man sie vor allem für sich selbst sucht. Es ließe sich noch eine weitere interessante Gesetzmäßigkeit ergänzen, und zwar jene, dass sich ihre Kraft umgekehrt proportional verhält zur Kraft der inneren Überzeugung von der Richtigkeit der jeweiligen Entscheidung, aber diese Erörterung würde zu weit führen. Darum werde ich deine Entscheidung keiner Analyse unterziehen. Ich bin mir nicht sicher, ob auch nur irgendeine Entscheidung der Analyse zugänglich ist. Sie ist eine Frage des Instinkts, der Intuition und erinnert eher an die Situation, dass man im entscheidenden Augenblick den Abzug drückt, auch wenn man über die Gewissheit hinaus, dass man ihn drücken muss, eigentlich nichts weiter weiß. Glaub mir, es gibt Dinge, die sich nicht auf einfache Weise erklären lassen.

Ich werde auch deine Argumente nicht widerlegen, denn das würde eine Diskussion vorgaukeln, die, meiner Meinung nach, unmöglich ist. Gestehen wir uns das offen und ehrlich ein. Hören wir auf, eine sinnlose Komödie aufzuführen, die zu nichts führt und in der ich, der ich mich zu einem Dialog habe breitschlagen lassen, dir einzig als Marmorplatte diene – gegen die du mit dem kalten Stahl deiner Logik schlägst, einzig um die Makellosigkeit der dialektischen Klänge zu prüfen, die sie von sich gibt. Wie alles, was du in die Hand nimmst, wird dir auch das zu einem weiteren Werkzeug, zu Prüfstein und Spiegel. Dieser Gedankennarzissmus benimmt dich deiner Wahrnehmungsfähigkeit. Du bist so vertieft in diesen Klang, dass du die inneren

Schwingungen der Platte nicht bemerkst. Dass sie keinen Laut von sich gibt und schweigt, reicht dir völlig; dass du sie aber oftmals nicht anzuheben vermagst, machst du dir nicht bewusst. Es handelt sich um zwei völlig verschiedene Klang- und Schwingungswelten, zwischen denen eine Vermittlung oder gar Harmonisierung ganz und gar unmöglich ist. Eine Diskussion, die sich einzelnen Aspekten widmet, ist da ausgeschlossen. Sie hat nur dann einen Sinn und ist nicht nur das sprichwörtliche Kartenspiel des Blinden mit dem Armlosen, bei dem beide ein völlig anderes Spiel spielen, wenn man mit der gleichen Sprache spricht, wenn der geistige Gehalt der Worte und Begriffe für beide Seiten mehr oder weniger identisch ist und, schließlich, wenn beide Seiten bereit sind, zumindest einem Teil der Thesen des Gegners zuzustimmen.

Es gibt noch eine ganze Reihe weiterer Bedingungen, aber wer weiß, ob diese »Bereitschaft« nicht die elementarste ist. Dir ist sie jedoch fremd, und wenn du also schon aufrichtig von der Überlegenheit der Welt überzeugt bist, zu der du zurückgekehrt bist, dann kann ich diese Bereitschaft nicht von dir einfordern. Das ist der Grund, weshalb ich bei unserem letzten Treffen nicht versucht habe, deine Anschuldigungen zu widerlegen, und dir aufmerksam gefolgt bin, allein mit dem Wunsch, dir später meinen Standpunkt darzulegen. Ich wollte und will dir auch jetzt keine Argumente entgegensetzen, um mit ihnen deine zu schwächen, weil ich erstens einer ganzen Reihe deiner Vorwürfe immer noch beipflichten würde und dir sogar noch ein Dutzend anderer nennen könnte, die in die gleiche Kerbe schlügen (sie bereitzustellen, darin tun sich gerade die Angelsachsen hervor, sie müssen darum einen regelrechten Wettbewerb ausgerufen haben), und zweitens habe ich jeden Versuch, sie vor dir zu entkräften, für fruchtlos befunden: Du warst schon einer anderen Welt verschrieben, in der man einem Gegner meiner Kategorie nicht zustimmen darf, sogar wenn man es sehr wollte. Ich wollte allerdings meine *Ansichten neben* deinen ausbreiten und dir nur erklären, weshalb ich, der ich deine Attacken angemessen und scharfsinnig fand, mit dir *nur* bis zu jener Laterne übereinstimmte, von der an du schon alleine weitergingst. »Trotz allem«, wie du sagen würdest. Nur darum geht es mir.

Als ich an diesem Abend wieder langsam nach Hause ging und mich unter der Last deiner Anwürfe beugte, war diese Stelle unseres Gesprächs *für mich* die wichtigste. Vom ersten Augenblick an. Auch ich habe da eine Entscheidung getroffen. Als ich unser Gespräch beschrieb, fragte ich mich ständig, warum ich nicht so handle wie du – was eine durchweg logische Lösung wäre, wenn ich dir doch recht gab. Ich musste mich hier also noch stärker an die Wand drücken, als du das mit dir und mir getan hast. Ich rang in Gedanken mit dieser Frage und konzentrierte mich dabei allein auf das »Warum?«, bemühte mich, alle Floskeln zu vergessen, an denen es auch auf dieser Seite nicht mangelt und die den Weg zum Selbstbetrug erheblich abkürzen. Bei meinen Überlegungen ging ich von Beginn an von der Annahme aus, dass alles, was du sagtest, unbedingt zutreffend ist. Mir blieb auch nicht verborgen, dass du einen Teil von mir in den Schraubstock deiner Logik eingespannt hast. Und dann erst begann ich mich zu befragen.

Ich beginne mit einem Detail, einem winzigen nur, das mir jedoch wichtig ist und mir sofort vieles erhellt hat. Ich weiß nämlich nicht zu sagen, ob es der dir eigenen Ehrlichkeit oder nur einer Vergesslichkeit geschuldet war, dass du, während du mich mit den Argumenten, die deine Entscheidung untermauern sollten, an die Wand gedrückt hast, nicht ein einziges Mal das Wort »Polen« in den Mund nahmst. Du sprachst von der Welt, jener anderen Welt, stelltest sie dieser gegenüber, nach der du dich anfangs so gesehnt hattest und in die du unter Lebensgefahr geflohen bist. Mit deiner Entscheidung zur Rückkehr hast du dich vor allem dazu entschlossen, in jene Welt zurückzukehren. Polen war für dich darin wie eine Station im Netz ein und desselben Landes. Ich spreche das an, weil du mir klargemacht hast, dass eine Rückkehr auch für mich – wenn ich mich zur Rückkehr entschlösse – keine Rückkehr nach Polen wäre, sondern vor allem die E i n k e h r in eine andere Welt, in eine Welt, die mir immer unerträglicher wird trotz aller Argumente *für* sie, in der mir auch die größten materiellen Errungenschaften und die Nähe meiner Liebsten nicht den Mangel aufzuwiegen vermöchten, der in anderen Bereichen herrscht, die für mich genauso wichtig sind, vielleicht sogar noch wichtiger.

Glaub nur nicht, ich schreibe das leichtfertig dahin ... Aber ja, ich hätte Angst – weißt du, ich hätte Angst, dass meine Sorge um die Krumen dieser unfassbaren Speisen, die vom üppigen *menu* gestrichen sind, das du mir dargeboten hast, sich als größer erweisen könnte als die Sorge um das Brot selbst. Ja, immer noch ziehe ich dem die Sehnsucht vor, sogar die allergrößte Sorge um das täglich Brot.

Ich kann es nicht ändern, dass gewisse Erscheinungen, mögen sie dir noch so nichtig vorkommen, für mich so schwer wiegen. Ich bin dir dankbar dafür, dass du nicht Polen als Schleier vor alles in jener Welt gehangen und nicht versucht hast, mir das ins Herz zu stopfen, was ich normalerweise im Hirn behalte: Produktionsstatistiken und die Zahlen vom Fortschritt des Wiederaufbaus. Und wenn du sie genannt hast, dann ohne den Preis zu nennen, die jene dafür zu zahlen haben, die dir und dieser Welt ergeben sind. Du rufst immer höhere Preise aus, auf jedem Feld, und ich wäre nicht mehr imstande dazu, sie aus freien Stücken zu bezahlen.

Das ist zweifellos eine Art Egoismus, doch du hast versprochen, ehrlich zu sein. Und vielleicht können jene das verstehen, denen du, achtlos ihrer Haltung gegenüber, einen immer höheren Preis zu zahlen abverlangst und ihnen sogar das Recht auf Nachverhandlung benimmst. Ich kann nicht verhehlen, dass ich mich mit ihnen verglichen, wissend, was sie ertragen und weshalb sie es erleiden, kleiner fühle. Dieses mein Gefühl der Minderwertigkeit hast du nicht ausgenutzt, tu das auch in Zukunft niemals. Wirf mir keine Simplifikationen vor die Füße, damit mein Herz sich an ihnen das Genick bricht; sei kein Mittelsmann in dem höllisch schwierigen Dialog, der eigentlich zwischen mir und ihnen ohne dich geführt werden müsste, weil du uns von ihm nur Splitter übriglässt, die man einander leichter in die Herzen rammen kann, als etwas aus ihnen zu bauen. Das Gespräch lässt du geschehen, das ja, unter der Voraussetzung, dass darin unser Polnischsein zusammenschrumpfen muss. Ich bin nicht mit dir weitergegangen, weil ich mich, sollte ich auch gehen, daheim fühlen will. Dabei weiß ich, dass das unmöglich wäre, auch wenn deine Genossen noch so sehr das Gegenteil versichern. Du lässt so wenig Raum, dass mir zu atmen schwerfiele. Beispiele davon hast du selbst genug gegeben.

Mein Bericht von unserem Treffen und unserem letzten Gespräch wurde auch in Polen abgedruckt. Der Eifer, mit dem das getan wurde, scheint mir symptomatisch. Sind denn die Stärke und das Reservoir der eigenen Argumente, zum Gebrauch im Inland angelegt, so klein, dass man die Gelegenheit nicht verpassen darf, noch zusätzliche auf Seiten der »Bankrotten« abzugreifen? Allerdings – ich muss dir eröffnen, dass der Text, den man dich ohne jene Verzögerung, die Raubdrucken sonst eignet, lesen ließ, unvollständig war. Es wurden darin fünf Zeilen gestrichen, die einem unter seinesgleichen, im wirklich und wahrhaftig e i g e n e n Haus, niemand übelnehmen sollte. Nicht nur das: Das Gestrichene – und es waren deine eigenen Worte, die gekürzt wurden – war ein weiteres Argument gegen den Westen. Doch es unter den Deinen auszuführen ist dir verboten, untersagt von deinen Leuten, die genauso antiwestlich sind wie du. Erinnerst du dich daran, wie du mich, auf der Brücke stehend, mit ebendiesen Worten erschüttert hast, und ich weiß nicht, ob du nicht ausgerechnet mit ihnen deine Verachtung mir gegenüber am stärksten ausgedrückt hast. Aufgebracht sagtest du:

»Du hast doch zuletzt von den Russen gelesen, die in die amerikanische Zone flüchten. Und was stand da? Dass die ›Nützlichen‹, also die sowjetische Intelligenzia, in die USA gebracht werden, und was die anderen betrifft, gibt es die

Überlegung, sie im Rahmen irgendeines Tauschs auszuliefern, ›Deserteur für Deserteur‹ …«

Diese drei Sätze fehlten im Abdruck, der unter deinem Dach kursiert. Wer sie wohl gestrichen hat? Was hältst du davon? Bringt das Fehlen dieser paar Worte, ebendieser und nicht anderer, etwa nicht das ganze Gebäude deiner Beweisführung zum Einsturz? Es zeugt nicht nur davon, wie schmal die Grenzen dessen sind, was ich ohne zu zögern und ohne Anführungszeichen Polen nennen kann, und wie weitläufig die Gebiete jener anderen Welt sind. Denn ist nicht das Wort, das ich in meiner eigenen Sprache sprechen kann, der weiteste Raum, den ich für den meinigen halten darf? Es zeugt gleichermaßen von einer hundertfach größeren Verlogenheit als der, die du mir vorgehalten hast. Es scheint da die Furcht, die mir fremder nicht sein könnte, die Furcht vor dem plötzlichen und unerwarteten Wort durch, eine Furcht, die für die Termite typisch ist, deren kunstvolles System geschaffen ist für ein Leben in nächtlicher Dunkelheit – die Furcht vor dem Licht, das einen auf der Stelle niederstreckt. Du hast panische Angst vor dem Licht. Ich will und kann mich nicht selbst zur lebenslänglichen Lüge verurteilen, über die ich nicht nur schweigen, sondern die ich auch noch rechtfertigen müsste. Zeugt diese Angst vor dem winzigsten Saum Wahrheit auch von der Stärke des Systems? Um keines Systems und keiner politischen Orientierung willen könnte ich schweigen, wo ich weiß, dass man die Stimme erheben muss. Davon konntest du dich überzeugen. Ich will mich nicht aufspalten, ich will nicht die Anzahl der Leute vergrößern, die ich auf deiner Seite doppelt zählen muss – sogar meine Nächsten hast du entzweigeteilt. Ich kann mich nicht so mit ihnen verständigen, wie ich wollte. Es fällt mir immer schwerer, auch nur einen schmalen Gedankensteg über den Riss zu werfen, der uns trennt, über diese für uns so verhängnisvolle Leere, die allein du geschaffen hast. Ich will ihre Existenz nicht verschweigen und von keinen »geheimen Banden« zwischen uns sprechen, auch wenn es mich furchtbar schmerzt. Verstehst du das Wort »Schmerz«? Wahrscheinlich wieder nur als Mittel. Und das ist schrecklich. Diese Leere breitet sich aus zwischen mir, der ich alles sagen kann, und ihnen, die eigentlich nie wissen, worüber sie jenseits des Redeplans hinaus sprechen dürfen. Und während ich meine Gedanken und Worte auf sichere Pferde setze, von denen ich weiß, dass sie ins Ziel kommen, müssen sie gut wählen und können sich keines Wortes gewiss sein, das nicht aus eurem vereinheitlichten Wörterbuch stammt. Mir geben meine Gedanken die Wörter vor, ihnen beginnt das Verzeichnis zugelassener Wörter schon die Gedanken vorzugeben. Sie können mir noch so sehr versichern, dass dem nicht so sei, ich glaube ihnen nicht. Ich weiß nur zu gut, in welchem Maße ich, in dem alltäglichsten Brief an sie, meine Gedanken nach ihren Wörtern forme.

Meisterhaft verstehst du es – das muss ich zugeben –, die Unterschiede der Milieus gegeneinander auszuspielen und sie immer zu deinen Gunsten zu wenden. Bei jedem Schritt jonglierst du mit dem Eichmaß, dem Maß der deutschen Besatzung, und benutzt es, um die Wirklichkeit von heute zu wiegen. In deinen Lektionen über die Moral nimmst du das absolute Extrem des Bösen zur Messschnur und legst sie an dich selbst. Warum entnimmst du meiner

Welt meist nur das Böse, wenn du zu den dir Ergebenen von ihr sprichst, wirfst ihnen das entnommene Übel vor die Füße und rufst: Schaut und nehmt Maß? Weil du nur vor düsterem Hintergrund eine gute Figur machst. Warum versuchst du, wenn etwas hier bei mir nicht ganz schlecht geraten ist, es so zu wenden, als würde es zumindest ein bisschen nach Fäulnis riechen? Du präsentierst ihnen den Ausschuss und gibst getürktes Zeugnis. Nein, ich kann nichts am absolut Bösen messen, weil mir dann alles gut schiene; die sibirische Taiga müsste man, verglichen mit Auschwitz, für sehr human halten. Ich bin nicht einverstanden damit, mit deinem Maß zu messen, um damit das ganze System moralischer Werte in mir aufzuheben, das für mich als Mensch nicht nur des Konsums und der Produktion, des Exports und des Imports, immer und überall dasselbe ist. Die Dosis des Schweigens und des einseitigen Denkens, die du verlangst, sind für mich schwer verdaulich. Der Grad an eigentümlicher Elastizität innerhalb eines steifen Systems, über den du verfügst und den du anderen abverlangst, damit sie überleben, ist für mich unerreichbar. Denn das, was Brugmans• über Europa sagte, kann ich von mir selbst behaupten: Ich bin Angehöriger einer Zivilisation der Non-Konformisten, einer, der keine Gewissheit für wahr annimmt, wenn er sie nicht beständig neu für sich entdeckt.

Um deine Welt zu akzeptieren, müsste ich den schlimmsten aller Morde begehen: den an der eigenen Seele.

• • •

Gegen Abend war ich in der Stadt. Ich spazierte an der Seine, blieb an den Ständen der Antiquare stehen und dachte bei mir, dass dieser Brief sinnlos ist. Ich schreibe in das kosmische Vakuum hinein. Eigentlich merke ich erst jetzt wirklich, wie anders deine Welt ist. Wenn ich mir vorstelle, dir das zu schreiben, glaube ich mich zu Fuß auf dem Weg in einen der Sternennebel. Hier, über dem Fluss, stand erst die Hitze, später verbarg sich die Sonne hinter einer Wolkenmauer, die an der Spitze eines Gewitters heranzog. Es erhob sich ein Wind, riss plötzlich an den Blättern, schlug gegen die grauen Fensterläden und begann mit einigen Möwen zu tollen, die er seit Le Havre vor sich hergetrieben hatte. Ich schaute dem Schauspiel zu und erinnerte mich an etwas, das du gesagt hattest. Ein Kurort? Nein, mein Lieber – ein Experimentierfeld. Ein ideologisches allerdings. Vom Rhein bis nach Sizilien musst du dich hier mit einem Gegner in einem Spiel messen lassen, bei dem du nicht das betreiben kannst, was die Franzosen zurückhaltend *corriger la fortune* nennen. Hier steckt in vielen Rechnungen der Wurm drin, aber die Stimmen werden immer noch ehrlich gezählt, und der Wahlzettel ist trotz allem und immer noch Ausdruck gewisser Überzeugungen. In Italien hast du sie schon nachgezählt, bald wirst du dazu hier Gelegenheit haben. Stimmt – ich habe vergessen, dass diese Experimente für dich nicht entscheidend sind. Du erkennst ihre Resultate nur an, wenn sie unter einem bestimmten Umgebungsdruck durchgeführt worden sind, in deinem eigenen Labor nämlich.

Ich kann diesen Vergleich nicht leiden, aber deine Ideologie hat tatsächlich eine Menge mit einem Bazillus gemein. Unter den Büchern an einem der Stände habe ich eine alte

Bakterienkunde gefunden und sie auf der Steinmauer aufgeschlagen. Dein System verlangt – bei aller seiner Stärke – ein sehr spezielles Klima, und eine Menge Bedingungen müssen erfüllt sein, damit es zu Ergebnissen führt. Es ist wie das *clostridium botulinum* (dir gefällt so eine Wissenschaftlichkeit, also bitte), der Erreger des Botulismus. Ein stärkerer Windhauch hat mir einige Seiten umgeblättert, als hätte er mir das Beispiel dieses interessanten Bakteriums vorschlagen wollen, das sich nur unter Ausschluss von Sauerstoff entwickeln kann. Es gehört zur Gruppe der sogenannten Anaerobier, und die Abwesenheit von Sauerstoff ist eine Grundvoraussetzung dafür, damit es gedeiht. Ziemlich eigenartig, nicht wahr? Der Bazillus an sich ist an der Luft für den Menschen unschädlich. Um zu wirken, muss er sein Toxin unter geeigneten Bedingungen erzeugen können. Am besten erzeugt er es in hermetisch geschlossenen Behältern, beispielsweise in Konserven oder Weckgläsern. Ohne Sauerstoff.

Ich musste darüber nachdenken, weil du mir einen Fehler vorgehalten hast, diesen einen geheimnisvollen Fehler, der in allen Berechnungen steckt und sich aus jedem meiner Lösungsversuche ergibt. Ich habe nach diesem Fehler gefahndet und bin zu dem Schluss gekommen, dass er wohl unvermeidlich jeder nicht unter hermetischen Bedingungen entstandenen Lösung innewohnt, jedem Versuch, in dem nicht nur Sauerstoff, sondern auch die Strahlen aller Farben, der kosmischen eingeschlossen, erlaubt sind. Dieser Fehler ist nicht charakteristisch für meine Lösungsversuche, sondern für die Bedingungen, unter denen die Experimente hier durchgeführt werden. Dabei ist man allzu oft

Gefangener der Umstände – die häufig tatsächlich unnötigerweise aufrechterhalten werden, aber nur deshalb, um den Menschen selbst nicht in einen Gefangenen zu verwandeln. In dieser Überzeugung hat mich die Widmung bekräftigt, die auf dem Titelblatt dieser Bakterienkunde stand, geschrieben mit blasser, billiger Tinte. Jemand musste dieses Buch jemand Jüngerem geschenkt haben, er hatte ihm geschrieben: *S'instruire pour mieux aimer, mieux servir, mieux tolérer.* Die Unterschrift darunter war unleserlich, ich habe mich nicht damit abgemüht, sie zu entziffern. Denn warum auch? Es war vor allem die Unterschrift eines Menschen, des Menschen, wie ich an ihn glaube. Ach, wenn du nur die berauschende Wirkung dieser paar schlichten, menschlichen Wörter begreifen könntest, die Fülle des Glücks, das man, nachdem man sie gelesen hat, plötzlich empfinden kann. Glück – und Hoffnung.

Ich legte das Buch zurück und schaute auf den Fluss. Der Wind sammelte die Möwen wieder ein und warf sie unter die Bögen der Brücke. Sie eilten in tiefem Flug über das Wasser, rissen sich plötzlich los und stiegen hoch, kehrten wieder um und schwankten auf der Stelle, wie Drachen, von einer Schnur gehalten. Was dringt zu dir durch von diesen Worten? Ich wollte schreiben: von diesen »Ausdrücken«, aber A u s d r ü c k e sind es nur für mich, Ausdrücke von etwas, das du überhaupt nicht verstehst. Bestimmt haben nur »*s'instruire*« und »*servir*«, »sich bilden« und »dienen« darin irgendeinen Sinn für dich, denn was heißt schon »lieben« und »tolerieren«? ... Was soll das sein? Ja, wenn man die nicht aus der Gleichung streicht und aus den Voraussetzungen des Experiments tilgt, ist der Fehler unvermeidbar.

Zwischen diesen Begriffen kann zu viel des Schlechten und Guten geschehen, als dass Vorhersehbarkeit gewährleistet wäre.

Fehler, Fehler – doch ich sage dir, solange »der Mensch das Maß aller Dinge« ist, wie Protagoras sagte (für mich wird er es immer sein und keine Ideologie), so lange wirst du, der du dein ganzes System um seinetwillen schaffst – wie du behauptest und selbst glaubst –, so lange wirst du ausgerechnet in diesem Menschen den größten Feind finden. Das ist dein geheimstes Problem und deine ganze innerliche Tragödie. Doch eine kaum rätselhafte. Dieser Mensch, das unbekannte Wesen, macht dir mit jedem Schritt einen Strich durch die Rechnung. Du erklärst, rechtfertigst, argumentierst, er stimmt dir zu, seit dreißig Jahren redest du ihm ein, der Westen sei in Verwesung begriffen, dass alles irgendwie Epochale du erfunden hast, dass du den Neuen Menschen geschaffen hast und dieser Neue Mensch – er will immer noch flüchten, und wenn er kann, flüchtet er. Der Mensch, das unbekannte Wesen, der Mensch, von dem Carrel sagt, dass das, was sich in ihm nicht messen lässt, wichtiger sei als das, was sich vermessen lasse – dieser Mensch stellt dir immerzu deine Rechnungen auf den Kopf. Du sagst: »Bemerkenswert, wie leicht man gewisse Empiriker aus dem Konzept bringen kann. Es bedarf nur einer Unterbrechung der logischen Reihe, des Ausfalls nur eines zufälligen Glieds in der Kausalkette. Dabei gibt es ja eine dialektische Räson, eine Eschatologie marxistischer Art, die den Ausgangs- und Zielpunkt abgesteckt hat und sich nicht um zufällige oder zweitrangige Faktoren schert.« Im Leben stolperst du hinterher genau über diese Faktoren und fällst auf die Nase. Man muss nur deine Zeitungen lesen. Die ganze Selbstkritik, die du als Substitut für ein Gewissen (ein zufälliger und zweitrangiger Faktor, nicht wahr) einschleust, jedoch innerhalb klarer Grenzen, aus Furcht vor ebendiesen Faktoren (du scherst dich nämlich doch um sie), zeugt am besten davon. Ständig zerfällt dir etwas in den Händen, und das keineswegs weniger als mir. Und in der Produktion und im Konsum, die du in metaphysischen Rang erhebst, wo man von Maschinen spricht wie von Lebenden und von Lebenden wie von Maschinen, wird der arme Mensch, dieses unbekannte Wesen, herumgereicht und weiß nicht, was er mit alledem in sich anstellen soll, was sich nicht vermessen lässt. Er stört unablässig in deinen Abstraktionen, beschmiert die saubere Blaupause deines Plans.

Du versuchst dann, es in ihm totzuschlagen. Von Kindesbeinen an steckst du ihn in die Dose, wo der *bacillus botulinus* auf ihn wartet, das Toxin gedeiht prächtig in der Temperatur, die bei dem herrscht, der zum Optimismus unbestimmter Dauer verurteilt ist. Ins Ausland schickst du nur die Sporen, die gegen äußere Faktoren äußerst resistenten Fortpflanzungszellen. Aber auch die halten Überraschungen für dich bereit. Du steckst Zielpunkte ab, die du tatsächlich nie zu erreichen in der Lage bist, sogar wenn du dort mit Gewalt einbrichst. Der Mensch ist für dich ausschließlich Lehm, aus dem du formst, was du willst, und den du damit tröstest, dass du, wenn du ihn verschlissen hast, aus dem nächsten dann bestimmt den Ziegel knetest, den du erhalten wolltest. Und so knetest du von Generation zu Generation und ähnelst dabei den Schleusern über die grüne Grenze, die tagelang durchs Unterholz irren und alle fünf Minuten sagen: »Gleich sind wir da, nur noch über diesen Hügel.« Aber während sie schließlich an irgendein Ziel kommen, schweifst du ohne Ende weiter, weil dir gar nicht so viel daran gelegen ist, irgendwo anzukommen, sondern daran, dass alle immer besser auf deine Art zu gehen lernen. Du würdest den Gedanken gerne in ein *perpetuum mobile* verwandeln und am liebsten das Leben anhalten, um die »Speichen des drehenden Rads zu zählen«, wie Flaubert einmal in einem Brief geschrieben hat. Für mich ist das eine Chimäre, in der sich der Tod all dessen verbirgt, was ich Leben nenne.

Ich ging hinunter ans Wasser. Irgendwelche Jungs, schon gebräunt von der vorsommerlichen Sonne, badeten hier heimlich mitten in der Stadt. Oben streckte sich eine Polizistenmütze über die Brüstung. Sie mahnte sie, das sei verboten, sie antworteten ihr, aber das Wasser sei warm, und zogen sich langsam an. Ja, mein Lieber, dem Menschen muss man Raum geben für das, was sich nicht messen lässt, weil das Unvermessbare an allem Anteil hat. Denn sonst bäumt sich sogar das so leicht Messbare in ihm bei jeder Gelegenheit auf. Als ich diese Jungs sah, erinnerte ich mich zum ich weiß nicht wievielten Mal an das, was in Jan Parandowskis *Olympischem Diskus* Sotion seinem Kontrahenten Ikkos sagt:• »Du überschreitest die Grenze des Lebens.« Ich kann sie nicht überschreiten. Jenseits von ihr müsste ich so erkalten, dass ich selbst nicht wüsste, wann ich zu kriechen beginne.

• • •

Ich muss zum Schluss kommen.

Ich gehe die Straßen dieser Stadt entlang, aus der vielleicht nicht viele fliehen würden, aus der jedoch später – würdest du hier wirklich um die Häuser ziehen – fast alle zu fliehen wünschten. Wie überall, wo du einkehrst. Heute kam ich in der Dämmerung heim, so wie an jenem Abend. Nochmals bin ich in Gedanken deine Vorwürfe abgelaufen, von denen du gesagt hast, du würdest sie am liebsten alle herausschreien. Du hast sie herausgeschrien. Versuch das jetzt einmal bei dir zu tun, versuch etwas von dem anzuprangern, was nicht vorgesehen ist im Plan zulässiger Anprangerung. Du wirst mir mit dem Ausweichmanöver antworten, das du die Deinen von der Wiege auf lehrst: »Warum?« Du bist schuldlos, wenn die Schuld nicht in jenem Plan festgeschrieben ist, der hauptsächlich all das aufführt, was mir teuer ist und was ich einzig unter Zwang als Schuld anerkennen könnte.

Ich kann darüber nicht gut sprechen, ganz bestimmt nicht. Aber du lehrst mich das und du lehrst es vor allem jene, von denen du willst, dass sie es verlernen. Sie reißen sich los, flüchten in Tropfen aus deiner Flasche aus Flechtwerk und sickern ein in die Menge auf unserer Seite. Und sie reden. Sie reden viel, sobald sie den Felsen des Schweigens von sich gewälzt haben, mit dem du sie erdrückst; sie sprechen von der Freiheit, von der Zwanglosigkeit, vom Recht des Einzelnen und von vielen anderen Dingen, so wie über Brot und ein Paar Schuhe; sie sprechen in einer verständlichen, sehr konkreten Sprache, die sie von dir gelernt haben. Man hört ihnen zu, man lauscht ihnen bei der Arbeit und nach der Arbeit in den roten Bistros. Manchmal schlägt man sie, so überzeugend sind sie. Das, was ich nicht fassen kann, was mir aber so wichtig ist, davon sprechen sie zu ihren Genossen mit solch einer Leichtigkeit, wie man sich einen Priem oder eine Zigarette in den Mund steckt. Du materialisierst meine Begriffe auf erstaunliche Weise. Wenn ich ihnen zuhöre, scheint mir manches Mal, dass die Vision einer neuen Welt, deines »Und was kommt danach?«, von ihnen ausgeht ...

Aber eigentlich weiß ich es nicht. Du könntest noch eine ganze Menge meiner »ich weiß es nicht« aufsammeln, weil mir bei vielem deine Sicherheit fehlt. Immer noch suche ich. Mein System, das ist dauerndes Ringen mit der »ehrlichen Verlogenheit«, die du mir vorgeworfen hast und die darauf beruht, dass man für die eigenen Lügen unempfindlich geworden ist. Während ich aber alles daransetze, um ein Gespür für sie zu entwickeln, und dabei sogar auf dich höre, tust du alles, um die eigene Verlogenheit herunterzuschlucken. Wenn man unablässig und auch ein bisschen fieberhaft auf der Suche nach der Wahrheit ist, sind die Säfte in Bewegung. Sie hören dort auf zu zirkulieren, wo man sich ohne Unterlass eine unantastbare »Wahrheit« zu beweisen versucht, und zwar mittels der immer gleichen Beweise. Hier sind Unterschiede und Kontraste zu finden. Du kannst nicht leugnen, dass es krasse sind, entgegengesetzt wie die Polkappen, so wie alles zwischen uns.

Ich hielt, wie an jenem Abend, unter einer der zischenden Gaslaternen an. Ich mag es, wie sich ihr Licht im Dunkel auf die frischen Blätter der Kastanienbäume legt. Während ich auf dieses Grün schaute und den Wind atmete, der von der Seine her wehte, dachte ich an ein seltsames Phänomen, über das nachzudenken ich auch dir rate. Bisher hat sich das häufig wiederholt, in letzter Zeit sogar immer mehr. Es widerfährt dir nämlich das, was dir auch mit mir widerfahren ist: Nachdem du deine Argumente vorgebracht hast, bist du gegangen, aber meine Stimme hast du nicht gewinnen können. Also?

ABSCHIED

Paris, Montag

Es hat angefangen. Jetzt ist es wirklich so weit. Seit dem frühen Morgen sind Koffer und Überseekisten in unserem »Salon« aufgefahren und das Packen hat begonnen. Noch gestern schien mir das unmöglich. Und das Fahrrad erst!

Ich stieg auf den alten Drahtesel, der mich in den Jahren durch drei Viertel Frankreichs gefahren hat, dank dem ich dieses Land beinahe so wie mein eigenes lieben gelernt habe, und heute bin ich mit ihm zum letzten Mal über »meine« Straßen gefahren, um ihn – zu verkaufen. Irgendwo tief in mir drinnen winselte ich wie ein Welpe. Es schien mir, als fiepste auch er da unter mir, obwohl ich ihn bis zum Schluss aufmerksam gepflegt hatte. Und doch, da waren im Knarzen der Kette und im Klackern des Freilaufs leise, aber vernehmliche Worte des Vorwurfs.

Ich fuhr quer über Plätze, schlüpfte auf der Flucht vor Autos in Straßen, doch vor Augen standen mir mit Auguststaub bedeckte Weinsträucher am Wegesrand, die kühlen Wälder der Pyrenäen und der Alpen, das Saphirblau und Smaragdgrün beider Meere. Die Namen von großen und kleinen Städten, einmalig in ihrer unsagbaren Schönheit, kamen mir so beharrlich in den Sinn, als verabschiedeten sie sich von mir und fragten: »Wirst du dich an uns erinnern?« Ich werde euch erinnern und nie vergessen. Noch bin ich zwar nicht alt und blind, und doch genügt mir schon euer Duft, um euch wiederzuerkennen. Habt keine Angst. In all meinen Streifzügen war nicht das Entdecken neuer Orte am schönsten, sondern euch wieder zu besuchen, bei euch Vertrautes anzutreffen. Und je weniger ihr von den Reisebroschüren geschätzt werdet, desto größer meine Liebe zu euch. Sei unbesorgt, kleines Gruissain, du Aschenbrödel von Narbonne, mit der endlosen Steppe deiner Strände, dem heißen *Circius*• und der Mückensinfonie, die zu jeder Abenddämmerung gespielt wird; schon einmal bin ich zu dir zurückgekehrt. Klage nicht, schlichtes Anglet, dass du immer erdulden musst, vom lärmenden Biarritz übertönt zu werden. Ich komme zurück, lege meinen Kopf wieder an die roten Stöckelschuhe deiner warmen, betörenden Wälder, an deinen Sand, der so weiß ist wie Weizenmehl. Ich erkenne euch alle wieder. Auch zu den Tausenden Freunden kehre ich zurück, den Grenzsteinen mit ihren roten Käppchen, die denen, die das Unterwegssein lieben, immer ein Märchen zu erzählen haben. Auch die Straßen habe ich geliebt. Die breiten, geraden, wie asphaltene Spiegel glänzenden *nationales*, in denen ich mich ganze Tage lang betrachtet habe. Die schmaleren, gewundeneren *départementales*.* Und nach ihnen noch ein ganzer Gedichtband, komponiert aus kleinen Landstraßen, verstaubt und in die Musik der Felder versunken, spenden sie allenthalben mal Weintrauben, mal Feigen – oder auch, die bescheideneren unter ihnen: Brombeeren. Sie sind immer gastfreundlich, auf ihnen hatte ich den stärksten Eindruck von diesem Frankreich. Sie haben mich umgarnt, das Garn zu Banden geflochten, die nicht mehr zu durchtrennen sind.

Bis zum Schluss werde ich jetzt zwischen Abreiseprosa und Abschiedslyrik hin- und herspringen. Köstlich sind sie aber beide gleichermaßen. Siebeneinhalbtausend Silberstücke habe ich vom Fahrrad in der Hosentasche, sitze auf der Terrasse eines Cafés, trinke schon den zweiten doppelten Rum und schaue in die Röhre des Boulevards wie in ein Kaleidoskop. Die Anordnung der farbigen Glasstückchen kenne ich auswendig, wie sie sich immer ähnlich und doch immer anders zusammensetzen. Ob es mir nicht an Mut fehlen wird, nicht an Kraft? Hamlet kann ich nicht ausstehen, ich finde, dass er mal in irgendeiner guten Inszenierung ordentlich lächerlich gemacht gehört, doch in diesem Augenblick spüre ich, dass sogar dieses kalte, unfreundliche Hirn mit einem gewissen Wohlwollen auf das gemarterte Herz zu schauen beginnt. Es ist fast, als würde man einen teuren Brief, die Fotografie eines geliebten Wesens in Fetzen reißen.

»Garçon – remettez!« Der Rum »Negrita« ist auch ein alter, erprobter Freund. Proust ist mir nah, jetzt, gerade jetzt würde ich mich gerne in ein Zimmer einschließen und schreiben. Noch einmal schreibend bis auf den tiefsten Grund gelangen, über die Weintrauben schreiben, deren Saft beim Sonnenuntergang meinen Hals heruntertropft, über den Rum in Carcassonne, über die Grillen in der Camargue. Über all das Kleine, nicht mehr als eine Sekunde Dauernde, aus dem das wahre Leben gebaut ist, das mein Leben hier war. Um Dank zu sagen. Wie kann ich beweisen, dass ich zum Abschied neben meiner Hand auch mein Herz reiche?

Ich packe nur Bücher, der Rest interessiert mich nicht. Ich lege sie in die Überseekisten und in die Koffer, nehme sie mit, aber es kommt mir so vor, als wäre das ein Abschiedsabend mit Balzac, Flaubert, den Goncourts (eigentlich nur mit Jules), Gautier und Madame Sand (ich hätte sie schließlich doch eingeladen), mit Anatole France, Daudet, Le Bon, ha, fast hätte ich ihn vergessen: auch mit Napoleon. Dabei ist er da, und wie: im dicken Band mit seinen Bulletins. Mein Koffersalon birst an diesem letzten Abend, die ganze Menge meiner großen Freunde drängt sich, schlendert herum, mit jedem wechsle ich ein paar Worte und eine Umarmung, führe sie an ihre Plätze. Werden sie dort drüben auf gleiche Weise leben wie hier? Werde ich bloß noch ihre Bücher lesen, anstatt mich in ungezwungenen Plaudereien über dieses oder jenes mit ihnen zu ergehen? Hier unterhielt ich mich mit ihnen an allen Orten, ganz ungeniert. Mit Camile Desmoulins am Palais Royal, mit Flaubert über unsere Epoche (ganz der alte Pessimist), mit Le Bon über die Politik (der einzige Franzose, der weiß, worum es wirklich geht), mit Bainville über Deutschland, mit Custine über Russland – natürlich das zaristische. Achteinhalb Jahre habe ich so verplaudert. Und was jetzt? Soll ich Briefe schreiben? Um ehrlich zu sein, fürchte ich mich ein wenig davor, dass ich dort eines Tages Luftpostpapier werde kaufen müssen, dass ich einen dieser widerlichen Federhalter, gefüllt mit irgendeiner Schmiertinte von »langer Reichweite«, werde in die Hand nehmen müssen, um zu adressieren: M. Honoré de Balzac, 47 rue Raynouard, Paris 16-e. Und ich werde keine Antwort bekommen, weil Honorius keine Briefe mehr schreibt. Man kann mit ihm nur noch Konversation machen, und das nur hier. Hier treibt er sich bis heute in den Straßen herum, sucht auf den Firmenschildern Namen für seine Figuren, fährt aufs Land und in die Provinz.

Ja, das sind letzte Gespräche. Das Fenster steht offen, es ist eine Pariser Juninacht, die stets etwas zerknautscht und ungepflegt ist, so wie die Pförtnerinnen, so schlurft sie über den Hof und über die Dächer. Der Empfang dauerte bis drei Uhr morgens.

Paris, Dienstag

Eigentlich wohne ich hier nicht mehr. Mit den letzten Büchern, die ich von den selbstgezimmerten Regalen genommen habe (es ist wie bei der Kleidung, gute Regale müssen auf Maß gearbeitet sein), bin ich ausgezogen. Um es lustiger zu machen, habe ich mir gesagt, dass ich nur nach Cannes fahre. Wohin fahren Sie? – Nach Cannes für ein paar Tage, ein bisschen ausruhen, der »Papierflut« entkommen. Zum Schluss habe ich alles fast nur noch deshalb erledigt, um zu beweisen, dass es doch möglich ist, als Durchschnittsmensch aus Europa herauszukommen. Anders als jener Jude, der die deutschen Lager überlebt hat und sich jetzt in einem Lager auf Zypern wiederfindet, darf ich noch auf ein Leben jenseits der Lager hoffen, ganz katholisch.

In der Zwischenzeit freue ich mich darauf, noch einen Flecken Frankreich zu sehen, die Küste entlangzufahren, die ich in- und auswendig kenne, und wieder in »meinen« Winkeln einzukehren. Ich kenne die Ecken und zahlreichen Gegenden, die sich nur jenen zeigen, die in von der Wanderschaft ausgetretenen *espadrilles* umherziehen und Restaurants meiden, um sich von schädlichen Stimulantien fernzuhalten. Nicht Cannes, Nizza, Monte Carlo und Menton mit ihren Hotels, Promenaden und ihrer ganzen Hautevolee haben sich mir eingeschrieben, sondern »dieser« Felsen, »dieses« Küstenstück, »jener« alte Kalksteinbruch – Orte im Hinterland, aus der zweiten und dritten Reihe, wo ich geschlafen und mich von einem kleinen Stück Käse, einer Zwiebel und von Brot ernährt habe. Erst noch in jungen Jahren, später schon älter, habe ich sie wieder aufgesucht. Unter einem ausladenden, verwilderten Feigenbaum bei Nizza bin ich eingekehrt wie ins *Negresco*.* Jetzt besuche ich sie wieder. Und vielleicht finde ich ja etwas aus früheren Jahren wieder. Vielleicht den Löffel, der auf so geheimnisvolle Weise verschwand, vielleicht den Bleistift? Ich erinnere mich etwa an eine bestimmte Karte von der Region um

Perpignan: Plötzlich war sie fort, hatte sich in Luft aufgelöst. Eben noch war sie da gewesen, wir hatten sie berührt, und am Tag darauf: keine Spur mehr von ihr. Jetzt sitze ich im Zimmer, zwischen Koffern und Kisten, und addiere die Kilometer. Von Angoulême nach Tours. An welchem Kilometer hinter Angoulême gibt es diesen e i n e n vorzüglichen weißen Cognac bei dem Greis, einem Veteranen von 1870? Er hat die Deutschen jetzt überdauert, aber wenn er von der Besatzung sprach, meinte er nur die frühere. Und das Dorf hinter Bordeaux? Bis heute schmecke ich den Weißwein, den ich in der Abenddämmerung getrunken habe, als der dichte Tau mich schon durchnässte wie eine kalte Dusche.

Am Abend einer der Abschiedsbesuche bei uns. Ich habe zwei Flaschen Asti gekauft (ist es nicht eine Schande, dass man sich in Frankreich keinen Champagner mehr leisten kann?) und wir tranken ihn aus »Flöten«, schmalen, dünnen Gläsern, die wir einmal auf dem Flohmarkt gekauft hatten. Worüber spricht man an einem solchen Abend? Alles, was einander verbindet, springt bei so einer Gelegenheit plötzlich in einem auf wie die Summe auf einer Rechenmaschine. Über lange Jahre hinweg hat man während der Begegnungen kleine Ziffern eingetippt, zusammengekommen ist ein Vermögen. Er ist älter, aus der Generation vor mir, ich bin jünger, aber wie stark war doch das Verständnis füreinander, wie nah sind wir uns gekommen. Die Nähe zu Jüngeren hatte er nämlich immer gesucht. Jetzt saß er auf unserem Sofa, dem einzigen Möbelstück in diesem Hotelzimmer, und war kurz davor zu weinen. Um ehrlich zu sein, ich auch. Wenn auch in mir schon die Freude der Weite ist, die überwältigende Lust, sich wieder mit einem unbekannten Leben zu messen, die Sehne loszulassen, die so gespannt ist, dass sie den Bogen zum Bersten zu bringen droht. In die Ferne zu tauchen, die Gitter aufzubrechen, die vielleicht nur eingebildete sind, und wieder die Sonne zu spüren, die Natur und den Wind. Einen Waffenstillstand mit der jetzigen Umgebung schließen? Nein – der Aufstand fällt leichter.

Der Asti perlte, wir waren noch zusammen, aber eigentlich schon getrennt und einander fern. Einer war voller Leben, der andere siech, schon weit fort von hier. Aber ich war mir nicht sicher, wer von uns beiden.

Paris, Mittwoch

Nach einem ganzen Tag der Abreiseprosa – ein bisschen Lyrik. Gegen Abend in der Stadt, schon ganz ohne Ziel. Es ist warm. Ich sitze auf dem Boulevard, trinke weißen Vermouth und lade mich auf mit dem Licht wie ein Akkumulator, mit dem Schlurfen Tausender Füße, dem Flimmern und diesem gänzlich ungreifbaren Etwas. Die Leute gehen in gemächlichem Feierabendgang und bewegen sich schon ganz sommerlich. Der Himmel hat sich verdunkelt, die Laternen sind angesprungen, es herrscht die geschäftige Ruhe der großen Boulevards. In dieser Menge schwimmen Schwärme von Engländern wie Rebhühner auf dem Kartoffelacker. Zum ersten Mal in diesem Jahr sieht man sie in größerer Zahl. Auf dem Faubourg Saint-Honoré zeigt Paris wieder, was es kann: Die Auslagen der Geschäfte sind nach dem Motto der sieben Todsünden dekoriert. Am besten getroffen wurde: der Geiz. Er ist fast zur Tugend geraten. Freilich, das hat seinen pädagogischen Wert. Wahrscheinlich wurden diese Schaufenster von Steuerprüfern eingerichtet. Ich denke an meine eigenen Abgaben und sage mir: »Wartet nur, Brüderchen, euch spiele ich noch einen Streich …« Bis hierher war ich überaus *correct*, aber jetzt werden die vergangenen Jahre heimgezahlt!

Paris hat sich frischgemacht und aufgebügelt. Bisweilen hat man sogar den Eindruck von »früher«, aber bloß auf der Oberfläche. Das ist alles etwas auf die Wirkung hin kalkuliert, denn vielleicht gelingt es damit ja, die innere Furcht zu übertönen, die *angoisse*, die die Leute wie Grundwasser unterspült und sie daran hindert, wirklich aufzuleben. Wieder wird gestreikt, und die Geschäfte haben sich in Auktionssäle verwandelt. Gerade habe ich erst einem Preis zugestimmt, doch nein, jemand hat mich überboten, und ich komme gar nicht erst zum Zahlen. Verloren.

Ich sitze, schaue, denke – und habe es satt. Ich rede es mir schlecht, damit es leichter fällt.

Paris, Donnerstag

Am Nachmittag die kollektive Verabschiedung von Freunden im Café. Furchtbar. Anstatt zu reden, wäre es besser, der gegenübersitzenden Person gleich einen Brief zu schreiben. So würde man zumindest eine Art Nähe spüren. In den Gesprächen zwischen den Bleibenden und den Auswanderern in »wilde Länder« (Europäern scheint jetzt, ausgerechnet jetzt, alles außerhalb von Europa »wild«, eine gefährliche Verirrung) ist eigentlich nichts Lebendiges mehr. Uns trennt schon der Ozean und nicht nur dieser kleine Tisch. Sie glauben, ich begehe eine schreckliche Dummheit, jetzt zu gehen; ich bin überzeugt, sie tun dasselbe, indem sie bleiben. Ein ruhiges Gespräch, wie ein Dialog unter Gehörlosen: Gehst du fischen? – Ich kann nicht, ich bin zum Fischen verabredet.

Am Abend Robert und seine Frau. Franzosen. Wir sprechen, als ob wir am Sonntag zum Mittagessen zu ihnen kämen. So wie in den letzten Jahren. Sie hatten Kinder bekommen, wir wurden ihre Pateneltern, die Kinder wurden groß, wir wurden älter (aber nicht zu sehr). Wie die Zeit doch vergeht, jetzt wird es uns bewusst. Der Krieg, die gemeinsame Arbeit, in die Kriegsferien fuhren wir zusammen. Immer waren wir uns nah, doch immer waren wir *amis*, das heißt: Komm nicht hinter den Zaun, *pelouse interdite*.• Franzosen eben.

Es schlug zwölf. Sie erhebt sich, ganz ungezwungen, und öffnet ihre Handtasche. Undeutliche Worte. Sie nimmt zwei goldene Medaillons mit dem Konterfei des heiligen Christophorus heraus und weint. Wir drücken und umarmen uns. Für die letzten Jahre. Das ist unsere erste Umarmung und die letzte. Franzosen eben.

Cannes, Sonntag

Das Pensionszimmer liegt im Halbdunkel, die Fensterläden sind geschlossen. Draußen Sonne und der Mistral. In einem Spalt glänzt eine weiße Wand vor hellblauem Hintergrund.

Weiß und Hellblau, zwei hier heimische Farben, von denen es nie zu viel, immer zu wenig gibt.

Einige Nähte sind schon aufgeplatzt. Das Schreiben über gestern, das ganze große Gestern, gleicht der Niederschrift von Erinnerungen ferner Jahre. Der letzte Tag in Paris, Samstag. Die Sonne fiel durchs Fenster, ich saß in meinem Sessel und schrieb einen Brief. Wie vor meiner eigenen Hinrichtung. Die Truhen und Koffer standen schon zusammengebunden, mit Aufklebern der Linie Gdynia–Amerika und der Aufschrift der Destination: »Cristóbal Colón – Panamá«. Absurd. Den Brief schreibe ich an meine Mutter, ich bin voller Wehmut, doch gleichzeitig lässt mich die Befürchtung nicht los, dass mir noch heute nachgestellt wird, dass sie kommen und mich fragen, weshalb ich diesen »freiwilligen« Kreditvertrag noch nicht unterschrieben habe. Uff, euch beschere ich noch ein ... Panama.

Gegen zwölf war Jacques gekommen. Die Arbeiter in seiner Fabrik und seinen Werkstätten hatten frei, wie üblich am Samstag. Gefragt hat er, der alte Blutsauger, keinen. Er kam allein in seinem Gewerbelaster. Zu zweit trugen wir die Sachen hinunter zum Auto. Später setzte er sich, um zu verschnaufen. Eine Weile dachte er nach und sagte dann plötzlich: »Hör mal – wenn es dir da schlecht ergeht, schreib mir. Ich schicke dir irgendwie Geld für die Rückfahrt.« Und nichts weiter. Bloß zwei große Tränen, die ihm in den Augen kreisten und wieder zurück unter die Lider sickerten. Jacques hat sich immer gut unter Kontrolle. Ich drückte ihm die Hand.

Danach kam noch Robert und zu dritt fuhren wir zum Gare de Lyon, um die Gepäckbündel aufzugeben. Später saßen wir im Bistro gegenüber vom Bahnhof noch auf ein Bier zusammen. Beide sprachen sie über Frankreich. Ich auch. Ich sagte ihnen, wie teuer mir dieses Land geworden ist, sie lobten meine Entscheidung zur Auswanderung. Das sagt eigentlich alles. Sie brachten mich zurück vors Haus und fuhren schnell wieder ab. Allein stand ich in der Junisonne, auf meinem Boulevard. Keine Besorgungen hatte ich mehr zu machen, nicht noch rasch einen Wein kaufen, nichts mehr. Jemand sagte mir im Vorbeigehen *bonjour*, die Graue aus dem vierten Stock war schon betrunken, wie immer am Samstag, der fett aufgedunsene Setter des dicken Bäckers widmete sich der Inspektion der Bäume. Und ich stand schon allein da, völlig allein.

Die Stunden, die mich danach heimsuchten, waren die schwersten. Abschiednehmen von zu Hause, zum Bahnhof nur mit den Allernächsten. Zum Glück halten solche Situationen zugleich eine Menge Komplikationen bereit. Dazu noch das sprichwörtliche *Reisefieber*. Diese Strecke legte ich zum ersten Mal im Zug zurück. Im Abteil nichts als Engländer. Vier Quak-quaks und zwei Sträuße. Sie aßen natürlich Cakes und Obst und rauchten »Craven ›A‹«. Hin und wieder sagte jemand »quak« und nach einer Viertelstunde antwortete ein anderer »quak«. Wie Dachrinnen nach dem Regen. Ich trat auf den Gang hinaus und stellte mich ans Fenster. Es wurde langsam dunkel, Stöße mal warmer, mal kalter Luft schlugen mir ins Gesicht. Der Fahrkartenkontrolleur begann mich wie einen Engländer zu behandeln, das heißt, er sprach mit mir Französisch in Infinitiven: *Vous partir pour voir la Côte?* Ich stauchte ihn ordentlich zusammen. Da war er sehr zufrieden. Die Engländer standen eine halbe

Stunde neben mir und quakten etwas. »Ach – *Polish.*« Die kennen uns wohl schon besser als wir uns selbst. Und vice versa ... »Nach Cannes?« – »Nein, nach Mittelamerika.« Sie waren unbeeindruckt. Kein Wunder. »Die Welt ist ein großer Park, entworfen von einem göttlichen Gärtner für die Gentlemen aus dem Vereinigten Königreich«, wie irgendwo Maurois bemerkte. Na, vielleicht nicht die ganze Welt. Nach einer Viertelstunde: »Und haben Sie da ein *business*?« – »Gar keins.« Nach fünf Minuten: »Polen kommen überall zurecht.« Ganz entschieden haben wir bei vielen Gelegenheiten zu viele Tugenden bewiesen. Man beginnt uns wie Chrom-Nickelstahl zu behandeln. Bei Regen, bei Hitze, bei Kälte, bei Schnee, unter Säure – rostet nicht. Das sagte ich ihnen. Im Englischen mache ich große Fortschritte, und obwohl ich noch wie auf Krücken rede, lasse ich mir beim nächsten Mal den Schneid nicht abkaufen.

Lyon, nachts. Ich verabschiede mich sogar von der Nacht in den hiesigen Bahnhöfen. Stille. Nur der Karren mit Bier und Mineralwasser schiebt sich an den Waggons entlang. Ich sauge all ihren Zauber auf, von dem ich nie genug bekommen konnte. Diese warmen, duftenden Nächte des Südens, die zum Morgengrauen abkühlen, sind auch ein Teil meines Lebens hier. Ich bleibe am Fenster stehen, versunken ins Dunkel. Die Nacht geht schon dahin, so wie auch ich fortgehe. Wir werden lange voneinander getrennt bleiben. Andere werden kommen, schon dort drüben, vielleicht nur, damit ich dann in ihrer neuen Gesellschaft sehnsüchtig zurückblicke zu jenen hier? Ich weiß es nicht.

Sonnenaufgang. Wiesen und Wälder werden deutlicher. Ich schlafe nicht. Ich schaue, wie sie vorüberfliegen, und mir scheint, als sei ich es, der sie aus dem Fenster werfe, damit der Wind sie mit sich reiße. Wie ein Stück Papier oder das Kerngehäuse eines verspeisten Apfels. Und dabei bin ich noch gar nicht fertig mit ihnen – ganz sicher nicht. Aber der Geschmack von anderen lockt mich.

Die Sonne brach hervor. Aus den Fenstern des Speisewagens schaue ich auf die Saphirfarben der Seen vor Marseille und auf das Grau der Felshügel. Ich schiebe sie auseinander, suche jene Straße, »meine« Straße. So wie früher, so weht auch heute der Mistral. Er klopft an die Wände der Waggons, surrt, fällt ab und springt über die Wasseroberfläche, hier benetzt er sich bloß, dort taucht er ein.

Für das karge Frühstück für zwei Personen zahle ich fast vierhundert Francs. Das versüßt mir wahrlich den Abschied. Denn wofür? Ein Spiegelei, zwei Tassen Kaffee mit Zucker, ein bisschen Brot, nicht mehr Konfitüre, als in einen Fingerhut passt. Ich glaube an den Geist, aber mit billigen Kalorien. Wäre ich damals in der Menge derer, die Jesus am See Genezareth gelauscht haben, und hätte abends nichts von den so wunderbar vermehrten Broten und Fischen bekommen, wäre ich mindestens enttäuscht gewesen. Vielleicht habe ich eine etwas freie Lesart, aber mir scheint, dass Christus dieses Wunder deshalb vollbracht hat, weil er den Menschen kennt. Heute verlangt man von uns Glauben an großartige Dinge – ohne Kalorien. Ich glaube an keine Zukunft, die kein Fundament im Heute hat. Ob nun Hinz und Kunz im Jahr 2948 was zu essen haben werden und frei sind, berührt mich sehr wenig, wenn ich nichts zu essen habe und mich unfrei fühle. Und wenn auch nur deshalb, weil ich die Hälfte eines soliden Tageslohns für ein kleines bisschen Frühstück bezahlen muss. Wie soll man sich da den Kopf zerbrechen über die Kultur oder anderes Opium? Erst kommt das Fressen, dann das Opium. Die umgekehrte Reihenfolge, in letzter Zeit in Mode in Europa, sagt mir nicht mehr zu.

Danach Marseille. Ab hier trete ich nicht mehr vom Fenster weg. Vor Bandol, in Bandol und hinter Bandol hatte ich Lust hinauszuspringen. Drüben ist Pierre-Plane, hier die geteerte Straße, hinter dieser Kurve ist so ein Steintisch … Silberne, wie im Alter ergraute und eingefallene Olivenbäume. Der Mistral verdreht ihnen die Blätter, sie blinken damit wie mit Spiegeln. Pfirsichplantagen, Häuschen in den Gärten, Toulon, Saint-Raphaël, Cannes. Wir kehren im »Atlantide« ein. Preise wie aus der Hölle.

Abends. Spaziergang durch Cannes. Noch ist es hier leer. Ich habe »meine« Bank und »mein« Bistro wiedergefunden. Danach Abendessen in der Pension, ein ordentliches. An einem Tisch sitzen eine längliche Engländerin und ein rötlicher Engländer mit ihren blassen Kindern, an einem anderen eine alte, sehr alte, wahrhaftig alte Französin. Geschminkt, beringt, parfümiert, gestützt durch ein Korsett hier, verhüllt unter einem Schleier dort – eine morsche Bruchbude am Nationalfeiertag. Neben ihr ein junger Chauffeur. Und die ganze Zeit nur: »*Mon chauffeur dit que le potage n'est pas assez chaud, mon chauffeur préfère le vin blanc, mon chauffeur* …« Die Hausmädchen kommen nicht hinterher. Bewundernd beobachten wir die Dame. Das alte Frankreich rostet nicht. Und schließlich höre ich meine Frau flüstern: »Weißt du, ich glaube, Großmutter hätte gerne Enkel …« Ich verschluckte mich am Rosé.

Ich fühle mich jetzt wie ein Projektil, das den Lauf schon verlassen, das Ziel aber noch nicht getroffen hat. Ob ich wohl treffe?

Cannes, Montag

Am Morgen hole ich das Gepäck vom Bahnhof ab, unterschreibe noch irgendwelche Quittungen, alles mit der allergrößten Abscheu. Neben mir steht irgendein Hochwürden, dick, die Schirmmütze auf den Hinterkopf geschoben, beschimpft er die Beamten im Französisch der Emigranten. Ich frage ihn, worum es geht, ob er auch mit der »Jagiełło«[*] ablegt. »Wie viel Gepäck haben Sie?«, fragt er mich. Viel – ungefähr vierhundert Kilogramm. Er winkt ab. »Ah, gehense, das ist ja nichts – ich habe dreieinhalb Tonnen. Die ganze Schreinerwerkstatt, komplett mit Werkzeug, Holz für zehn Kommoden im Stil Luikaas (*Louis Quinze*), die ganze Ausstattung.« Er verwünscht alle Reisebüros, weil er schon seit zwei Monaten auf ein Schiff wartet und immer noch nicht in See gestochen ist. »Zum Teufel mit ihnen, hören Sie, ich weiß selber nicht, was mich dazu getrieben hat, wegzufahren. Jetzt sage ich mir dauernd: Und, Romuś,[*] ist es dir hier schlecht ergangen in Frankreich?« Später beruhigt er sich und erzählt: »Ja gut, hörense, aber die Steuern. Ich konnte nicht mehr. Wie ich bezahlt hatte, haben sie wieder was ausgeheckt und dann pejee, pejee *(payer)*. Und zahl denen jetzt mal knapp sechzigtausend. Ich wurde wütend, habe alles heimlich verkauft und alleeh *(allez)*. Hörense, aber kommt diese ›Jagiełło‹ sicher?« Diesmal bestimmt. Na, einen Kollegen habe ich schon gefunden, gleiche Branche. Ein Abhauer – wie ich.

Gleich nach dem Mittagessen steigen wir in den Bus. Nizza, Monte Carlo, Menton. In Menton ist es still und ruhig, wie immer. Wir schreiben Postkarten, essen Eis. In diesem Bus ist es nicht dasselbe. Zu saturiert, zu nobel. Ich bin gewaschen und ungebräunt, in langen Hosen, nach einem guten Essen. Ein Mensch zweiter Klasse. Vom Rauch will ich gar nicht reden, aber ich stinke noch nicht einmal mehr nach Zwiebeln. Ich ekle mich etwas vor mir selbst. Auf dem Rückweg ins Kasino. Noch nicht einmal nach dem Namen fragen sie, sehen in keiner Kartei nach. Einlass für jeden, wie im Kino. Alles geht vor die Hunde. Podfilipski hätte der Schlag getroffen.[*]

Nachts geht es zurück nach Cannes. Die Boote und Yachten schmatzen im kleinen Hafen. Der Wind hat sich gelegt, Stille und klarer Sternenhimmel.

Cannes, Dienstag

Abschiednehmen vom Meer, den ganzen Vormittag am Strand. Das Wasser ist kalt nach dem Mistral. Die Sonne brennt, ich spiele mit einem herzallerliebsten Hündchen. Es »nimmt« die Wellen gekonnt und will ständig, dass man mit ihm im Wasser sitzt. Morgen zählt nicht mehr. Zollabfertigung, Lärm und Gedränge. Nach dem Mittagessen auf den Liegen im Garten der Pension. Wieder Postkarten, wieder Briefe, wieder letzte Worte von hier. Ich bin in Gedanken und schweigsam.

Cannes, Mittwoch

Uff! Den ganzen Vormittag hat uns das Warten auf den Lastwagen verdorben, der das Gepäck abholen soll. Nach dem Mittagessen sind sie endlich da. Ein vorzügliches Durcheinander. Die Zollabfertigung sollte um drei beginnen, begonnen hat sie um sechs. Der Agent der Schiffslinie Gdynia–Amerika ist völlig außer sich, aber zufrieden. Die »Jagiełło« kommt diesmal bestimmt. Nach der ersten Fahrt mussten noch ein paar Verbesserungen vorgenommen werden und sie hat nicht planmäßig aus Genua auslaufen können. Geschrei. Gedränge beim Zoll, Gepäckannahme.

Wieder werden irgendwelche Etiketten und Nummern aufgeklebt, irgendwas mit Kreide durchgestrichen. Mir ist alles gleich. Meine bessere Hälfte übernimmt die Initiative, wickelt die Zöllner und Träger um den Finger, beschriftet die Koffer. Wieder muss man was bezahlen.

Ich bin ganz zerknittert von diesem Nachmittag. Im Zimmer ist schon nichts mehr. Alle Sachen, sogar die Handköfferchen, sind in der Zollstube geblieben. Die letzten Nähte platzen auf. Die letzte Nacht. Jetzt aber wirklich.

AUF DEM MITTELMEER

Auf der »Jagiełło«, 25. Juni

Wie viele Jahre ist das her? Lichtjahre, selbstverständlich. Ich weiß nicht, ob ich die Narkose schon hinter mir habe oder sie gerade erst einsetzt. Zwischen »heute« und »gestern« liegt schon ein riesiger Raum; noch größer als das Mittelmeer, das wir gegen Abend quer durchmessen haben werden, wenn wir in Algier anlegen.

Ich sitze auf einer Liege. Gleich morgens habe ich zwei

davon gemietet, dem verdanken wir unsere eigene kleine Ecke inmitten der Menge, die das Vorderdeck einnimmt. Der Tag ist aschgrau, die Sonne brennt wie durch Kohlepapier, die ersten Delfine sind von beharrlicher Fröhlichkeit und tanzen ausgelassen. Überall nur Wasser und Himmel.

Um sieben Uhr morgens hatten wir die Pension verlassen. Nach der ersten Abbiegung sahen wir sie. Sie lag hinter dem Hafen vor Anker, gelb und weiß. »Etwas klein, dieses Floß«, sagte ich und verstummte. Mit gebeugtem Kopf ging ich am Ufer entlang, lauschte dem Rauschen der Wellen und schaute hin und wieder auf die »Jagiełło«. Da ist sie – und verschwindet nicht. Kein »kusch!, kusch!« wird da helfen. Sie steht da und dampft.

Wir erreichten den Hafen. Noch hatten sie nicht einmal begonnen, das Gepäck aufzuladen. Wir setzten uns auf die Kante des Gehsteigs in den Schatten des Kasinos und warteten. Ich las die ganze Zeitung des vorigen Tages durch, sagte: »Hör mal, es soll jeweils hundert Gramm Butter für die BX-Marken geben« – und nichts. Ich dachte mir, wie skandalös, dass wir gerade in so einer historischen Stunde abreisen. Ich ging in die Stadt, kaufte mit den letzten Francs eine Sonnenbrille und eine weiße Mütze, kehrte wieder zurück, und immer noch nichts. Alles ein bisschen wie im Traum.

Erst gegen elf stellten wir uns in eine Schlange. Na bitte – die letzte Schlange! Sollte ich dort auch noch in irgendwelchen Schlangen anstehen, melde ich mich unverzüglich freiwillig für die erste interplanetare Reise. Wobei ich befürchte, dass man für die Registrierung dort auch wieder wird Schlange stehen müssen. So sind »die Zeihtön«, wie Helcia sagt, unsere Haushilfe.

Passkontrolle, Devisenkontrolle. Natürlich hat niemand auch nur einen Cent mehr als die erlaubten fünfzig Dollar bei sich. Wir fahren mit dem Schiff nur die Weichsel runter auf ein Bierchen. Jede Durchsuchung ist hier ein Possenspiel. Der Tischler Romuś etwa wäre in der Lage, unter seinen dreieinhalb Tonnen Holz, seinen Hobeln, Feilen und anderem Werkzeug den ganzen Marschallplan herauszuschmuggeln. Ich bin mir nicht sicher, ob er Frankreich damit nicht einen großen Dienst erwiese. Zumindest würden sie hier aufhören, über die Amerikaner zu fluchen, auf ihre Waren zu warten und zu philosophieren, und sich vielleicht endlich an die Arbeit machen. Derweil aber streiken die einen, während die anderen schwatzen und die Reste ihres Vermögens »retten«, indem sie es in den Taschen dieser Leute übers Meer schicken.

Es ist noch nicht zur Regel geworden, aber viele Emigranten erwirtschaften ihr Startkapital in beiden Amerikas gegenwärtig auf die Weise, dass sie größere Dollarsummen mit sich nehmen, dort in eine Bank einzahlen und dafür Zinsen einstreichen. Beispielsweise tausend – von zehntausend. Oder sie zahlen gar nicht erst ein und beziehen hundert Prozent, von solchen habe ich auch gehört. Lange standen kleine Dollarnominalien bei höherem Kurs als größere. Jetzt ist es umgekehrt. Eine Fünfhundert-Dollar-Banknote ist am teuersten. Logisch. Ich allerdings hatte irgendwie kein Glück, denn der Großteil meiner Bekannten ist schon zu diplomierten Bettlern geworden, und der Rest, wenige nur, sind noch anständige Franzosen.

Die Sonne brannte schon höllisch, als wir uns auf dem Hafenboot verteilten. Plötzlich begann der Motor zu rattern und das Ufer setzte sich in Bewegung. Völlig mechanisch standen wir auf, wie zu den ersten Klängen einer Nationalhymne. Im Herzen wird eine Saite angezupft, sie klingt immer dünner, während sie sich dehnt, zittert – und endlich reißt. Tränen fließen die Wangen herunter. Klassisch. Das Ufer entfernt sich immer weiter, das Hafentor, umschlossen von einer Meereswand, kommt näher. Auf der Mole winken Menschen mit Händen und Taschentüchern. Sie schreien. Unter Tränen hört man so schlecht wie mit Watte in den Ohren.

Nach dem Auslaufen aus dem Hafen ein Moment völliger Stille. Schon war der Faden zwischen mir und dem Festland zerrissen, noch war ich nicht in der Umlaufbahn des Kreuzschiffs. Erst als über mir eine gelbe Eisenwand emporwuchs, war alles vorbei. Schon war ich wieder irgendwo, hatte wieder einen neuen Anknüpfungspunkt. Das Schiff bewirkte in dieser Hinsicht Wunder. Augenblicklich vergaß ich alles. Schiffe haben so etwas an sich, etwas Menschliches, fast eine Persönlichkeit. Sie sind dazu noch ein Fleckchen Erde unter den Füßen, und auf der »Jagiełło« stehe ich sogar auf heimischer. Lokomotiven und Kreuzer haben immer ein Wohlgefühl bei mir ausgelöst, sie sind mir wie völlig vertraute technische Geschöpfe, gezähmte Wesen. In unserer Epoche der Überschallgeschwindigkeit erlauben sowohl die Lokomotive wie auch das Schiff noch, sich allmählich umzustellen. Musikalisch gesprochen: im Verlauf einer ganzen Phrase. Eine Reise mit dem Flugzeug in eine andere Welt, ein anderes Leben, das wäre für mich ein Gewaltakt, das ginge mir ans Gewebe. Ich hätte Angst, dass ich dieses neue Leben wie eine Gleichung falsch zu lösen begönne, oder es gar nicht löste. Ich hätte eine »Leerstelle«, wie jemand, der eine Gleichung zweiten Grades angeht, ohne die ersten Grades zu kennen.

Jetzt liege ich auf dem Deck, fahre mit ein paar Dutzend Knoten die Stunde und beschließe, die nächsten Reisen nur noch mit einem Segelboot zu unternehmen. Ich denke an Flugzeuge, die mit Überschallgeschwindigkeit fliegen. Eines der wichtigsten Instrumente dieser Boliden ist der Höhenmesser. Diesen Maschinen ist die Erde schon zu klein, ist nicht mehr als eine Kugel. Wenn der Pilot damit auf gerader Linie fliegt, läuft er dauernd Gefahr, sich zu sehr von der Erde zu entfernen, flieht diese doch aufgrund ihrer Kugelhaftigkeit und ihren unerhört kleinen Dimensionen unter seinen Füßen. In der hermetischen Kabine eingeschlossen, bedient er sich seiner Augen nicht mehr, fliegt, schießt und wirft Bomben »nach Radar« ab. Der kleinste Defekt im Höhenmesser kann zur Folge haben, dass er auf halbem Wege zum Mond glaubt, sich gerade erst in der Stratosphäre zu befinden. Das »Gestern« wird einholbar. Am Freitag um ein Uhr morgens in Paris abgeflogen, landete man in New York noch am vorigen Tag, am Donnerstag um acht Uhr abends.

Während ich darüber nachdenke, erinnere ich mich an eine Physikstunde in der zwölften Klasse. Unser Lehrer war von Innovationen begeistert und ließ sich damals zu ähnlichen Spinnereien hinreißen. Es war nach der Verlesung eines Rundschreibens über einen Pilotenkurs, bei dem anzumelden er uns sehr ermunterte. Ich nutzte die Stunde, um zu »entspannen« – Physik war nicht meine

Stärke –, schaute auf den sonnenbeschienenen Platz neben dem Wawel und fragte plötzlich, in die allgemeine Stille hinein: »Herr Professor, und was werden die Menschen mit der Zeit machen, die ihnen übrigbleibt?« Er schwieg und wusste nichts zu sagen, erzählte dann etwas von der vertieften Beschäftigung mit Geistigem, von der Kultur. Damals kannte man noch keine Radare. Heute würde ich weiter fragen: »Vielleicht reicht dazu ja ein Radar?« Ich denke an Radarmenschen – man kann ihnen schon manchmal begegnen. Das sind bemerkenswerte Erscheinungen: ohne Tadel, ohne Fehl, präzise wie ein Grashüpfer, aber von ebenso furchterregender Kälte.

Vom Motorboot wurden wir von einem weiß gekleideten Steward auf eine Treppe hochgezogen. Tumulte auf dem Vorderdeck der dritten Klasse, jeder sorgt sich natürlich um seinen Krempel. Durch die offenstehende vordere Luke wird er eingeladen. Die Kräne dröhnen und zischen, alle paar Minuten fährt ein Netz mit der Habe hinter der Bordwand hoch. Das Beladen wird von einem »Kumpel« gelenkt. Er steht an der Luke, hält die Hände ausgebreitet wie ein Dirigent und leitet das Orchester: »Feluś, langsamer, mit Jefühl, Vorsicht, sachte, piano zum Teufel, das ist reinstes Gold.« Gerade werden die Kisten von *pan* Romuś aufgeladen. Er kam mit dem ersten Motorboot und verhält sich schon wie ein Stammpassagier. Er rennt um die Luke herum, glotzt hinein, ruft: »*Pan* Bolek, aufpassen, *atension!*« – »Keine Angst, der Herr, in Venezuela wird's sowieso alles ein Brei sein, aber ein Markenprodukt, von Nestlé. – Feluś, noch ein bisschen, langsam!«

Wie erhebend. Noch etwas verweint schaue ich in Richtung Küste, aber schon bin ich ganz eingenommen von einem neuen Leben. Langsam werden wir verteilt. Die Sonne brennt, um das Schiff kreisen Kähne und Tretboote aus Cannes. Eine aufs Vorzüglichste entblößte Frau und ein Jüngling fragen von unten (das hört man an der Stimme), wohin wir ablegen, und schon, weniger gelangweilt, sagen sie: »Ihr Glücklichen, ihr könnt hier wegfahren.« So langsam habe ich genug von diesen Anerkennungsbekundungen. Was ist aus dir geworden, Mutter Europa? Man fängt an, den Anker einzuholen. Die »Jagiełło« hat sich bewegt, ein bisschen gedreht. Die Motoren starten. Und wieder verschiebt sich das Ufer sachte. Lange stand ich da, versunken auf die bläulichen, vernebelten grünen Streifen starrend, auf die kleinen weißen Häuser. Sie entfernten sich, verblassten und verschwanden.

Irgendwo muss unser Handgepäck abhandengekommen sein, aber wir haben keine Zeit, es zu suchen, denn schon ist es Zeit fürs Mittagessen. Der Speisesaal der dritten Klasse ist überschaubar, wir essen in der zweiten Gruppe. Stühle und Bänke aus gehobeltem Holz, sehr sauber. Die italienische Bedienung ist vortrefflich und freundlich. Uns wird einer von zwei Einzeltischen zugeteilt, was uns sehr entgegenkommt. Das verschafft uns zumindest während des Essens eine kurze Erholung von dem Gewusel auf dem Vorderdeck. Das Essen ist gut, der Wein ein roter italienischer. Nur diese Nudeln und die Tomatensauce verunsichern mich. So ein Gericht löst gewisse Befürchtungen aus ...

Nach dem Mittagessen legen wir uns auf eine Decke unter dem Himmel. Im Halbschlaf spüre ich einsetzendes, immer stärker werdendes Schaukeln. Der Golfe de Lion wird sich auch unser nicht erbarmen. Ich hebe den Kopf und erspähe, geblendet von der Sonne, gegenüber zwei Silhouetten, die sich über das Geländer beugen, und schon gehen die ersten Nudeln über Bord. So umstandslos und leise, purzeln sie einfach aus ihnen heraus. Ich lege mich schnell wieder zurück und tue so, als würde ich dösen. Schließlich erwacht meine Frau und stellt fest, man müsse wohl diese Koffer suchen gehen. Ich brummte was von fehlendem Taktgefühl und stand auf.

Auf dem Deck war fast niemand mehr. Ihren Auswurf haben sie hinterlassen und sind gegangen. Auf jedem Schritt eine Portion Nudeln, fein säuberlich serviert, wie frisch aus der Küche. Es schaukelt nunmehr kräftig. Mir ist nicht übel, aber beim Anblick dieser *spaghetti* kriege ich einen leichten Maulesel, um es auf Krakauerisch zu sagen. Wir gehen hinunter ins Schiffsinnere. Die Treppen bohren sich mal in die Füße, dann biegen sie sich wieder etwas zu schnell unter ihnen. Vom Fenster wende ich mich ab, der Tanz, den der Horizont in der runden Öffnung aufführt, bringt einen um. Man glaubt das Meer langsam einlaufen zu sehen, dann fließt es wieder ab, zurück nach draußen; die saphirblaue Jalousie fährt herunter und deckt den hellblauen Himmel auf, in den man immer tiefer eintaucht. Danach dasselbe in die andere Richtung. Mittlerweile war auch ich innerlich so weit. Die Gerüche aus der Küche (Lammfleisch!), die hier nuanciert heranwehen, und das sukzessive Ausrutschen auf weiteren Nudelportionen haben ganze Arbeit geleistet. Von den Resten meines Anstandsgefühls gelenkt, tat ich das Notwendige, und zwar, wie es sich gehört, am richtigen Ort und nicht da, wo ich eben stand, wie andere hier.

Torkelnd wanderte ich über das ganze Schiff auf der Suche nach unseren Koffern. Wir fanden sie endlich in der zweiten Klasse. Es wird mir auf immer ein Geheimnis bleiben, woher ich noch die Kraft genommen habe, sie durch die engen Gänge zu tragen. Am schlimmsten war es, wieder an der Küche vorbeizugehen. Diesmal hatte ich keine Skrupel mehr. Meiner liebsten Frau dagegen ging es bestens. »Wie fühlst du dich?« – »Wie die Torricelli'sche Leere.« – »Ich habe gesehen, was es zu Abend gibt – hier wird ganz passabel aufgetischt – endlich kannst du ordentlich was essen.« Es gibt Augenblicke, in denen man das teuerste Wesen hassen lernt. Ich stellte die Koffer unter die Pritsche und floh aufs Deck. Dort saß bloß ein älteres Paar Österreicher, unsere Nachbarn aus dem Speisesaal, sie aßen Lebkuchen und rauchten. Schamlos. Meine Frau auch: »Schau, wie wundervoll – aber warum sind noch keine Delfine zu sehen? Oh, ein Vogel, das kann nur bedeuten, dass wir noch nicht weit gekommen sind.« Dass dich der Deibel ...! Da kullerte aus Richtung des Bugs Romuś mit einer Flasche »Marie Brizard« heran und rief: »*Pan* Bubkowski, kippen'S ün gutt (*une goutte* – einen Tropfen) vom Anis und kommen'S nach vorne, da schaukelt's weniger.« Heureka, ein Genius! Ich schmiss mich irgendwohin und blieb kerzengerade liegen. Gegen Abend wurde es kalt. Der Golfe de Lion schaukelte immer stärker. Wir mussten das Deck verlassen, das vom Bug her überschwemmt wurde. Ich ließ meine Frau in meinem wasserdichten Mantel eingehüllt zurück (»Es ist so wundervoll, ich will hier gar nicht runter«) und robbte mich in den Schlafsaal, fiel wie ein Stein ins noch nicht gemachte Bett und schlief ein.

Gegen zehn Uhr abends bin ich wieder aufgewacht. Noch schaukelte es, aber ich fühlte mich besser, dafür glich die Kabine einem surrealistischen Gemälde. Im Licht der Glühbirnen, so fahl, als wenn auch sie von der Seekrankheit nicht verschont geblieben wären, sehe ich zweistöckige Pritschen in Reihen stehen. Auf ihnen einhundertvierundvierzig reglose Männer, schlapp wie nicht aufgepumpte Fahrradschläuche. Allenthalben ragen riesige Füße hervor, in »V«-Form aufgestellt, wie bei Toten. Auch die Stille hat etwas von einer Leichenhalle, man hört niemanden atmen, bloß das dumpfe Trommeln der Wellen, die von außen, ganz nahe, gegen unsere Kiste schlagen. Ein sich lautlos fortbewegender alter Steward erbricht Nudeln in Tomatensauce. Die Waschbecken sind Schlachtfelder, verstopft mit Nudeln und voll mit Tomatensuppe. Sie schwappt schon im Schaukelgang. Aber das lässt mich mittlerweile alles unbeeindruckt. Ich gehe unter die kalte Dusche aus Meerwasser und danach in den Speisesaal. Die Bar war offen. Romuś ist betrunken, ein kaltes Bier mit ihm brachte mich wieder auf die Beine. Ich dachte sogar mit einigem Wohlgefühl an das Lammfleisch, aber dazu war es schon zu spät. Ich trat hinaus aufs Deck. Schwarze Nacht und kalter Wind. Die vom Bug aufgeschichteten Wasserschollen rauschten.

In der Nacht hörten wir auf zu schaukeln. Morgens Wolken. Es beginnt diese in ihrer Art völlig einmalige Erholung, die nur eine Meeresreise schenkt. Eine zwar ziemlich laute, weil das Vorderdeck beengt ist und über dreihundert Passagiere fasst, aber trotzdem herrliche Erholung. Internationale Gesellschaft, die Krümel eines geborstenen Globus: Italiener und Spanier bilden die Mehrheit, sonst von allem ein bisschen: Ungarn, Rumänen, Bulgaren, Jugoslawen, Litauer, Österreicher, Tschechen und sogar eine Deutsche mit vier bestimmt auf Befehl gezeugten Kindern. Allesamt blond und alle aus den Nazijahren. Auch sie sehr im Stil des Dritten Reichs. Eine Küchenkaryatide. Die Polen an Bord sind vier jüdische Ehepaare mit drei Kindern, ein Zahnarzt, eine junge Jüdin, Romuś, ein Offizier aus dem Lager in Lille und wir. Romuś langweilt sich schon, weil er bereits gestern alles »gegen diesen Sturm« ausgetrunken hat, und kaut mir ein Ohr ab. Die Sonne kriecht langsam hinter den Wolken hervor, es herrscht Hitze. Abends sollen wir Algier erreichen.

Einundzwanzig Uhr. Während des Abendessens liefen wir in den Hafen von Algier ein. Die Dämmerung setzte langsam ein, und die ganze Stadt war hervorragend zu erkennen. Wunderbar gelegen auf einer Böschung. Riesige, moderne Bauten. Wir kamen bis ans Ufer, aber aufs Festland konnten weder die Besatzung noch die Passagiere. In Algier gingen die Lichter an. Eine warme Nacht, aber schon weniger drückend. Auf dem Deck wurden Scheinwerfer angeworfen. Die Italiener fingen an, auf Instrumenten zu spielen, die Spanier zu tanzen. Die Boote der Algerier kommen an die »Jagiełło«, bieten Cognac und Champagner für fünfhundert Francs die Flasche an. Die »Jagiełło« tankt Öl und Romuś Cognac. Gerade zieht er mit einer Schnur die schon vierte Flasche hoch und feilscht um den Preis. Dieses doppelte Französisch, das polnisch-emigrantische und das algerische, sind herrlich. Jeder spricht in einer anderen Sprache, aber d e n n o c h auf Französisch. Eigentlich lässt sich die Stimmung einer solchen Nacht, wenn hier Musik spielt, dort Tausende Lichter brennen und Hafenklänge herüberhallen, nicht beschreiben.

Die Küste Afrikas, eines schon anderen Teils der Welt, der Dieselgeruch, das schwarze Plüsch des Himmels, das Akkordeon, das Stöhnen und die Pfiffe der Schlepper, jemand spricht Italienisch, jemand summt Spanisch, aus dem Lautsprecher kommen »Verlautbarungen« auf Polnisch, und wieder das Akkordeon, das Schnarchen der Schlepper und wieder der Diesel.

Vierundzwanzig Uhr. Wir lagen auf den Liegen, blickten auf das Licht von Algier, das sich auf dem Hügelkamm mit den Lichtern der Sterne verband, und schliefen ein. Vor zwölf wachten wir wieder auf und stiegen hinab in unsere Schlafsäle. Zum Glück ist die Ventilation in den »Majdaneks«, wie unsere Matrosen diese Massenunterkünfte nennen, intakt, und noch lässt es sich in ihnen, in diesen Breitengraden zumindest, aushalten. Ich höre, dass wir uns zur Abreise bereit machen.

Auf der »Jagiełło«, 26. Juni

Auf dem Weg nach Gibraltar, das wir morgen früh anlaufen sollen. Ich fühle mich wunderbar leer, liege auf dem Liegestuhl, schaue vor mich hin und weiter nichts. Ich habe mir geschworen, während der Reise fleißig Spanisch zu lernen, aber ich merke, das wird bloß ein Vorsatz bleiben. Der Tag zwischen Saphir- und Hellblau. Das Meer ist ruhig, ein paar weiße Kämme, Sonne und Delfine. In sie haben wir uns verliebt, das sind goldige Viecher. Sie tauchen aus dem Meer hervor, gleiten flach an der Wasseroberfläche, durchschneiden sie mit ihrer scharfen Flosse, schwimmen eine Weile gleichmäßig mit dem Schiff direkt neben ihm oder vor seinem Bug, und plötzlich ein in seiner Leichtigkeit herrlicher Satz über das Wasser. Zum Abschied. Ich kann mich nicht satt sehen an ihnen. Über dem Deck wurde ein Leinendach aufgespannt, und nun liegt man im heißen Schatten. Nur der Lärm und das Gemenge plagen mich. Am schwersten zu ertragen sind die Ungarn und die Italiener. Sie sprechen nicht, sondern schießen in Salven und kennen keine Ladehemmung. Ich liege und warte auf das Mittagessen. Eine faszinierende Beschäftigung.

Gegen Abend. Die Küste Spaniens ist zu sehen. Wir fahren die Kette der Sierra Nevada entlang. Die Spanier stehen an Steuerbord und schauen sehnsüchtig hinüber. Sie zeigen mir den höchsten Gipfel, den Muley Hacén, und erspähen die ersten Lichter von Málaga. An Bord herrscht die Stille des Abschieds der Spanier von ihrer Heimat. Dort, hinter den Bergen, ist Granada.

Der Rest der Menge hat sich um einen Apparat geschart, es soll Kino geben. Nachmittags hatten wir schon ein Konzert. Der Tscheche hat ein Akkordeon, auf dem er gekonnt ganze Teile von Opern anspielt und dazu hin und wieder singt. Zu fünft saßen wir zusammen, darunter ein Italiener. Der ließ ständig die Namen von Opern und Komponisten fallen, und wenn der Tscheche sich nicht erinnern konnte, fing der Italiener zu summen an. Das genügte, damit der Tscheche einstimmte und schon alleine weiterspielte, zum unbeschreiblichen Entzücken des Italieners. So haben wir Bellini, Donizetti, Verdi, Puccini, Mascagni durchgearbeitet, danach die Franzosen, dann Tschaikowski, Dvořák und sogar Wagner.

Derweil trinkt Romuś seinen Cognac und weiß alles besser, weil er von allem in »Séance e lavi« (»Science et la Vie«, das französische »Problemy«°) gelesen hat. Über Guatemala, wohin ich fahre, sagt er: »Ihr Guatemala ist sehr klein.« Einer Italienerin, die Papini° liest, sagte er kurz: »Kenne ich – Tosca – Puccini«, und überhaupt steht ihm alles klar vor Augen. Er langweilt sich höllisch, mein Schreiben nervt ihn, und endlich sagt er mir: »*Pan* Bąbkowski (was er wohl noch mit meinem Namen anstellt?), kaufen'S sich 'ne Schreibmaschine, dann schreiben'S mehr und schneller.« – »Dann kaufen'S sich 'ne Maschine zum Polieren, dann schaffen Sie in Venezuela mehr von Ihren Luikaas.« – »Wenn's keine Maschine gibt, braucht's die Händ'.« – »Und hier den Kopf.« Das verstand er. Darüber hinaus hat das große Waschen angefangen. Die Frauen waschen wirklich alles, aus Langeweile, und hängen die Wäsche in jeder freien Ecke auf. Der Bug der »Jagiełło« ist mit Girlanden aus Hemden, langen Unterhosen, Strumpfbändern, Strümpfen, Socken, Windeln, Handtüchern geschmückt, sogar Anzüge und Röcke aus Schurwolle hängen zum Trocknen aus. Die Deutsche hat eine Hängematte und strickt den ganzen Tag darin. Irgendein dämonischer Italiener ist schon eine Kollaboration mit ihr eingegangen. Recht hat er. Die Deutschen haben uns schon alles vergeben, was sie uns angetan haben – kein Grund, böse zu sein.

Einundzwanzig Uhr. Was für eine Stimmung! Es ist schon dunkel. Die Nacht ist warm und der Himmel sternenklar. Auf der Wand des Schiffsdecks, direkt unter den

Fenstern des Maschinenraums, ist ein helles Rechteck aus Licht, und die Menschen im Film spazieren zwischen den Fenstern der Bar der ersten Klasse. Das Schiff gleitet ruhig mit den Wellen. Wasserrauschen, das dunkle Deck und abgehackte Sätze aus dem Film, die bisweilen das Brummen der Ventilatoren durchdringen. Und jetzt Gesang. Eine alte, italienische Version der *Madame Butterfly* offenbar, aus den Anfängen des Tonfilms. Es blühen japanische Kirschen aus Papier.

Das Essen ist durchaus passabel, auch wenn mich dieser angerührte italienische Beton in Gestalt der *pasta asciutta* und der *minestra* dauert. Dafür ist der italienische Wein ganz ordentlich. Romuś isst, verbraucht bei jeder Mahlzeit dreihundertvierundzwanzig Papierservietten, um sich den Nacken und die blank rasierte Glatze abzuwischen (damit sich keine Hygiene einschleicht, wie er mir erklärte), und isst weiter. Er leert alle Weinkaraffen in seinem erweiterten Umkreis. Meine Frau hat in der Küche ein kleines Kätzchen mit dem polnischen Namen Schmulzig aufgelesen und tat mir kund, dass sie jetzt ein Jahr auf dem Schiff bleiben kann. Endlich etwas Ruhe.

Auf der »Jagiełło«, 27. Juni

Gestern schrieb ich bis ein Uhr morgens Briefe, die ich noch aus Gibraltar abschicken will. Ich schrieb im Speisesaal, weil es in den beiden »Majdaneks« schon deutlich zu stinken angefangen hat. Besonders die Lateiner kommen nicht über eine Katzenwäsche hinaus. Schade, dass sie die ganze

Brillantine nur für die Haare verbrauchen und keinen einzigen Tropfen für die Füße. Außerdem richten sie sich in den Rillen zwischen den Duschen *pissoirs* ein. Heute habe ich so einen gerade bei der Tat erwischt. Ich sagte nichts weiter, habe nur die Dusche aufgedreht. Er wurde in voller Bekleidung durchnässt. Er war wütend, aber sagte nichts.

Heute Morgen um sieben sind wir in Gibraltar eingelaufen. Kühler Ostwind. Natürlich umzingelten uns sogleich Boote spanischer Händler, die bunte Tücher, Armreifen, Alkohol, türkische Zigaretten und Obst verkauften. Romuś kaufte elf Packungen türkische Zigaretten und einen ganzen Schoner Spirituosen. Eine Spanierin feilscht um ein Tuch, und weil sie noch französische Francs hat, schreit sie herunter: »*Quieres francos?*« – Kategorische Ablehnung. »*Ya tenemos bastante de un Franco*«, oder so was in der Art. Jedenfalls will er keine Francos, einer genügt ihnen schon. Die Spanier lachen. Ich laufe kreuz und quer über das gesamte Schiff, um meine Briefe zu verschicken. Endlich finde ich unseren Barmann. Er verlangt von mir irgendeine astronomische Summe amerikanischer Cents. Und schon muss ich den z w e i t e n Dollar wechseln. Weltuntergang. Die Dollar wie normales, ganz gewöhnliches Geld zu gebrauchen, übersteigt immer noch meine Kräfte. Ich kann es nicht, und wenn ich mich einmal dazu entschließe, glaube ich sogleich, dass ich entweder über den Tisch gezogen oder verhaftet werde, dass ich bestimmt zu viel bezahlt habe und dass ich mir, wenn es so weitergeht, einen schönen Schlamassel beschere.

Ein englisches Polizeimotorboot prüft die Papiere der Händler, und uns wird ein Pontiac aufs Vorderdeck gestellt, damit es noch enger wird. Irgendwie trostlos in diesem Gibraltar. Einige emeritierte und verrostete *Liberty ships* halten sich noch mit der Kraft der Gewohnheit auf dem Wasser. Man sieht den Flughafen. Ich denke an Sikorski.• Der Felsen von Gibraltar ist oben wie gestutzt und von Gräben durchschnitten. Ein Spanier sagte mir, diese Fläche sei eigens zum Auffangen des Regenwassers bestimmt, das durch diese Furchen in Sammelbehälter abfließt. Das einzige Süßwasser, über das die Festung verfügt. Es muss schrecklich langweilig sein in diesem Gibraltar. Schon von ferne duftet es nach Provinzgarnison. Von dem Tschechen habe ich mir ein Fernglas ausgeliehen und suche diese »heiligen« Affen, aber außer Engländern in Uniform sieht man nichts. Und erst in der Vergrößerung wird mir bewusst, was für ein geheimnisvoller Ernst diesen Felsblock umgibt. Er ist eine der Säulen, eine der wichtigsten, die das schon brüchige Gewölbe Englands stützen. Heute wird England von anderen Seiten geschwächt und ist im Begriff, diese Säule zur Stütze eines neuen Baus zu machen – oder bloß eines Unterschlupfs? –, dort auf der anderen Seite, in Afrika. Man hört alles Mögliche darüber.

Gegen Mittag legen wir ab zur Weiterreise, und Gibraltar schickt uns Delfintorpedos. Von allen Seiten fallen sie auf das Schiff ein, schlagen fast in die Bordwand, kehren um und schwimmen gemeinsam mit uns. Wie perfekt eingespielte Paare setzen sie zu zweit über das Wasser und vollführen ihre Abschiedssprünge. *Olé*, rufen die Spanier zu ihrer Begleitung. Am Nachmittag fahren wir zwischen den beiden Kontinenten hindurch. Gegen fünf verlieren wir sie links und rechts langsam aus den Augen. Wie unterschiedlich sie sind, bis in ihre Farben. Dort Europa, hellgraubläulich, sanft und fließend in seinen Tönen. Auf der anderen Seite ein Wall aus weißen Felsen, unterbrochen von goldgelben Abhängen, scharf und roh, hinter grauem Nebel verschwindend wie hinter einer Sandwolke. Wir fahren raus auf den Atlantik.

DER ATLANTIK

Auf der »Jagiełło«, 28. Juni

Der Tag ist bewölkt und kühl. Romuś hat sich gestern aus Langeweile betrunken und heute einen fürchterlichen Kater. Er geht mit seinen Beziehungen zur Crew hausieren, mit der Hälfte sei er schon per Du (er duzt, sie siezen), und er führt gelehrte Konversation: »Bolcio, wieviele Sprachen sprichst du?« Der Seemann Bolek überlegt eine Weile, zählt still an seinen Fingern ab und antwortet endlich: »Entisch,

Stierisch, Truthahnisch, und noch zwei mit Händen und Füßen – zusammen also fünf, werter *pan* Roman.« Romuś lacht, aber gleich darauf fragt er Bolek salbungsvoll und wie vom Fach, was man am besten tun sollte, wenn das Schiff sinkt. Bolek hebt ein Stück Eisen vom Deck auf, legt es Romuś in die Hände (Romuś hat dabei einen herrlichen Gesichtsausdruck) und erzählt: »Sie suchen's was ordentlich Schweres, nehmen's in die Hand und springen ins Wasser. Und Gott verhüte, dass Sie's loslassen. So geht's am besten.«

Manchmal habe ich den Eindruck, dass ich die Weichsel runterfahre, um gleich in einem Vorort von Krakau anzulegen. Feine Burschen sind das, alle wie aus einem Holz geschnitzt. Gestern Nachmittag brachte Bolek meiner Frau eine Orange und ein Stück Kuchen von den Herrentischen der ersten Klasse (oder vielleicht einfach seine eigenen?), Felek steckt mir eine Packung Lucky Strike in die Tasche, denn »wozu sollen'S ihnen so viel dafür bezahlen – für uns ist's billiger« und abends kommen sie, um sich zu unterhalten und zu erzählen. Alle schlagen wir uns um die Welt, alle sind wir angeschlagen und zerbeult vom Schicksal.

Starker Wind. Die Mehrzahl der Gesellschaft in der dritten Klasse liegt auf den Pritschen, auf dem Deck ist es leerer. Morgen ist Halt auf Madeira geplant. Die Farbe des Meeres hat sich verändert, der Atlantik ist bläulicher, violetter, hat die Farbe von Füllfedertinte. Die Bordbrüder beginnen sich maßlos zu langweilen. Die Frauen stecken weiter in ihrem Waschparoxysmus. Sie waschen absolut alles. Heute sah ich eine, die mit größter Sorgfalt schwarze Schnürsenkel wusch. Sobald etwas nur getrocknet ist, wird es wieder von vorne gewachsen. Bolek hat den Kindern eine Schaukel gebaut, was den Lärm an einem Ort konzentriert. Der quält mich am meisten.

Ich weiß nicht, woher die Konvention rührt, dass Kinder immerzu Begeisterung auszulösen haben. Die Blagen hier sind mehr oder weniger so schlimm wie schlecht dressierte Foxterrier, unverhohlen bringe ich ihnen meinen Hass entgegen. Die größeren unter ihnen haben einen Klub gegründet, just neben unseren Liegen, und fummeln dort ständig am Hydranten herum. Einmal haben sie uns schon durchnässt, zu ihrer großen Erheiterung. Die kleineren zeichnen sich durch eine meisterhaft einstudierte Heultechnik aus. Liegt so ein Gnom auf einer Decke, es gefällt ihm was nicht und schon geht es los, in drei Gängen. Er legt den ersten ein, nimmt Fahrt auf, geht vom Gas, legt den zweiten ein, brüllt schon lauter, und später fährt er im dritten ein, zwei Stunden lang. Kaum hat es aufgehört, fängt das größere an, rhythmisch auf irgendein Blech zu trommeln – und Mami ist entzückt.

Heute habe ich so eine Gruppe Kinder zusammengerufen, hauptsächlich spanische, die schon ganz französisch verzogen sind, und ihnen vom König Herodes erzählt. Dass es nämlich gar nicht so sei, wie man sie in der Schule lehrt, Herodes hatte es in Wahrheit deshalb auf die Kinder abgesehen, weil sie zu viel Lärm gemacht haben. Und dass, wenn sie sich nicht beruhigen, auf dem Schiff dasselbe passieren kann, weil nämlich in Cannes Herodes höchstselbst an Bord gegangen ist. All diese reizenden Kinder sprechen natürlich Französisch, einen Moment später hörte ich sie ihren spanischen Müttern erzählen: *Maman, maman, tu sais, tu sais – ce monsieur nous a dit* ... Und die Mütter begannen mir solche Blicke zuzuwerfen, dass ich sofort an die alten Hexen denken musste, auf die Rafał Olbromski traf, als er Saragossa eroberte. All die Spanierinnen, sogar die jungen und schönen, haben etwas Hexenhaftes an sich. Stricknadeln werden in ihren Händen zu Dolchen. Die deutsche Viererclique wurde auch übermütig, aber denen reichte ein einmaliges *Ruhe, zum Teufel,* worauf ihre Mutter sie noch zusätzlich ausschimpfte. Ich schaute anerkennend zu ihr herüber. Dyzio aus den *Heimatlosen* ist für mich die gelungenste Figur von Żeromski. Ich hatte so einen in der Familie. Eines Tages stieg er unversehens aufs Fensterbrett, holte einen Korkenknaller hervor und Pam! Im haargenau gleichen Augenblick fliegt die Munitionsfabrik in Witkowice in die Luft. Ein höllischer Krach, das gediegene Krakau wankt, die Gläser bröckeln aus den Fenstern, und inmitten von alledem der Verzweiflungsschrei seiner Schwester: »Jaś, was hast du angestellt!« Denn wer sonst?

Am Nachmittag ein völlig kalter Wind. Gegen Abend bringt man einen Apparat und versucht wieder eine Filmvorführung zu veranstalten. Irgendein Streifen aus den Anfängen von Fred Astaire und Rita Hayworth. Rita ist darauf noch sehr jung, Fred hat sicher nicht einmal Abitur. Leider ist der Film so alt, dass der Vorführer, als das Zelluloid zum fünfzehnten Mal reißt, von weiteren Versuchen absieht, und wir verlaufen uns, gehen quasi nach Hause. In der Nacht sollen wir die Uhren um eine Stunde zurückstellen.

Auf der »Jagiełło«, 29. Juni

Madeira. Morgens, noch vor dem Frühstück, bin ich aufs Deck gegangen. Der Ausblick war fantastisch. Vor Madeira ragen ein paar riesige, schwarze Felsen aus dem Meer. Wuchtig gleiten sie im Nebel. Es scheint so, als wären sie eben erst aus der Tiefe emporgetaucht. Diese einsam hervorragenden Blöcke, ohne Halt an irgendeinem Festland (Madeira liegt hinter Wolken), sind ein ganz vorzeitlicher, geheimnisvoller Anblick. Man denkt an die Schöpfung der Welt, an irgendgroße Kataklysmen. Die Felsen liegen auf der Lauer, sind lebendige Ungeheuer.

Der Horizont wird langsam durchsichtig und in den Wolken erscheint Madeira. Gelbliche Vegetation an Böschungen, die Gipfel immer noch nebelverhangen. Wir fahren an der Küste entlang. Die Berge sind von Schluchten und Spalten durchschnitten, deren Rinnen bis zum Meer reichen. Die Insel erinnert an eine umgedrehte Kuchenform. Etwas weiter ist Funchal zu sehen. Weiße Häuschen, verteilt auf grüngelben Hängen wie Schafe auf einer Alm. Das Wasser ist veilchenblau, der Himmel hellt sich immer schneller auf, und Funchal erreichen wir schon in der Sonne. Im Hafen Kähne, einige weiße Segelboote und ein schmaler Dreimaster, das Schulschiff der portugiesischen Marine. Die »Jagiełło« drosselt das Tempo. Bolek jagt mit seinem gravitätischen *Everybody rrrraus* das Gesindel vom Bug, und wir setzen den Anker. Vom Ufer sind schon Boote mit Waren herangeschwommen und der Handel beginnt. Unten schwimmen ganze Auslagen. Korbliegen und -sessel werden arrangiert, Spitzendecken ausgelegt, Strohhüte mit aufgenähten Blumen aus vielfarbigem Tuch, Körbchen, bestickte Beutel, Früchte. Auf dem Deck herrscht Stimmengewirr, wir haben Landgang. Uns werden Aufenthaltskarten ausgeteilt, aus den Lautsprechern kommen Kundmachungen und Unterrichtungen, einer meiner Landsleute brüllt mir ins Ohr: »*Pan* B. – was meinen Sie, was kostet der Eintritt auf dieses Madeira?« Gedränge und Geschubse. Motorboote fahren schon zwischen Land und Schiff hin und her. Um kurz nach neun landen wir und nehmen die ersten fünfhundert Meter der Küste im Sturm, liefern uns schwere Gefechte mit Scharen von Agenten und Mittelsmännern, die Busfahrten, Taxis und den ganzen Besichtigungspietz mit Anfassen der ganzen Insel anbieten. Sie stürzen sich auf uns wie ein Rudel ausgehungerter Wölfe, greifen nach uns, reißen an uns, verfolgen uns von der Seite, drängen uns ab. Ich beschimpfe sie in allen mir bekannten Sprachen – vergeblich.

Kein Wunder. Hier ist kaum Verkehr, die Insel, die ihre Haupteinnahmen dem Tourismus verdankt, pfeift aus dem letzten Loch. Die Zeiten der *croisières*• sind vorbei, immer weniger Leute können sich einen Erholungsurlaub auf Madeira leisten. So ist sogar ein ärmlicher Emigrant, der hier zu einem Zwischenhalt einläuft, ein seltener Glücksfall.

Heute ist Peter-und-Paul und die Leute gehen in die Kirchen. Die Kirchen sind klein und hübsch. Ihre weißen Mauern, von schwarzen Balken eingerahmt, glänzen in der Sonne. Auf den Türmen sind die Zwiebelkuppeln mit weiß-blauen Majolika-Schindeln bedeckt. Ihre Innenräume haben etwas von unseren Dorfkirchen, sie sind genauso farbenfroh und opulent. Auch die Wände sind mit Majolika-

Kacheln gefliest, aus der Ferne machen sie den Eindruck von Mosaiken. In den Bänken sitzen Frauen mit schwarzen Kopftüchern.

Die Straßen sind von frappierender Sauberkeit. Die großen und kleinen Häuser sehen aus, als seien sie erst gestern errichtet. Sorgsam gepflegt, tadellos in Schuss. Das schwarze Straßenpflaster besteht aus Vulkangestein in der Form von schmalen Tetraedern, die nebeneinander mit ihren Spitzen in die Erde geschlagen wurden. Glatt gerieben sind sie von Schlittenkufen. All diese kleinen Straßen ranken sich steil nach oben. Zu ihren Seiten fließt ein reißender Bach in einer Steinrinne, aus dem die sich in alle Richtungen erstreckenden Gärten bewässert werden. Sie sind wahrhaft paradiesisch. Ständig spritzt von hinter einer Mauer ein Wasserfall aus Blumen auf die Straße, schäumen Bougainvillea, öffnen ihr orchideengleiches Inneres in großen, weißen Kelchen, kriechen tellergroße, saphirblaue Winden mit rosa Herzen hervor. Es duftet. In den Gärten sind mal kletternde Weinsträucher, sie bilden Dächer und lange, schattige Schiffe, mal Bananenhaine mit Kandelabern, in denen grüne Früchte stecken.

Wir gehen immer weiter den Berg hinauf, bis wir eine stattliche Höhe erreichen. Das Meer verbindet sich mit dem blassen Hellblau des Himmels, es ist heiß. Jedes der kleinen Häuser, an denen wir unterwegs vorbeigekommen sind, hat einen kleinen Hof, ausgelegt mit eiförmigen Steinchen aus dem Meer, die verschiedene Muster ergeben. Dazwischen, wie Inselchen, kleine Blumenbeete. Bisweilen ist das gar zu schön, zu sauber, überhaupt allzu sehr eine Puppenhausumgebung. In einem kleinen Laden, schon weit oben, trinken wir Limonade und kaufen etwas Brot, Wurst und Tomaten. Alles zusammen zwölf Escudos. Ich zahle in Dollar, vor Nervosität bekomme ich einen Tick, und bekomme zwölf Escudos Restgeld – ganz nach Vorschrift, zum Wechselkurs. Danach setzen wir uns in einem der hängenden Gärten in den Schatten eines Feigenbaums und essen. Die Stille mittäglicher Hitze. Eine Insel wie aus Träumen. Und auch die Wurst: vorzüglich.

Wir kehren auf dem gleichen Weg zurück. Die Leute sind aus den Kirchen getreten, und Funchal ist für einen Augenblick wie belebt. Wir spazieren durch die Stadt. Ein paar sehr schöne Läden, sehr gute Denkmäler. Die Armut, die Abgeschiedenheit sind spürbar. Für fünf Postkarten bezahle ich sieben Escudos, auf der Post wollen sie mehr herausschlagen, als die Preisliste vorsieht, und ich muss mich höflich mit ihnen streiten; für einen kleinen Krug Zitronenwasser vier Escudos – man versucht uns auszunehmen und übers Ohr zu hauen, wo man nur kann. Die Traurigkeit sickert hier aus allen Poren. Die Belle Époque von Madeira ist schon vorbei, doch auf der Insel geht noch alles seinen alten Lauf, entvölkert wartet sie auf die Wiederkehr des unwiederbringlich Vergangenen.

Gegen drei kehren wir zurück in den Hafen und steigen auf ein Motorboot. Die »Jagiełło« wird immer noch von Händlern belagert, Münztaucher versuchen auf unser Motorboot zu gelangen, springen ins Wasser und tauchen mit silbernen Scheiben im Mund wieder auf. Zwei Italienerinnen schmeißen silberne Geldstücke ins Wasser, lachen, wie sie so mit *souvenirs* behangen dasitzen, summen vor sich hin, Platscher im veilchenblauen Wasser – das ist ... dafür habe ich keine Worte. Ich drücke die Augen zu und komme zu dem Schluss, dass ich mich in all den Jahren daran gewöhnt habe, diese Dinge ganz ausschließlich wie Requisiten eines Romans zu betrachten, dass all das schon längst aus dem echten Leben ausgezogen, ausgewandert ist, *adieu* gesagt hat und bloß der Duft von Abschiedsworten zurückgeblieben ist, die auch schon seinerzeit antiquiert waren. Silbermünzen ... oh Gott. Die hatte ich schon ganz vergessen. Doch da sind sie wieder – ganz so wie in den Erzählungen meiner Großmutter von der Côte d'Azur, von wo sie, als ich klein war, gerade zurückgekehrt war.

Um vier Uhr nachmittags legen wir ab. Ich sitze auf dem Liegestuhl, die schwarzen Felsen von Madeira verschwinden im Nebel. Während ich schreibe, höre ich Romuś von seinen Eindrücken von der Insel erzählen. Auch er war auf Besichtigung. Als Fachmann interessierten ihn natürlich die Möbel, die er mir detailliert aufzählt: »Solide Betten – einmeterfünfunddreißig, ein Schrank in nojee (*noyer*, Nuss), ein anständiger pudruss (*poudreuse*, ein Frisiertisch) und so weiter.« Einen Dollar hat er bezahlt für die Visitation der Möbel und war es sehr zufrieden.

Die Sonne neigt sich zum Abend, und plötzlich fliegt etwas Silbernes hoch über dem Wasser, das von dort losgesprungen ist und jetzt wieder mit einem Platschen zurückfällt. Der erste fliegende Fisch. Erinnerungen an Bücher aus Kinderjahren. Jetzt acht Tage Meer bis La Guaira.

Auf der »Jagiełło«, 30. Juni

Wundervoller Tag mit erfrischender Brise. Die Augen ersetzen das Navigationsbesteck, mit ihnen zirkelt man den Azimut am Meereshorizont aus. Ein paar weiße Wolken und manchmal der Schein eines Fisches, der über das Wasser fliegt. Es ist schon anders, schön fühlt man sich, als wäre eine bestimmte Grenze durchflossen. Der Südatlantik. Nichts kann man mehr lesen, nichts mehr machen. Am besten gelingt es mir noch zu liegen und zu schauen, wie die Sonne sich auf dem Wasser spielt.

Das Leben auf dem Schiff hat sich eingespielt, der Eintritt in weite Gewässer und die Aussicht, über eine Woche miteinander auf dem Meer zu verbringen, ohne jeden Kontakt mit dem Festland, hat die gesellschaftlichen Bande festgezogen, die bisher eher lose waren. Einzig die Spanier bleiben unter sich, sie sind etwas fremd in diesem Paneuropa auf dem Vorderdeck. Das bestärkt mich in der Überzeugung, dass man sie eigentlich nicht wirklich zu den Europäern zählen kann.

Schon kreisen Gerüchte über die Deutsche und eine Italienerin. Außerdem ist gestern auf Madeira eine Gruppe portugiesischer Burschen an Bord gegangen, eingeschifft für Erdölarbeiten in Venezuela. Weil es in der dritten Klasse keine Plätze mehr gab, hat die Ölbohrgesellschaft sie in die zweite setzen lassen. Aus dem Kombüsenfunk dringt die Nachricht, wofür sie die Gardinen in den Kabinen benutzen, die Duschen und den ganzen bescheidenen, aber erlesenen Komfort der zweiten Klasse auf der »Jagiełło«. Unter der Hautevolee der dritten Klasse herrscht Empörung, dass man nicht eine bestimmte Anzahl an alteingesessenen Passagieren (die »Elite«) in die zweite transferiert hat. Eigentlich ist dem kaum zu widersprechen, denn, ehrlich gesagt, würden sich diese portugiesischen Burschen hier bestimmt wohler fühlen, und der tschechische Apotheker, der bulgarische Ingenieur, der spanische Professor, die deutsche Konsulin und andere einschließlich mir wüssten die Gardinen, Kabinen und Duschen der zweiten besser zu nutzen. Aber das sind Vorurteile.

Die Kost ist gut und üppig, aber eintönig, und mir stehen Nudeln, Risotto und Menestra schon bis über beide Ohren. Die Kellner servieren die Portionen mit einer solchen Bewegung, wie Maurer den Mörtel von der Kelle abschütteln. Klatsch auf den Teller und quäl dich, mein Lieber, während es hier immer wärmer wird. Beim Mittagessen hat Romuś heute vierhundertdreiundzwanzig Servietten verbraucht. Ich habe mitgezählt.

Auf der »Jagiełło«, 1. Juli

Romuś und ein paar andere haben ausgeschnüffelt, dass der Speiseplan keineswegs in Stein gemeißelt ist und wir doch darum bitten könnten, dieselbe Kost zu bekommen wie die polnische Besatzung. Romuś pirschte sich an mich heran an und sagte: »*Pan* Boczkowski, gehenS' doch zum Quartiermeister in unserm Namen und bittenS' doch, dass sie uns polnisches Futter geben. Heute gab's Sauerampfersuppe.« Er hat seine Spitzel und ich habe den italienischen Beton satt, also war ich gerne einverstanden. Neun vorüber, und ich ging zum Meister. B. ist ein herzensnetter Mensch – und zwar nicht deshalb, weil er damit einverstanden war, uns das *menu* anzupassen. Er ist einfach wirklich nett. Jetzt sollen wir täglich die polnische Suppe bekommen und zwei Mal die Woche das ganze polnische Menü. Um der Bedienung die Arbeit nicht zu verkomplizieren, wird die ganze Gruppe Polen separat essen, nach allen anderen. Daraufhin lud mich B. auf vier Uhr zu einem Drink ein.

Nachmittag. Als sie sahen, dass wir getrennt von den anderen aßen, waren die Spanier natürlich sehr erregt. Es sah so aus, als hätten sie schon eine *junta revolucionaria* gegründet, die unweit unseres Tisches zusammenkam und energisch Rat hielt. Die lateinische »Gleichheit«, die eine neidische ist, konnte unseren getrennten Tisch nicht hinnehmen und schäumte vor Wut. Sie redeten durcheinander, diskutierten, sprangen auf. Sie müssen ganz vorzügliche Reden gehalten haben. Ich verstand nichts, aber dass sie wunderbar redeten, spürte ich. Von Moltke hatte über die Franzosen gesagt, dass sie dem Wort den Vorzug vor der Tat gäben. Mit noch größerer Berechtigung könnte man das von den Spaniern behaupten. Als die Amerikaner die Philippinen angriffen, erging sich Spanien in pathetischen Reden, und statt das zu verteidigen, was von der ehemaligen Herrlichkeit übriggeblieben war, wurde dort der Rhetorik gefrönt. Sie parlierten, machten Diskurs nach allen Regeln der Kunst – bis die Philippinen erledigt waren. Ich kenne Spanien und die Spanier nicht – nur spanische Emigranten kenne ich. Alle Form der Emigration hat eher etwas Unleidliches. Alle sind sie mit verschiedenen Komplexen beladen, vor allem mit dem Komplex der Vergangenheit im Perfekt. *Complexus plusquam perfecti.* Er hat eine gewisse Verwandtschaft mit der allgemeinen Entwicklungshemmung. Sie liegen auf Pritschen, fahren zu neuen Kontinenten, zu einem neuen Leben und sind imstande, sich stundenlang in Spitzfindigkeiten über irgendein Detail aus dem Spanienkrieg zu ergehen. Und diese irrealen Konditionalsätze im Plusquamperfekt erst: Wenn das geschehen wäre ... dann hätte dieses ... Hier verstehe ich schon mehr, denn das *si* wiederholt sich häufig, gleich danach kommen irgendwelche komplizierten spanischen Zeitformen, irgendein *hubiera sido*. Wie ich sie so beobachte, spinne ich an Schulbuchanalogien.

Fein – da haben sie uns nun auf die Teller geschaut, sind zu einem Befund gekommen, haben darüber debattiert, und als sie bemerkten, dass wir abgesehen von der Suppe haargenau das Gleiche bekamen wie sie, haben sie sich ein wenig beruhigt. Romuś hat sechs Teller Sauerampfersuppe ausgeschlürft, die wirklich ganz ausgezeichnet war, und nach dem Essen fühlte er sich dermaßen erhoben, dass er seinerseits eine Ansprache an das spanische Komitee richtete, die mit dem mustergültigen *merde alors* begann, wonach er erklärte, dass dieses Schiff ein polnisches sei und wir Polen seien, also mehr Rechte hätten als sie und dass wir morgen Huhn bekämen, sie dagegen Nudeln. Danach kam er zu mir, um mir sein Urteil kundzutun: »Was für ein Volk, *pan* Bolkowski (es gibt noch Hoffnung, dass er diesen Namen bald richtig ausspricht), kaum steht so ein Dreikäsehoch von denen auf eigenen Beinen, schon riechen seine Füße wie bei einem Alten.« Da hatte er recht. Über mir schlafen ein Vater und sein Sohn, und ich kann sie nie auseinanderhalten.

Um vier ging ich zum Drink bei B. Ein Cocktail, das Kabinenfenster offen, und ein langes, gutes Gespräch. Wir sprachen über Frankreich wie über eine alte Freundin. Auf diese Weise lässt sich wohl über kein anderes Land sprechen. Auch er kennt es sehr gut. Er hatte dort studiert und dann für einige Zeit bei Chargeurs Réunis angeheuert.• Außerdem versprach er mir, dass er uns ab Venezuela eventuell in die zweite Klasse verlegt. Gegen einen solchen sozialen Aufstieg hätte ich nichts einzuwenden. Abends Kino. Zur Abwechslung ein Film aus den Anfängen von Ingrid Bergmann. Sie haben hier eine richtige Cinemathek auf der werten »Jagiełło«. Vielleicht ja auch etwas mit Asta Nielsen, Napierkowska oder der Smosarka?• Aus dem *Geheimnis von der Tramstation*, ein paar Couplets aus der *Aussätzigen …*• Ich kam ins Träumen.

Auf der »Jagiełło«, 2. Juli

Wundervolle Tage. Morgens Wolken, später bricht die Sonne durch, glattes, veilchenblaues Meer. Immer mehr fliegende Fische. In ganzen Schwärmen springen sie empor, fliegen einige Dutzend Meter und fallen wieder ins Wasser. In der Sonne erinnern sie an Seifenblasen.

Um zwölf sind wir zu B. und haben zu dritt eine Flasche vorzüglichen »Martini Rosso« auf Eis geleert, dazu Kekse. Außer uns waren zwei zauberhafte Mannequins von den Kanarischen Inseln in der Kabine. Wir berauschten uns an der Stille. Mit Vergnügen und Dankbarkeit nahmen wir auch die Einladung zum Nachmittagstee an. Die Rückkehr von diesem Teil des Schiffs auf das Vorderdeck ist schockierend.

Romuś ist entzückt von der neuen Speisekarte, den Serviettenverbrauch hat er verdoppelt, und nur ich verleide ihm ständig den Appetit, denn immer, wenn er zum zehnten Mal um Nachschlag bittet, ermuntere ich ihn: »Essen Sie nur, man weiß ja nicht, wie es da in Venezuela ist. Vielleicht ist das die letzte Gelegenheit. Da soll ja die Tuberkulose grassieren – stärken Sie sich da mal besser. Na, noch ein bisschen Suppe?« Dem Ärmsten ist dann jede Esslust vergangen – bis zum Abendbrot. Die Gedanken quälen ihn, seufzend liegt er auf seiner Pritsche, und ich: »So auf dem Meer zu reisen, das ist angenehm, aber was kommt danach?« Romuś wird ganz schwermütig.

Im Stillen sage ich mir das selbst, aber der Gedanke an das Danach hat für mich nicht nur nichts Bedrückendes, ganz im Gegenteil: Er ist reizvoll. Die eigenen Kräfte auf die Probe stellen. Na, und vielleicht gelingt es mir einmal im Leben, meine eigenen vier Wände zu haben, Hund und Katze, einen Suppentopf, in den um meines Glückes willen niemand seine Nase steckt.

Wenn Romuś, belastet von Gedanken an die Zukunft, mich fragt: »Was werden S' eigentlich schaffen in diesem Guatemala?«, antworte ich ihm lachend: »Ich werde atmen.« Übrigens frage ich mich, ob es sich auf der anderen Seite des Großen Teiches auch schon mit vielem so verhält wie mit den Geistern, das heißt: Alle sprechen über sie, kaum jemand hat sie gesehen (so La Rochefoucauld über die wahre Liebe). Der europäische Spiritismus ist letal. Wie ruft man einen Geist, ohne zuvor ein Ektoplasma aus warmem Schinken und einer Reihe anderer Dinge zu bekommen? Sogar die Franzosen werden zu gefährlichen Träumern.

Wunderbarer Tee bei B. Im Grunde gibt es nichts Angenehmeres als kultivierte Schlichtheit und Natürlichkeit.

Auf der »Jagiełło«, 2. Juli

Die junge Spanierin, ein einfaches Mädchen, das neben meiner Frau schläft, hat sie heute gefragt, ob sie ihre Pritsche ungemacht lassen könnte. »Mir ist so langweilig, dass ich sie gerne jeden Tag für Sie beziehen würde.« Mir ist zweifellos auch langweilig, denn ich lese immer noch den letzten Roman von André Maurois, *Terre promise*. Das ist das Allerneueste, will sagen, man könnte darauf das anwenden, was Sienkiewicz vor über fünfzig Jahren in einem seiner Briefe aus Paris geschrieben hat: »Der Krieg wütet mit Feuer und Schwert über dem Land, und im Roman bezirzt der Held die Frau seines Freundes; das Kaiserreich zerfällt in seine Einzelteile, und der Held bezirzt die Frau seines Freundes; die Republik entsteht, Parteienkampf, das Schiff der Nation steuert durch einen Sturm, wankt, neigt sich und ächzt – und der Held bezirzt die Frau seines Freundes.« – In der Tat!

Terre promise ist so etwas wie *Die Verschwörung*° für die Dame, nur um Äonen schlechter geschrieben. Uff! Ich schaue aufs Meer und bin davon überzeugt, dass dieses Buch mitsamt seiner Sprache und seinen Gedanken noch flacher ist. Insgesamt eine maßlose Banalität. Für Banalität wäre hier eine neue Maßeinheit gefunden. Aber das ist noch nichts. Eine der Protagonistinnen, Typus der *Raserei* von Podkowiński, ist zu einem Aufenthalt in Warschau und reüssiert dort ganz außerordentlich: »Marschall Piłsudski liegt ihr zu Füßen; Paderewski spielt für sie *Clair de la lune*«, schreibt Monsieur Maurois. Man würde gerne sagen, *ce pauvre* Monsieur Maurois. Nun ja – sogar die intelligenten Franzosen (und Maurois lässt sich die Intelligenz nicht absprechen) sind nicht in der Lage, ihre Nase weiter als für einen Spaziergang über die angrenzenden Départements hinauszustrecken.

Ein wundervoller Abend. Die Nächte sind schon weicher und die Sterne haben ihre Plätze getauscht. Das Meer wird silbern, es ist still und zunehmend warm. Als würde man sich dem Kaminfeuer nähern. Dort von vorne, irgendwo aus der Ferne, dringt schon eine ganz andere Sorte Luft – unbekannt und interessant. Gegen vier Uhr morgens sollen wir den Wendekreis des Krebses überqueren.

HINTER DEM WENDEKREIS

Auf der »Jagiełło«, 4. Juli

Diesen Wendekreis des Krebses haben sie sehr gut platziert. Nachdem wir ihn heute Morgen überquert hatten, fühlte man tatsächlich einen Unterschied. Eigentlich ist alles beim Alten, aber irgendwie doch anders. Die Sonne wird immer drückender. Es scheint, dass jeder Strahl, der durch die Schlitze im Segeltuchdach dringt, an Gewicht zugenommen hat und nicht mehr bloß aufs Deck fällt, sondern herunterrumst wie eine glühende Schiene, die aus einer Trommelwalze herausgedrückt wird. Auch die Farbe des Horizonts hat sich geändert, er ist dichter und markanter geworden. Aus dem violetten Wasser springen ununterbrochen Schwärme fliegender Fische, sie flattern wie Libellen über einer Wiese. So langsam wird es richtig exotisch.

Ich sitze auf der Liege und mache jetzt wirklich nichts mehr. Ich schaue und beobachte. Manchmal ein Gefühl wie im Traum; einem dieser Träume, die mich in früheren Jahren heimgesucht haben, nachdem ich ein Buch von Conrad, London oder Maugham gelesen habe, wonach in der Seele ein Sturm zu wüten begann, der mich irgendwo hierher, in diese Breiten brachte. »Jetzt hast du, was du wolltest«, sage ich zu mir, obwohl ich es kaum glauben kann. Und wieder kehren, wie vor Jahren, beharrlich die Worte wieder: »Darby McGraw – mehr Rum …«. Das sind die letzten Worte von Captain Flint vor seinem Tod in Savannah. Hier haben sie tatsächlich den Geruch von Rum. Wir fahren ein in die Gewässer, in denen die gesamte Geschichte der Neuzeit geboren wurde.

Gegen elf wurde ich gemeinsam mit meiner Frau (als quasi *homme* und *femme de lettre*) zum italienischen Quartiermeister gebeten, B.s Stellvertreter, wo wir irgendeinen italienischen Journalisten und einen Spanier trafen, angeblich auch Journalist. Bei denen ist jeder zweite ein *periodista*. Danach bekamen wir eine Führung über das Schiff. Wir besichtigten die Küche, die Bäckerei, die Konditorei, die Wäscherei, dann die erste und die zweite Klasse und schließlich die Kommandobrücke, wo man uns natürlich den »Kurs« erklärte. Die »Jagiełło« wurde uns ausführlich vorgestellt.

Sie ist ein ehemaliges deutsches Schiff, gebaut in Hamburg und erst während des Krieges fertiggestellt, sechstausend Tonnen, vorgesehen für die Strecke Deutschland–Naher Osten. Um es für die Zwecke seiner jetzigen Fahrten herzurichten, wurde es in Genua einer Grundrenovierung unterzogen. Nach der ersten Fahrt musste allerdings noch so einiges geglättet werden, daher auch die einmonatige Verspätung, bevor es wieder auslaufen konnte. Im Augenblick ist dieser eine polnische Kreuzer der allerbeste, allerkomfortabelste und sowieso in jeder Hinsicht »aller-« auf dieser Strecke. Verglichen mit ihm erinnern andere Schiffe an Galeeren. Ich habe Berichte über sie gelesen – Dreck, Kakerlaken in der Suppe, die Passagiere der dritten Klasse werden wie Vieh behandelt. Auf die »Jagiełło« habe ich gerne gewartet.* Hier essen wir täglich circa fünfhundert Kilogramm Fleisch, Geflügel und Wurst nicht einberechnet. Alles ist blitzeblank. Das Fleisch ist zu Teilen argentinisches Gefrierfleisch, zu Teilen frisches, das auf dem Schiff eingefroren wird. Es gibt spezielle Kühlräume mit unterschiedlichen Temperaturen in Abhängigkeit von den darin eingelagerten Produkten. Sehr angenehm ist es in diesen Kühlräumen – besonders im Obstkühlraum, wo es herrlich nach den ungefähr achtzigtausend Äpfeln und Orangen duftet.

Nach der Schiffsbesichtigung wurden wir vom Kapitän G. zu Cocktails und äußerst hübschen Oliven in seiner Kabine empfangen. Das allgemeine Gespräch wechselte vom Italienischen ins Spanische, mit uns sprach er Polnisch. Wieder ein Prachtexemplar von einem Menschen, von dem man nichts als begeistert sein konnte. Von der Zurückhaltung einer tiefen Kultiviertheit, von etwas nicht Greifbarem, das einen sofort für sich einnimmt. Ich blinzle heimlich meiner Frau zu und würde am liebsten laut schmatzen wie bei einem guten Wein. Das Gespräch geht weiter. Hin und wieder flackert schrill ein Bild aus jenen schrecklichen Jahren auf, das diesen Menschen mit einer Schaufel in der Hand zeigt, hungernd. Nach alledem, ab der ersten Stunde, da er von dem schwersten Joch befreit war, befasste er sich schon mit der Organisation der Rettung dessen, was in Gdynia noch aufzufinden war, schon wieder ganz erfüllt von Gedanken an das Neue. Wir sind ein Volk mit dummen, ärgerlichen Fehlern, Lastern und Angewohnheiten, aber wir bringen manchmal Menschen hervor, die woanders wirklich selten anzutreffen sind.

Danach wird ein bisschen gelacht. Er erzählt uns, dass auf Madeira eine gewisse Landsfrau von hoher Geburt lebt. Als die »Jagiełło« dort während der letzten Fahrt anlegte, tauchte ein Belgier auf dem Deck auf, den sie geschickt hatte und der dem Kapitän in einem umständlichen Gespräch auseinandersetzte, dass die *princesse* gerne den Kreuzer mit einem Besuch beehren würde, jedoch fürchtet, dass man sie entführen könnte. Der Belgier benutzte den Ausdruck *kidnapped*, obwohl mir scheint, dass das Alter jener Persönlichkeit nicht nur diesen Ausdruck nicht sehr adäquat aussehen ließ, sondern dass sogar von einem *raptus puellae*• nicht mehr die Rede sein konnte. Dieses Mal machte sie ohne die vorherige Delegation belgischer Sendboten ihre *honneurs*. Er erzählte uns auch von dem furchtbaren Sturm, durch den er die »Borysław«• gesteuert hatte. Die übrigen *Liberty ships* hat er kentern lassen. Uns werden Fotos gezeigt. Leise surrt der Ventilator, durch das offene

Fenster dringt Tropenluft wie der Duft von Türkischem Honig an Allerheiligen.

Gegen eins kehren wir in unsere Schlafsäle zurück und schon um vier sind wir wieder bei B. beim Tee. Ein mondänes Leben! Die Unterhaltung dauert fast bis zum Einbruch der Dunkelheit. Die Sonne erlischt hinter dem Bug, der Himmel wird taubengrau, einer nach dem anderen springen die Sterne an. Wir beschließen, heute auf dem Deck zu schlafen, weil die stickige Hitze in den »Majdaneks« langsam unerträglich wird.

Auf der »Jagiełło«, 5. Juli

Nacht auf dem Deck. Wir haben herrlich geschlafen, wenn auch hart. Man kann unter so einem Tropenfirmament wunderbar einschlafen. Die Augen irren auf dem vollends sternenerhellten Himmel, und das Abendgebet steigt ganz ungehindert direkt zum Herrgott empor. »Und unser tägliches Brot gib uns heute ...« Dieses »heute« bringt mich ins Grübeln. Vom Morgen, vom Tag danach keine Rede. Entweder ist das ausgesprochen lebensfremd oder im Gegenteil sehr wirklichkeitsnah, die einzig annehmbare Haltung. Eher Letzteres. Taue rutschen an den Sternen entlang, manchmal werden sie von einer seltenen Wolke für einen Augenblick verdeckt, die rasch wieder von dannen zieht. Man spürt ein leichtes Wiegen und Schaukeln, und unter dem Rücken bebt das Deck. Wasserrauschen.

Neben uns hatten sich zwei Italiener gesetzt. Die anderen waren schon schlafen gegangen, und es war leer. Einer von ihnen spielte leise auf einer Flöte, der andere pfiff hin und wieder zart italienische Melodien, Lieder, Arien. Das war auf seltsamste Weise ruhig und süß, im besten Sinne dieses Adjektivs. Die Süße von Feldblumen auf einer roten Wiese. Wie ich so lauschte, kam mir in den Sinn, dass die Flöte das Instrument der heißen, duftenden Nächte ist. Und auch ihr Klang hat etwas Altertümliches, etwas, das einen die Gedanken unwillkürlich in die Worte und den Rhythmus griechischer Poesie kleiden lässt. So lagen wir in die Musik vertieft, in eine andere Welt davongetragen. Eine Sternschnuppe glänzte so hell auf, dass sie für einen Sekundenbruchteil die Dunkelheit ausleuchtete, und sie erlosch wie eine Rakete.

Seit gestern haben wir in der Bar der ersten Klasse eine eigene Ecke für die »Arbeit«. Das ist äußerst angenehm, denn sobald es uns auf dem Vorderdeck zu laut und miefig wird, finden wir hier Zuflucht. Der Italiener und der Spanier schreiben hier an dem Blättchen, das morgen auf dem Kapitänsabend verkauft werden soll, oder eher dem Abschiedsball: In La Guaira gehen über fünfhundert Passagiere von Bord.

Heute Nachmittag sind wir dorthin, um etwas zu verschnaufen. Ich sprach mit dem Spanier. Es ging um die Frage von Kultur und Zivilisation. Seitdem ich über dieses Thema mit einem meiner engsten Freunde, einem Taxifahrer aus Warschau (erinnerst du dich, Tadzio?) diskutiert hatte, der mich so sehr in die Enge drängte, dass ich diese beiden flüchtigen, fließenden Begriffe mit dem Bild von Zylinder und Kolben anschaulich machen musste, ist mir kein besserer Vergleich mehr eingefallen. Dem Spanier erklärte ich also, Zivilisation sei für mich diese ganze Bar mitsamt den Tischen aus kostbarem Holz, den bequemen Sesseln, dem reichlich und mit allerlei Feuerwassern ausgestatteten Büfett usf., und Kultur sei die Fähigkeit, all dies zu gebrauchen, ohne das angebrochene Furnier abzuzwecken, um daraus Zahnstocher zu machen, ohne sich mit dem »Martell« besinnungslos zu besaufen und ohne infolge solchen Besäufnisses auf die Sessel und das Parkett zu reihern oder das Inventar zu zerschlagen. Ich wurde nicht verstanden.

»Das hat nichts miteinander zu tun. Die kultiviertesten Menschen betrinken sich, erbrechen und sind imstande, Stühle zu zerschlagen.«

»Wer sich zu einem solchen Grad betrinkt, verwirkt in meinen Augen automatisch das Recht, kultiviert genannt zu werden. Für mich bedeutet Kultur auch das Vermögen, eigenständig das zügeln zu können, was im Menschen als zu ungezügelt verstanden wird. Die Fähigkeit, sich selbst Verbote aufzuerlegen und ein Gleichgewicht zu finden.«

»Das mag sein, aber ich gestehe Ihnen: Wenn es mir zu irgendetwas nütze wäre, würde ich keinen Augenblick zögern, alle diese Möbel zu zerhauen und anzuzünden.«

»Und ich würde noch im Augenblick größter Not davor zurückschrecken. Und gerade dieses ›Zurückschrecken‹, den wenn auch nur kurzen Moment der Reflexion halte ich für einen Ausweis von Kultur. Und ich bin mir fast sicher, dass ich, noch während ich diesen Mahagoni-Tisch oder das Klavier zerschlage, auch etwas in meiner Seele zerhaue. Vielleicht die Kultur? ...«

Der Spanier nickte, machte noch lange Ausführungen, aber von einem Einverständnis konnte keine Rede sein. Abends habe ich dieses Gespräch dem tschechischen Apotheker wiedererzählt. Wir verstanden einander von A bis Z, er war sogar regelrecht begeistert von meiner Definition von Kultur und Zivilisation. Aber wir kamen zu dem Schluss, dass wir beide krankhaft hysterisch sind.

Vor dem Abendessen setzte sich der Kapitän zu uns und bat uns zwei zu sich auf einen »Drink«. Ein abgeschiedenes kleines Apartment ganz oben neben der Brücke. Auf dem Bett eine Gitarre. Er versprach, etwas vorzuspielen. Ein Ventilator blies in gleichmäßigen Halbumdrehungen. Der Kapitän entnahm seinem Apothekenschränkchen drei hohe Gläser und initiierte uns in die Flaschenmysterien, mit Geschick und Raffinesse. Danach die wunderbare Offenbarung von der Taufe des Eises. Diese geschmacklosen Quadrate erhielten erst in einer heißen Nacht am Wendekreis echtes Aroma und ihren echten Zauber. So dazusitzen, so viele verschiedene, wohlriechende Spirituosen zu trinken und den anregenden Erzählungen und Gedankengängen eines Menschen von so einer besonderen Lebensklugheit zu lauschen, war ein maßloses Vergnügen. Sein Geist war von außerordentlicher Schärfe, geradlinig, unkompliziert und auch profund. Dabei voller *charme*.

Was für eine Reise! So könnte ich noch drei Monate durchs Meer kreuzen.

Auf der »Jagiełło«, 6. Juli

Wir schlafen auf dem Deck. In den »Majdaneks« ist es, der tadellosen Ventilation zum Trotz, heiß und stickig. Vormittags beim Friseur. Ein alter Italiener aus Mailand, der gutes Französisch spricht. Die vierzig amerikanischen Cents, die ich ihm gebe, nimmt er mit einer Bewegung, als würde ich ihm einen lebenden Vogel reichen. Na – hier entfleucht kein einziger Cent. Heil und ganz kehrt er mit diesen Vögelchen zurück, um die Augen seiner Kinder und Enkelkinder zum Leuchten zu bringen. Er hat diese Centmünzen über verschiedene Parfumkartons verteilt und bewahrt sie so in kassenähnlicher Systematik auf. »Das wird noch in Papier gewechselt«, erzählt er lächelnd. Vor dem Fenster des Friseurs liegt das Schwimmbecken. Die Leute baden dort, schwimmen, springen ins Wasser. Lustig sieht es aus, dieses Wasser auf dem Wasser. Der Italiener klagt über die Hitze. Das ist wirklich seltsam, diese ganzen Südländer vertragen sie viel schlechter als wir Osteuropäer. Ermattet liegen sie auf dem Deck und auf ihren Pritschen, zerschmelzen regelrecht, schlagen Leck aus allen Poren, wie ein Camembert, den man aus der Verpackung genommen und in die Sonne gelegt hat. Auch der Geruch, der diesen Prozess begleitet, ist der Käsereifung verwandt. Der einzig wohlriechende Teil ihrer oberflächlich gewaschenen Körper ist der sorgfältig eingecremte, vor Brillantine glänzende Kopf.

Heute nahm eine Gruppe Italiener neben uns Platz und begann zu diskutieren. Furchtbar! Leise reden können sie nicht. Die liebe lange Zeit über in *fortissimo* und *presto con fuego*. Neben uns saß auch ein Tscheche, der es schließlich nicht mehr aushielt: »Es heißt, Italienisch sei die schönste aller Sprachen, aber das ist gelogen. Eine Sprache, der es an leisen Tönen mangelt, kann nicht schön sein.« Er fing mit ihnen zu streiten an und am Ende floh er, rot vor Wut, um den Lärm gegen einen anderen einzutauschen.

Am schlimmsten wurde es am Nachmittag. Es wurde nämlich eine Art Kinderjause für alle kleinen Racker aus den Salons der ersten Klasse abgehalten, und nach diesem Kaffeekränzchen brach der Welten Ende an. Denn während dieses Kinderballs gab man den Kindern – Papiertrompeten. Ich weiß nicht, durch welche Fügung, aber ein Teil dieser Posaunchen fand auch ihren Weg an die Lippen der portugiesischen Buben. Die liebreizenden Schnütchen der ersten Klasse, gestärkt durch Schokolade, Kakao und Süßigkeiten, kehrten zurück und trompeteten so stark, wie ihre kleinen, süßen Lüngerchen nur konnten. Die portugiesischen Buben wiederum organisierten einen Trompetenumzug über das gesamte Schiff.

Im Gänsemarsch mit Getute. Ich wurde rasend. Der Tscheche, nunmehr vollständig violett, kam zu mir gerannt und begann mir auf Tschechisch und Deutsch ins Ohr zu fluchen. Unterdessen tollen die Engelchen und trompeten. Ich verlor die Contenance, und sobald sich mir so einer auf Armlänge näherte, entriss ich ihm sein Blaswerkzeug und warf es ins Meer. Auf diese Weise liquidierte ich acht Trompeten, wonach ich (*nec Hercules*, wo der Kinder sind Legionen)* in die zweite Klasse floh.

Die Trompeten haben mich fertig gemacht. Es bedarf nur einer einzigen Reise in Gesellschaft solch reizender Kinderchen, um ein für allemal jegliche väterlich-mütterlichen Regungen im Menschen zu ersticken. Von Kindern jedweder Art und ähnlichen unbedingt niedlichen Geschöpfen habe ich jedenfalls für lange Zeit genug. Ich sehne mich schon nach La Guaira, wenn die ganze Bagage endlich von Bord geht.

Auf der »Jagiełło«, 7. Juli

Was für ein Abend! Auch die ältesten Kinder erinnern sich an nichts Vergleichbares. Gestern gingen wir gegen zehn auf diesen Ball. Drückende Hitze auch in der Nacht. Nachdem wir uns in den »Majdaneks« umgezogen hatten, trat ich, obwohl ich einen Tropenanzug trug, auf das Deck hinaus, als käme ich just aus der Badewanne. In der Bar der ersten Klasse saß B. zusammen mit zwei Offizieren und lud uns zu seinem Tisch. Es muss mittlerweile nach dreister Übertreibung klingen, aber die beiden Offiziere, die wir gerade frisch kennengelernt hatten, waren wieder so sympathisch, dass wir uns fünf Minuten später miteinander unterhielten wie alte Freunde. Was für eine Mannschaft ... Exportware von wirklich höchster Güte.

Die Bar war schon recht voll, und wäre nicht das leichte Wanken, gelegentlich unterbrochen durch stärkere Schräglagen, könnte man den Eindruck haben, hier handle es sich um ein exquisites Nachtlokal. Wir tranken süßen Asti mit Eis, das Orchester spielte, Paare tanzten. Zu allen übrigen Qualitäten ist der Kapitän auch ein hervorragender Tänzer. Der Ingenieur erzählte uns von seinen Maschinen, und der Kapitän R. sowie der erste Offizier von Italien und besonders einer Italienerin. In der Zwischenzeit betrachteten wir die Kandidatinnen für die »Miss ›Jagiełło‹«, deren Wahl in dieser »Antillennacht« stattfinden sollte. Die Schönheiten waren einigermaßen eingelaufen. Wir stimmten für die Spanierin, die vom Bettenbeziehen; viel Geschrei und Gebrüll, umso mehr, da sich angeblich eine Mehrheit für ein französisches Kälblein fand, das nicht einmal auf seinen beiden Bambusstelzen zu stehen wusste. Wir wollten die Spanierin durchdrücken, protestierten laut gegen vermutete Intrigen hinter den Kulissen, aber auf die öffentliche Meinung wurde nicht viel gegeben. Unter einem pfeifenden Proteststurm wurde die Französin zur »Miss ›Jagiełło‹« erklärt. Erst der Kapitän brachte die wilden Schreie – der Italiener, Spanier und eines Polen – mit seiner Autorität zum Schweigen, indem er sie zum Tanz bat. Konfetti und Luftschlangen wurden ausgeteilt. Nach einer Weile war die ganze Bar in bunte Papierschleifen eingewickelt. Ich sank auf einen Stuhl, fuhr in mich selbst zusammen wie ein Teleskopstock und starrte vor mich hin. Wehmütig erinnerte ich mich an Bälle aus früheren Zeiten. Hinter den Fenstern rauschte das Meer, hin und wieder wehte von dort ein plötzlicher heißer Luftzug. Der eisgekühlte Asti war süß, die »Morris«-Zigaretten von betörendem Duft, das Licht wurde abgedunkelt und die Paare drehten sich tanzend unter den Ranken der Luftschlangen. Zusammen mit dem ganzen Tisch schoss ich Konfettisalven auf den Kapitän und trank Wein.

B. nahm Fahrt auf beim Asti und hob sein Glas auf die Gesundheit der Polinnen. »Sie sind immer noch am schönsten«, wiederholte er hartnäckig. Seine Frau ist so reizend, dass ich nicht widersprach, er kann schlichtweg keine andere Meinung haben. Um zwölf verließ uns Kapitän R., da sein Dienst schon um vier begann, wir saßen weiter da, tranken noch die vierte Flasche aus. Danach bot uns B. noch Tee und einen Happen Essen in seiner Kabine an. Wir machten es uns bei ihm bequem, machten den größtmöglichen Durchzug (seit vier Tagen leben wir von diesen Durchzügen) und unterhielten uns weiter. Tee, kalter Truthahn, Kekse, Likör. Und wieder die schwarze Magie der Fenster, durch die die Hitze der Nacht drang.

Ich fragte mich, weshalb diese Leute alle so furchtbar sympathisch sind, auf erlesenste Art kultiviert und intelligent. Vielleicht ja, weil sie bei all ihrer Arbeit Gelegenheit zur Kontemplation haben, zum ruhigen Zwiegespräch mit sich selbst, Gedanken wenden können, die wie vom Wind frisch durchlüftet sind und nicht abgestanden von einem Intellektualismus, der sich so oft auf das Lausen fremder Köpfe beschränkt, zum feuchten Dreschen (wie bei verschwitzten Händen) von »Fragestellungen« und »Problemen«.

Gegen drei Uhr morgens gingen wir auseinander. Als wir uns am Bug schlafen legten, phosphoreszierte das Meer. Die Wasseroberfläche wurde von dem Kreuzer durchschnitten wie Blech von einem Brennschneider. Der Schaum war wie weiß erhitztes Metall.

Heute Morgen, zwischen acht und neun Uhr, habe wir Martinique passiert. Kalter Nordwind, das Meer an der Oberfläche unruhig blubbernd, von dunklem Saphirblau. Martinique tauchte gelbgrün aus dem Wasser empor, in den Farben von van Gogh, umschlossen von einer Krause aus weißem Schaum. Langsam schob sich die Insel vorüber, und ehe sie verschwand, erschienen schon die scharfen, bläulichen Gipfel von St. Lucia, einige Zeit sah man beide Inseln, eine auf der rechten, eine auf der linken Seite. Wir fuhren ins Karibische Meer ein. Das Karibische Meer ... Irgendetwas ist in diesem Wasser. Ich weiß nicht, wie ich es beschreiben soll, aber als ich plötzlich halblaut zu mir sage: »Es war ein kleiner Schoner ...«, versetzen mich diese fünf

Wörter in höchste Erregung. »Na, und wie geht's weiter, wie geht's weiter?«, frage ich mich selbst fieberhaft wie ein kleines Kind, dem man ein aufregendes Märchen zu erzählen beginnt. Ich weiß nicht, wie es weitergeht, also wiederhole ich: »Es war ein kleiner Schoner ...«, und mir erscheinen Hüte mit Totenköpfen, schwarze Flaggen, ein Paar mit Elfenbein verzierter Pistolen, ich beiße die Patronen auf, stopfe den Lauf, es riecht nach Schießpulver.

Ich mache ein Experiment und sage zu meiner Frau: »Es war ein kleiner Schoner ...« Wie vermutet dreht sie sich zu mir, wartet eine Weile und fragt dann: »Wie geht's weiter?« Ich sage ihr: Nichts weiter, ich habe das nur so dahergesagt. »Du lügst – sprich weiter – du hast dir bestimmt wieder was ausgedacht.« – »Aber nein.« – »Wenn du's mir nicht erzählst, bekommst du nichts mehr von den Huntley Palmers, die mit Schokolade.« Ich liebe Huntley Palmers, aber was soll ich tun, ich habe mir keine Geschichte überlegt. Ich versenkte mich wieder in den Traum zu meinen Pistolen, fügte noch das Bild einer Blonden hinzu, die so schön war, dass ihr auch im amerikanischen Technicolor nichts gleicht, und stand am Hauptmast, »die Haken auf Backbord, bereit zum Entern!« schreiend, mit einem Säbel in einer Hand, einer Pistole in der anderen, einer zweiten Pistole in der dritten und einem Dolch zwischen den Zähnen.

Man merkt schon die Regenzeit kommen. Auf dem reinblauen Himmel taucht plötzlich eine große, weiße Wolke auf, schwärzlich im Inneren, mit einer heruntergelassenen Regengardine. Sie gleitet schnell voran, kommt näher, schüttet Wasserbäche aus – und nur wenig später ist wieder klares Wetter. Der Regen ist heftig und kommt in Strömen.

Die Sonne schwebt mittags hoch und brennend. Unerträgliche Hitze. Morgen sollen wir nachmittags in La Guaira eintreffen.

Auf der »Jagiełło«, 8. Juli

Seit dem frühen Morgen herrscht Bewegung und Gereiztheit. Für alle Fälle bin ich bei meinen Handkoffern unter der Pritsche geblieben und schrieb meine Briefe in den »Majdaneks«. Es ist immer besser, abzuwarten, bis die übrige Fahrgesellschaft gepackt hat und alle Überseekisten geschlossen sind.

Gegen zwölf Uhr mittags ging ich an Deck. Im Nebel begannen sich die Silhouetten von Bergen abzuzeichnen. Südamerika. Zum ersten Mal seit der Abfahrt spürte ich so etwas wie Furcht. Ich klammerte mich an das Geländer, den Blick in das weite Land gerichtet, und zitterte. Ich fühlte mich schrecklich einsam, ohne Halt. Ich tastete mein Portemonnaie ab, darin waren hundertachtzig Dollar. Das ist alles. Und meine beiden Hände. Kolumbus war in einer deutlich besseren Lage.

Die Berge kamen näher. Inmitten des Dunkelgrüns der Abhänge, das stellenweise fast schwarz, fremd und hart war, entzündeten sich die Feuer roter Felsen. Dichte, fleischige Wolken verdeckten die Gipfel.

Die Menge war verschwitzt und in fieberhafter Aufregung. Sie haben sich in ihre Sonntagsstatt gekleidet, Anzüge aus Schurwolle, Krawatten, Hüte – und das bei Kesselhaustemperaturen. Das Deck zugestellt mit Koffern und Kisten.

Uff – wie gut, dass wir weiterfahren, dass ich noch nicht von Bord gehen muss, in diesem Gedränge. Während des Mittagessens begann das Einlaufen in den Haupthafen von Venezuela: La Guaira.

PANAMA – GUATEMALA

Panama, 15. Juli

Nach dem Frühstück verabschieden wir uns nochmals von der »Jagiełło« und gehen endlich ab aufs Festland. Ein sonniger Tag, vom Meer weht ein kühlerer Wind. Ich habe eine schreckliche Unlust, die kommenden Formalitäten zu erledigen. Am liebsten würde ich mich auf eine Wiese unter einer Palme setzen und vor mich hin schauen. Beim Hafenausgang noch eine Durchsuchung, nämlich des Gepäcks, das wir mit ins Flugzeug nehmen. Die übrigen Koffer werden auf die »Verague« gebracht, sie nehmen den Weg übers Meer. Im Büro der United Fruit Company, der Gesellschaft, die im Karibischen Meer über eine ganze Flotte verfügt und quasi Herr und Gebieter dieser Region ist, bezahle ich Saures. Deshalb lässt mich die übermäßige Freundlichkeit von allen auch eher kalt, die hier reihum fragen: *Can I help you?* Sie sind zweifellos sehr nett, aber für dieses Geld wäre auch ich zu furchtbarer Höflichkeit und Hilfsbereitschaft in der Lage. Von dort gehen wir ins Büro der Pan American World Airways. Sie sind der zweite Gebieter, ein noch größerer, weil sie von Alaska bis zum Kap Horn herrschen und über alles dazwischen. Die Tickets haben wir schon in Paris gekauft und hier sollen uns nur noch die Platzkarten ausgegeben werden. Das ständige *Can I help you* geht mir schon etwas auf die Nerven, also antworte ich: *Of course.* Die reinsten Samariter, zum Henker!

In diesem Büro erweist sich, dass unsere Einreisevisa für Guatemala durch die Verspätung der »Jagiełło«, auf die wir so geduldig gewartet haben, verfallen sind. Einer der »keneihelpjus« rät uns dazu, sie im guatemaltekischen Konsulat zu verlängern, weil er uns ohne nicht ins Flugzeug lassen kann. Er händigt uns die Adresse des Konsulats aus. Ich weiß nicht, wo das ist, also nehme ich ein Taxi. Der Chauffeur, ein Schwarzer, lächelt freundlich, aber dann geht es los. Topfschlagen in Colón. Er fährt hin und zurück und kreuz und quer, aber findet das Ziel nicht: vielleicht hier? – nein, das ist Uruguay – und hier? – nein, das ist Paraguay – oh, dann bestimmt hier! – auch nicht: Honduras. Wir sind schon nah – warm, wärmer. Wir kommen ganz schön rum.

Mir ist zum Weinen zumute und ich bekomme Lust, mit ihm auf Polnisch zu diskutieren. Endlich findet er sie. Nicht weit von dort, wo wir ins Taxi eingestiegen sind. Klar – schon der Name deutet darauf hin: Colón wurde von Kolumbus entdeckt (Cristóbal Colón auf Spanisch), und Kolumbus war der Auffassung, dass die Erde rund sei, *ergo* der Chauffeur, ein Nachfahre von Kolumbus ... Ich sage nichts weiter, Traditionen habe ich schon immer geliebt. In welcher Sprache sollte ich auch sprechen? Ich entlasse ihn jedenfalls, zurück finden wir schon selbst.

Im Konsulat haben wir Glück. Wir kommen zu einer Stunde, da die Beamten nicht schlafen, und werden sofort empfangen, auf einer Veranda, die wie ein Salon eingerichtet ist. Von ihr geht der Blick auf den Strand, auf gebeugte Palmen, die sich mühselig dem Wind entgegenstemmen. Der Konsul lässt sich die Stempel auf die Veranda bringen, holt einen »Parker« hervor und unterschreibt alles unverzüglich und äußerst freundlich. Nach einer Viertelstunde gehen wir raus und langsam zur Pan American zurück. Auch da geht es schnell. Das Flugzeug fliegt morgen um acht Uhr dreißig ab Balboa, von der anderen Seite des Kanals.

Wir gehen zum Bahnhof. Wir müssen uns beeilen, weil der Expresszug nach Panama in einer Stunde abfährt. Wieder zurück zum Zoll, um das Gepäck zu holen, wir fahren mit dem Taxi, diesmal zeige ich dem Fahrer den Weg. Auf dem Bahnhof (quasi Krakau-Mydlniki)• steht der Zug. Fast wie eine Schmalspurbahn, und genauso hübsch und alt. Die Waggons sind hellgrün und blau, mit kleinen Balkonen und Balustraden, die Lokomotive schwarz mit hohem

Zylinder, glänzend vom antiken Messing. Das letzte Mal habe ich so einen Zug, als ich acht Jahre alt war, zu Weihnachten geschenkt bekommen, und vorher haben schon zwei Kleinbürgergenerationen damit gespielt. Wir geben unser Gepäck auf, ich kaufe die Fahrkarten, wir steigen ein. Ich möchte das Fenster öffnen, das mit irgendeiner Konstruktion aus dem Jahr 1900 geschlossen ist, und plötzlich bleibt mir der ganze *wiehajster*• in der Hand. Ich habe ihn abgerissen. Meine Frau bemerkt trocken: »Sabotage.« Worauf ich ihn penibel unter dem Sitz verstecke, auch wenn mir sehr danach ist, den Griff als Andenken mitzunehmen. Nach eingehender Betrachtung komme ich zu dem Schluss, dass ich den ganzen Waggon mit bloßen Händen auseinandermontieren könnte. Das verschafft mir ein erhebendes Gefühl, ein gewisses Selbstvertrauen. Bestimmt gibt es auch in Guatemala solche Züge, irgendeinen Beruf hätte ich also schon. Auch mit der Lokomotive werde ich fertig, notfalls bloß mithilfe von Taschenmesser und Dosenöffner. Irgendein Väterchen pfiff auf dem Bahnhof, die Lokomotive antwortete mit der Stimme der Matrone von Krakau aus Boy-Żeleńskis »Litanei zu ihren Ehren«• und wir fuhren los.

»Was weißt du über den Panamakanal? Du hast doch dein Vordiplom in Wirtschaftsgeografie bei Prof. Sujkowski mit Auszeichnung bestanden.« Frauen sind schrecklich, insbesondere Ehefrauen. Ich schaute meine an, als wäre sie die Petrażycka.•

»Also, wie du weißt, hat Panama die südamerikanischen Unabhängigkeitskriege ausgenutzt: Als die spanischen Kolonialherren die hiesige Garnison in den Krieg gegen die

Aufständischen geschickt hatten, die später die Staaten Südamerikas bilden sollten, erklärte es seine Unabhängigkeit. In den 1820er-Jahren ungefähr. Später ließ sich Panama von Kolumbien überzeugen, unter dessen, nun, Obhut zu gehen, damit es als kleiner Staat nicht zur Beute anderer werde. 1879, glaube ich, erhielt die französische Regierung von Kolumbien eine Konzession für den Bau eines Kanals quer durch den Isthmus. Einem Vicomte wurde die Sache übertragen, und natürlich ging die ganze Unternehmung dadurch zum Teufel.«

»Was für einem Vicomte?«

»Na, was für einem wohl, Ferdinand de Lesseps. Der vom Suez. Beim Suez ging alles glatt, weil er noch kein Vicomte war. Erst für den Suez-Kanal hat man ihm den Titel gegeben.«

»Also deshalb?«

»Ich bitte dich, stell dich nicht dumm. Nach dieser Affäre, einem veritablen Skandal, hat das panamaische Volk, das schön an der Nase herumgeführt worden ist, anstatt sich gegen diese ganze Aristokratenmafia zu wenden, sich gegen Kolumbien aufgelehnt. Angesichts dessen wandte sich Kolumbien an die Vereinigten Staaten, damit sie ihm Eigentumsrechte und Konzession abkauften. Ich erinnere mich nicht mehr, wem sie dafür bezahlen sollten, zum zweiten Mal Kolumbien oder den Franzosen. Vermutlich – wie immer – beiden. Die Amerikaner waren schon damals freigiebig, völlig gleich, wer diese Freigiebigkeit mit größerem Recht beanspruchen kann. Deshalb verfluchen alle ihre Güte. Jedenfalls, der beiderseitigen Unterzeichnung zum Trotz ratifizierte der kolumbianische Kongress das

Abkommen nicht, was wiederum den Panamaern Anlass dazu gab, sich von der kolumbianischen Obhut zu befreien und sich zum zweiten Mal unabhängig zu erklären. Na, und wie alle Nationen, die zu häufig ihre Unabhängigkeit erklären, geriet auch Panama, wie du siehst, unter ›Obhut‹, diesmal zur Abwechslung der Amerikaner. Die Amerikaner begannen den Bau des Kanals erneut, im Jahre 1904, und schlossen die Arbeiten 1915 ab. Die *Canal Zone* ist nur ein kleines Territorium mit einer Breite von zehn und einer Länge von fünfzig Meilen, den Flughafen Albrook Field in Balboa und Fort Davies eingeschlossen, aber das reicht aus.«

»Ich muss etwas nachprüfen«, sagt mir meine Frau und holt aus ihrem Necessaire – einen kleinen Larousse. Sie fängt an zu lesen.

»Und?«

»›Panama (Istmo), umfasst die Nord- und Südamerika verbindende Landenge von P. mit einer Länge von zweihundertfünfzig Kilometern, durchtrennt von der Eisenbahnlinie Colón nach Panama‹ – ah, das wäre dann dieser Zug – ›das Projekt einer Durchstechung des Isthmus von P. ist alt, aber erst in neuerer Zeit wurde die Ausführung zu diesem wichtigen transozeanischen Kanal begonnen.‹«

»Siehst du. Das stimmt also. Aber wann hast du diesen Larousse gekauft?«

»Der ist von Lola.«

»Aber ein vorsintflutlicher! Vom Bau kein Wort!«

Der Expresszug rast, über Dämme und Brücken. Von der Insel, auf der Colón und Cristóbal liegen, sind wir auf eine andere gesprungen. Im Zug Hitze, aber zum Glück sind die

Sitze mit einem kühlen, rutschigen *Panama weave* überzogen, und es ist leer im Waggon. Neben uns ein bisschen bewohnter Dschungel. Bambushaine wie Beete aus Riesenpetersilie, auf den Lichtungen breite amerikanische Bungalows mit Gärten und aus Ästen zusammengefriemelte Einheimischenranches. Man riecht das Wasser ringsum, man sieht es auch ständig blitzen, mal links, mal rechts. Uns gegenüber sitzt ein Amerikaner und lächelt uns freundlich zu. – *Polish? – Yes.* – Wir beginnen ein Gespräch. Er ist Arzt in der *Canal Zone*, wohnt in Balboa. Er bedauert schrecklich, dass er morgen in die Staaten abreist, Urlaub, und uns nicht mit dem Auto die ganze Gegend zeigen kann. »Gerade heute habe ich meinen Wagen auf das Schiff in Colón geladen und morgen legen wir ab. Wie schade!« Ich stoße meine Frau mit dem Ellenbogen und sage: »Ist das denn zu glauben, ein gewöhnlicher Militärkurpfuscher, und in den Urlaub mit dem Auto ...« – Er ist sehr freundlich. Den Krieg hat er im Pazifik abgesessen, uns fragt er aus über Europa, die Okkupation. Er ist völlig aufgelöst vor lauter Bedauern, dass er uns noch nicht einmal zum Mittagessen zu sich nach Hause einladen kann, aber seine Frau packe und es sei schreckliche Unordnung.

Wir nähern uns der größten Schleuse, den Gatún Locks. Hier werden die Kreuzer um circa achtzig Fuß angehoben, von wo sie auf den künstlichen Gatúnsee auslaufen, und nachdem sie ein Stück durch den »echten« Kanal gefahren sind (Gaillard Cut), werden sie an dessen Ende wieder in den Schleusen Pedro Miguel und Miraflores herabgelassen auf Meeresspiegelhöhe. Der Kanal überrascht uns, denn eigentlich ist das kein Kanal, mit Ausnahme des Endabschnitts.

Wunderschöne Seen mit malerischen Inselchen, und nur die Bojen weisen den Schiffen den Weg, wie Fähnchen auf einer Slalomstrecke.

»Die Mücken müssen hier furchtbar sein«, spreche ich ihn an.

»Es gibt keine«, antwortet er. »Wir haben sie in der ganzen Canal Zone ausgerottet.«

So langsam kriege ich eine Ahnung davon, weshalb sie uns so schlecht verstehen. Denn wie sollen Menschen, die die Mücken im am meisten von ihnen heimgesuchten Erdteil auf einer Fläche von vierhundertsechsunddreißig Quadratmeilen ausgerottet haben, solche Subjekte verstehen, die das nicht nur in Maison-Laffitte° bei Paris nicht bewerkstelligen konnten, sondern auch nicht in Cannes? Der Zug macht Halt in Gatún (mittlerweile sind wir also in Rudawa).°

Leider sieht man von hier aus die Schleuse nicht. Nur ein Schiff, das dort aus dem Gestrüpp herausragt und in die Luft steigt wie ein Ballon. Wir fahren weiter; jetzt der Damm über den Gatúnsee. Wasser von beiden Seiten, vermoderte Palmenstämme an den Rändern, die Buchten sumpfig, bemoost, mit abgestandenem Wasser. Ideale Brutstätten für jegliche Sauerei.

Ich denke an die Tausende Arbeiter, die hier bei den Arbeiten am Kanal und dieser Bummelbahn gestorben sind wie die Fliegen. Sie liegen auf dem Friedhof in Mount Hope. Der Amerikaner sagt mir, das sei ein sehr schöner Friedhof, schade, dass wir ihn nicht besichtigen könnten. Von allen, die hier ihr Leben gegeben haben, kann man eigentlich nur diese Arbeiter wirklich bewundern. Ohne Aussicht auf eine bessere Zukunft, starben sie für einen mageren Tageslohn und einen schönen Friedhof. Denn kann man ähnlich von den Spaniern denken? Oder den Piraten von Henry Morgan? Balboa, Pizarro? Die sind in diese Tropenhöllen um des Goldes willen reingelatscht. Im Grunde ist die ganze titanische Anstrengung der Konquistadoren, die wochenlang bis zur Hüfte im Schlamm gewatet sind, sich in kleinen Haufen angeschickt haben, ganze Königreiche zu unterwerfen, diese ganze übermenschliche, von abgrundtiefer Gier freigesetzte Kraft, aufrechterhalten bloß von Goldklumpen am Horizont, eigentlich widerwärtig und alles andere als bewundernswert. Zum Heroismus lässt sie sich jedenfalls nicht zählen. Und wenn doch, dann zu dem der Saufbolde. Sturzbetrunken, an nichts als ans Gold denkend, marschierten sie. Und noch im Augenblick des Todes hatten viele von ihnen einzig das Gold, den Traum von legendären Reichtümern in den erlöschenden Augen.

Der Zug rast weiter und pfeift. Bambuspflanzen und Wasser, Wasser und Bambuspflanzen. Schwüle Feuchtigkeit. Halt in Gamboa, danach in Pedro Miguel. Die Schleuse Miraflores erkennt man hier besser. Betonwannen. Hinter Miraflores beginnt unser Amerikaner sich zu verabschieden. Dabei zieht er einen Dollarschein hervor und will ihn mir unbedingt in die Hand drücken. Er ist so traurig, dass er uns weder die Fahrt im Wagen noch ein Mittagessen anbieten kann, also wenigstens das. Ich schaue wie blöd, spüre, dass er es bedauern wird, wenn ich ablehne, aber ich weiß, dass auch ich es bedauern werde, wenn ich ihn annähme. In dieser einen Dummheit stecken alle Unterschiede unserer Welten. Vorsichtig lehne ich ab, aber ich merke, dass er außerstande ist, das zu verstehen, und erstarrt. In diesen letzten fünf Minuten ist er ganz Verlegenheit. Was soll ich tun? Bestimmt hält er mich für einen dummen, stolzen Europäer. Aber immerhin hab ich das Almosen nicht angenommen. Europa nimmt es an und ist anschließend noch stolzer, schaut mit Herablassung auf dieses Amerika. Wir verabschieden uns in Balboa.

»Jeder Einzelne von ihnen hat seinen eigenen kleinen Marschallplankomplex«, sage ich zu meiner Frau.

Panama. Wir steigen aus. Den Plunder ins Taxi und zum Hotel, das Pan American uns angegeben hat. Die Dollarscheine rieseln wie Herbstlaub, und ich fühle mich wie ein Baum. Schmale Straßen, Verkehr. Hohe Temperaturen. Das Hotel ist auf einem Platz, gegenüber der Kathedrale. Wir treten ein. Ein altes Haus, mit riesigem, schattigem und kühlem Patio innen. Wir sind erschöpft. Das Zimmer hat ein Bad, also gehe ich augenblicklich unter die kalte Dusche. Meine Frau legt sich hin, ich gehe in die Stadt, um was zu essen, gebe Briefe auf. Die Stadt ist schön. In einer Straßenbar, die einfach in einem großen Tor hochgezogen wurde, esse ich. Ein *bifteck* mit Ei, dazu Bier, Kekse und Kaffee. Ich zahle mit Centmünzen. Ein Panamaer setzt sich zu mir und will mir unbedingt meine Krawatte abkaufen. Die Krawatte ist fast ein Unikat, das Geschenk eines Freundes zum Abschied. Aus Seide, von den Champs-Élysées, mit breiten kanariengelben und saphirblauen Streifen. Dieses »Rührei im Himmel«, so nannte sie der Schenkende selbst, macht den Panamaer ganz ekstatisch. Er erhöht sein Angebot von zwei Dollar auf vier, ich bestehe auf fünf und keinen Cent weniger. Das Geschäft scheitert. Ich treibe durch die Straßen.

So ein Herumtreiben ist ungeheuer anregend. Gegen Abend kehre ich ins Hotel zurück.

Auf unserem Platz findet sich eine große Konzertmuschel und gerade jetzt marschiert dort ein Militärorchester ein, gleich wird ein Konzert gegeben. Wir treten auf den Balkon. Die Sonne ist untergegangen, Zwielicht. In den Bäumen auf dem Platz haben sich Tausende, kleinen Elstern ähnelnde Vögel zusammengefunden und machen schrecklichen Lärm. Und was sie überhaupt machen … Sie sitzen so dicht beieinander, dass die Blätter unter ihnen verschwinden und sie sich selbst wie Blätter ausnehmen. Das Orchester hat Platz genommen. Nach einer Weile hält mit einem »bum, bum, prr, prr« der Zirkusmarsch von Sousa Einzug auf dem Platz. Ach, wie angenehm. Die Vögel singen, die Trompeten spielen, und die Leute sitzen auf den Bänken, haben sich zum Schutz vor dem Bombardement der Vögel Dächlein aus Zeitungen gebaut und lauschen. Das Orchester spielt gut und laut. Später etwas aus der *Lustigen Witwe*. Wir stehen auf dem Balkon, völlig hingerissen. Ich habe den Eindruck, als würden alle meine verstorbenen Tanten, Onkelchen, Großtanten usf. mir ins Ohr flüstern: »Hör zu, schau, so war das zu unseren Zeiten. Gute Zeiten waren das …« In der Stadt hatte ich eine Dose Ananas gekauft, die wir jetzt zu den Klängen des *El Capitan*, dem Amerikanischen Marsch, verspeisen. Seinerzeit konnte ich ihn selbst ganz passabel auf dem Akkordeon spielen und werde seitdem immer etwas melancholisch, wenn ich ihn höre. Es war schon dunkel, als sich ein heftiger Regen aus dem klaren Nachthimmel ergoss, regelrechte Sturzbäche. Danach wurde die Luft etwas frischer und wir gingen gemeinsam in die Stadt. Auf den Straßen war es still und leer. Nur die verschiedenen Bars, Cabarets und andere Vergnügungslokale waren voller Menschen. Man hörte Musik. Hier mitreißender argentinischer Tango, dort kubanische oder spanische Melodien. Als ich so durch die Straßen gehe, wird mir zum ersten Mal seit einer geraumen Weile bewusst, dass die Erde doch eigentlich recht klein ist. Nur diese ganzen Beschwernisse, die Pässe, Visa, Verbote usw. bestärken den armen Bewohner dieser Erdkugel in der Überzeugung, dass Panama schrecklich weit entfernt ist, und Sydney erst – Himmelherrgott!

Im Hotel legen wir uns schlafen, lassen aber die Balkontür weit offen, ohne irgendwelche Moskitonetze über dem Bett oder andere Tropenwunder. Ich lausche, warte – nichts. Der Arzt hat mir keinen Bären aufgebunden. Sie haben sie ausgerottet.

Guatemala, 16. Juli

Am Morgen ist es bewölkt und heiß. Wir steigen in ein Taxi und fahren zum Flughafen. Die Stadt ist noch schläfrig, gähnt und schlurft noch im Schlafanzug in der Wohnung herum. Echte Ruhe. Vielleicht hat diese »echte Ruhe« seit gestern auch die größte Wirkung auf mich. Denn dort, noch weiter weg, in den kleinen Städten und Dörfern, vollzieht sich auch alles auf die gleiche Weise wie hier: Die Menschen wachen auf, gähnen, und es ist Ruhe. Aber auf dem Grund spürt man etwas, was einen an ihrer Echtheit zweifeln lässt. Ein Herr öffnet seinen Laden, und er tut dies mit einer so ungeschickten Langsamkeit, dass, wer weiß, ihn vielleicht um vier Uhr nachmittags das Gefühl von Langeweile befällt, von echter Langeweile.

Wir erreichen den Flughafen, lassen unsere Taschen registrieren und warten. Die Wolken hängen so niedrig, dass die startenden Flugzeuge fast unmittelbar in ihnen verschwinden. Um viertel nach acht steigen wir in unsere viermotorige Maschine, mit uns nur drei andere Personen, es ist leer. Zuerst konnte ich nicht begreifen, warum es hier so frisch und angenehm war. Ach – *air conditioned,* oder wie das heißt. Was für eine gute Erfindung. Im Flugzeug herrscht die Temperatur eines Frühlingsmorgens. Beide Stewardessen, gekleidet in hellblaue Uniformen, sind bezaubernd. Zwei Annes of Avonlea.[*] Sie kauen Kaugummi, bieten uns auch welches an, schnallen unsere Gurte an, weisen freundlich darauf hin, jetzt nicht mehr zu rauchen. Die Motoren springen einer nach dem anderen an, wir rollen auf die Startbahn. Bremsen, Vollgas. Der Riese reißt sich los und hüpft. Ein Motorentest. Danach verwandelt sich der Asphalt immer schneller in eine formlose Masse, die Bäume und Häuser treiben immer schneller vorbei, versinken langsam und verschwinden. Von den Propellern verwehte Wolkenfetzen fliegen an den Fenstern vorüber. Es ist grau. Wir werden etwas gerüttelt. Das rote Licht erlischt, es darf wieder geraucht werden. In der großen Kabine wird es langsam heller. Sonne. Pralle, herrliche, plastische Wolken auf saphirblauem Grund, auf verschiedenen Höhen aufgehängt. Unten der Pazifik und die Küste. Man sieht Wellenkämme, gerade wie Ackerfurchen. Sie scheinen sich nicht zu bewegen. Auch die Schaumkränze rund um die Felsen und grünen Inselchen rühren sich nicht. Plötzlich verschwindet alles und es bleibt nur der Himmel, grenzenloses Saphirblau übersät mit weißen Wolken. Welche Formen! Man würde sie gerne in die Hand nehmen und streicheln. Unten wieder die Küste. Alle Schattierungen von Grün. Dieser Flug ist wie der schönste Traum. Wir steigen in die Wolken, ein Herbsttag bricht an. Es rüttelt. Hart wie auf Kopfsteinpflaster. Wir stürzen in einen Wolkenbruch, der Regen steht wie eine Wand.

Ich blättere durch die »Bibliothek«, die in den Sesseltaschen steckt. Diese ganzen Drucksachen sind sehr appetitlich serviert. Vom Flugplan wird mir ganz wirr im Kopf. Angesichts dessen wirkt die Strecke Panama–Guatemala, versteckt irgendwo in der Mitte der langen Spalte von Port of Spain bis New Orleans, wie eine Nahverkehrsverbindung. Ganz zu schweigen von den Abschnitten, wo man atemlos lesen kann: USA–Hawaii–Philippines–Japan–China–Hongkong–Siam–India. Um zehn Uhr fünfzehn ist eine Landung in Managua vorgesehen, der Hauptstadt von Nicaragua, um zwölf Uhr fünfzehn in San Salvador, und um dreizehn Uhr zehn sind wir schon in Guatemala. Ganz entschieden zu schnell. Neben dem Flugplan, auf Englisch und Spanisch, sind auch noch vier Postkarten da, aber nicht vollständig, denn es fehlt der vorgefertigte Text auf ihnen mit dem »Unzutreffendes streichen«. Da muss der Mensch sich quälen und selbst schreiben. Eindeutige Geringschätzung der Zeit der Passagiere. Daneben noch eine Karte mit dem Titel: *Mr. Manager – I have a suggestion!* So etwas wie ein Kummerkasten, bloß für Ideen. Als sie sah, dass ich die Publikationen aufmerksam studiere, trat eine hellblaue

Uniform sofort heran und fragte, ob wir illustrierte Magazine haben wollen.

»Sicher«, antworte ich, »aber gibt es nicht eine Karte, auf der man zumindest vage ablesen könnte, welches Land, welchen See, Vulkan etc. wir überfliegen?«

Das Mädchen ist sichtbar verlegen. »Eine Karte?«

»Ja, eine Karte.«

»Nein, das haben wir nicht.«

Sie schaut mich an wie einen Verrückten, bestenfalls wie einen Sonderling. Offenbar deshalb, weil ich es wage, noch nicht der sprichwörtliche Floh zu sein, der sich seinen Sprüngen mit so viel Konzentration widmet, dass er zwischen ihnen zum Denken keine Zeit mehr hat. Ich denke an den letzten, erschütternden Brief von Saint-Exupéry. Jedenfalls nehme ich die Broschüre *Mr. Manager – I have a suggestion* und schlage vor, die Zeitschriftensammlung um die Skizze jener Strecke zu bereichern, die das jeweilige Flugzeug der Pan American fliegt. Mit kurzen Erläuterungen. *Because I do not want to be a flea*, beende ich meine Niederschrift und unterschreibe mit dem gleichen Gefühl eigener Wichtigkeit, mit der auch Mr. Micawber° seine berühmten Briefe unterzeichnete.

Unten nun Erde. Immer wieder inmitten des Blättermeers abgeflachte Vulkankrater wie riesige Trichter. Spuren göttlichen Bombardements. Manche sind mit Wasser gefüllt. Runde, gleichmäßige Seen mit gelbgrünen, schwarzen, lila oder blassblauen Flächen. Verschiedenfarbige Augen, eingefasst von der faltigen, dunklen Haut erstarrter Lava. Das ist Costa Rica. Wir überfliegen den Nicaraguasee. Eine blassgrüne, wundervolle Fläche, bestreut mit grünen

Punkten von Inseln. Managua wird sichtbar, wir landen. Nach dem Ausstieg aus dem Flugzeug, um die Beine auszustrecken, glaube ich mich in einem Backofen. Brennende Sonne, bebende Hitze. Die Mauern des Flughafens, die Wagen, Flugzeuge, alles zittert in der entflammten Luft. Ein geschäftiges Herumgehen wie auf einem Provinzbahnhof. Ein Passagier steigt zu wie in eine Straßenbahn. Wir fliegen weiter. Wieder Vulkantrichter im Blättergrün. Hier sitzen sie zu ganzen Familien. Das Ende der Welt wird hier seinen Anfang nehmen. An dem Tag, an dem sie alle auf einmal Luft holen, an dem ihr Müßiggang in einem schwerindustriellen Konzert endet und die großen Öfen wieder entflammen. Verglichen mit diesem Stückchen schlafender, konzentrierter Kraft nimmt sich die Atombombe aus wie eine Spielzeugpistole.

Gegen zwölf wird uns *lunch* serviert. Auf einem Papptablett, auf Papiertellern und -bechern. Heiße Brühe, eine kleine Portion Fleisch, etwas Salat, Käsescheiben, Konfitüre, Bonbons, Schokolade, Keks, Kaffee. Die Portionen scheinen wie für Liliputaner, aber als ich alles nacheinander esse, bin ich voll. Eine unglaubliche Kalorienkonzentration. Pünktlich um zwölf Uhr fünfzehn landen wir in San Salvador. Wieder steige ich aus dem Flieger, kehre aber schnell zurück. Das ist nicht San Salvador, das ist ein Siemens-Martin-Ofen. Hier müssen sie die Kaffeebohnen vermutlich gar nicht rösten. Sie werden direkt an den Bäumen braun. Nach einer Weile schalten sie uns auch diese »konditionierte Luft« aus (warum das?) und ich schwitze unbarmherzig. Hinter San Salvador erlischt die Sonne, wieder fliegen wir in den Wolken. Es wird kühler. Nach einer halben Stunde sinken wir wieder. Schon sind wir in Guatemala. Der Flughafen inmitten ausladender Zypressen, ein bisschen im Zakopane-Stil. Es ist kühl und riecht nach Nadelbäumen und Bergen. Langsam gehe ich die Treppe hinunter. Der Traum ist geplatzt, das Märchen ist vorbei.

IM HINTERLAND

Guatemala, August–Dezember

Schon den dritten Tag liege ich im Bett. Geschwächt, schläfrig, mit Kopfschmerzen, die sich wie Halsschmerzen anfühlen. Ich schaue auf die Zimmerdecke und auf das weit geöffnete Fenster. Inmitten hoher Blumen, die Ringelblumen ähneln, treiben sich saphirblaue Kolibris mit gelben Bäuchen herum und trinken aus den Kelchen durch Strohhalme ihre eigene »Coca-Cola«. Denn was könnten sie auf diesem Kontinent auch anderes trinken? Unter ihnen schwirren mir völlig unbekannte Schmetterlinge, Stückchen gemusterter Seide oder Schnipsel aus Moiréstoff. In der Fensterecke hat eine große schwarze Wespe ein Konzentrationslager für Spinnen angelegt. Mit lautem Summen schleppt sie sie heran, steckt sie bei lebendigem Leib ins Nest, schließt sie dort irgendwie ein und fliegt los zur nächsten. Perfide. Manchmal schließe ich die Augen und schlafe für einige Minuten ein.

Ich träume, dass ich noch auf dem Schiff bin; von der Tropensonne beherrschte Aussichten, Lebkuchenhäuser auf Curaçao, als schwarze Stäbe tauchen plötzlich die Boote der Einheimischen aus dem Dschungel an der kolumbianischen Küste auf und gleiten zum Sonnenaufgang auf dem zellophanrosa Meer. Mich weckt das Krähen eines Hahns oder ein hin und wieder lauteres Donnern eines der vielen Gewitter; in der Regenzeit rollen sie hier mit dem Geratter und der Pünktlichkeit internationaler Expresszüge übers Land, kommen herangeflogen aus Panama oder Mexiko und verschwinden wieder im Himmelsblau. Wieder schließe ich die Augen, wieder ein betäubender Halbschlaf, angefüllt mit weiteren, kürzeren seiner Art.

Danach weckt mich zur Abwechslung José. Während er sich die Pistole umschnallt, fragt er, ob er etwas aus Guatemala-City mitbringen soll. Sofort nach der Landung sind wir zu dieser Farm in den Bergen gefahren. Bis zur Hauptstadt sind es vierzehn Kilometer auf einer Straße, die jetzt, zur Regenzeit, nur mit Pferd, Maultier oder Jeep benutzt werden kann. Ich schaue auf den »Smith & Wesson«-Kolben, der aus seinem schönen ledernen Holster ragt, und sage mit halbgeschlossenen Augen: »Kauf mir einen Farbfilm für meine Kamera – 4 × 6,5.« José zieht sich auf einen mexikanischen Sattel hoch und entfernt sich auf der lehmigen Straße. Von dieser Straße, etwa vier Kilometer von hier, zweigt eine ganz ähnliche zur Seite ab und fällt in den Dschungel. Seitdem die Spanier hier gewesen waren, ist sie bis zum heutigen Tag unberührt geblieben.

Ich betrachte die Hügel, die mit Zedern und Akazien bewachsen sind, hier und da mit Eichen und Kiefern, vermischt mit tropischer Vegetation. Durchs Fenster weht ein sanfter, kühler Wind mit dem Geruch der Berge, und mir scheint, ich bin in Rabka.° Ein Tanz, ein unablässiger Reigen von jahrelang nicht wiedergekehrten Erinnerungen: aus der frühen Kindheit, aus der Mittelschule. Sie laufen stundenlang von einer Rolle, rekonstruiert mit geradezu Proust'scher Präzision. Ein Quietschen im Loch der oberen Seitentasche in der Uniform meines Vaters, endlich schiebt sich der große Knopf mit dem Adler heraus und – »was hast du da?« In meinen Ohren klingt der Walzer, den meine Mutter immer bei guter Laune auf dem Klavier spielte, und die Serenade mit den gedehnten Trillern, die mich so beeindruckte. Ich döse, wieder völlig entkräftet, und schon kommt ein neuer Bilderreigen.

Ich fühle mich malade und weiß zugleich, dass ich im Grunde gesund bin. Anfangs hatte ich Angst, dass ich mir irgendeine Krankheit eingefangen hatte. Aber in diesen Stunden der Regungslosigkeit, mal voller Erinnerungen und in vollkommener Ruhe, mal mit ungeordneten Gedanken, die beharrlich über den Atlantik springen und binnen Sekunden auf dem Gitternetz des Globus Kontinente überklettern (wie klein diese Welt doch ist), verstand ich, dass mein zermürbter Zustand schlicht eine Nachwirkung des Schocks ist, den der Süchtige erfährt, wenn man ihm plötzlich den Alkohol, das Kokain oder welchen erregend-blödmachenden Stoff auch immer wegnimmt. Der Posteuropa-Schock. Da hilft nur das Bett hüten und zu Bewusstsein kommen.

Meine Frau tritt, mit einem kleinen Entchen in den Händen, ins Zimmer und zieht den Geruch des Küchenrauchs mit sich. Das Brennholz ist nass und verqualmt das ganze Haus. Sie sieht mich mit sorgenvollen Augen an und fragt, ob ich Orangensaft trinken wolle oder vielleicht ein Stück Banane oder Ananas? – »Lass mich in Frieden – ich muss erst dieses Europa aus mir herausk…« Ich drehe mich zur Wand, habe keine Lust auf nichts. Noch nicht einmal auf eine »Morris«, die ich doch so mag. Das Entchen hat meine Frau aufs Bett gesetzt, sie legt einige Zeitschriften ab, die sie »von drüben« mitgebracht hat, und streut ein paar Maiskörner auf den Nachttisch. »Ein bisschen Gesellschaft für dich, danach kannst du lesen«, sagt sie und geht raus, um die langsame Indianerin anzutreiben.

Die Ente ist goldig. Mit ihrem kleinen, wie aus polierten Brettern gezimmerten Schnabel klopft sie alle Knöpfe an meinem Hemd ab, wonach sie verbissen auf die Uhr hackt, um zu den Körnchen der Ziffern hinter dem Glas vorzudringen. Dabei pfeift sie durch die Zähne. Ich füttere sie mit dem Mais und bemerke erst jetzt wirklich, wie gut Disney seine Tiere trifft. Sobald ich sie necke, führt sie sich sofort auf wie Donald Duck. Die gleichen Verrenkungen des Kopfes, das identische Stirnrunzeln, auch die Augen blitzen genauso auf. Die ersten Klänge eines neuen Regenschauers lenken ihre Aufmerksamkeit auf sich, weg vom funkelnden Mais. Ich stehe auf und setze sie auf die Erde hinter dem Fenster. Der Kopf schwirrt mir, ich will mich nicht wieder hinlegen, auch wenn mich das Bett lockt. Der eben noch hellblaue Himmel ist hinter Wolken verschwunden. Es regnet so stark, dass man nicht einmal die Wasserfäden unterscheiden kann. Es gießt wie aus Eimern. Ich lege mich doch wieder hin und hülle mich in das ohrenbetäubende Rauschen des Regens.

Zum ich weiß nicht wievielten Mal springe ich in Gedanken nach Europa. Allmählich lagert sich das Erlebte in Schichten ab: unsortierte Beobachtungen, verteilt auf der langen Reisestrecke, die Gründe für die Abreise (eher eine Flucht), die stärker an meinen Nervenenden als im Hirn entstanden sind. Ich weiß nicht, was ich hier machen werde, aufgebrochen bin ich ins Blaue, allein, ohne an irgendeiner Auswanderungsaktion dranzuhängen, mit einem bloßen Touristenvisum. 150 Dollar sind mein ganzes Kapital, aber es geht mir gut. Ich fühle mich, als hätte ich mich aus der muffigen Provinz losgeeist, als wäre ich aus einem Moor gewatet, das gerne Quellwasser wäre, aus der Gesellschaft der Heulpeter, die tagein, tagaus bittere Tränen vergießen über den Niedergang Europas mitsamt seiner *Kultur*, gesprochen mit einem gedehnten »U« am Ende, und die darauf warten, dass ihnen Heil zukommt in Form der Waren aus dem flegelhaften Amerika.

Ich trage eine Zukunftsangst in mir, es ist die gleiche Angst, die mich alle Ausreiseformalitäten wie im Schlaf hat erledigen lassen; hier steht sie entblößt vor mir, ohne in so aufsehenerregende Kleider gehüllt zu sein wie etwa die kecke »Furcht vor intellektueller Leere« oder »uninspirierender Umgebung«, ohne mit all den europäischen Naschereien behangen zu sein, an denen es dort in Wahrheit schon genauso mangelt wie an Brot, Fleisch und Butter. Vermutlich hängt das eine mit dem anderen zusammen. Diese Angst ist es, die die anderen in mir dominiert. Ich kann und darf nur auf mich selbst zählen. Dort, auf den Straßen von Paris, hatte ich genau davor am meisten Angst, nicht vor irgendeiner »Leere«. Diese verschiedenen Arten von Leere und das »Europäer-Sein bis ins Knochenmark« (also die Unfähigkeit, sich ein Leben außerhalb Europas vorstellen zu können) von so vielen ist oft nichts weiter als ein Mangel an Courage, sich von diesen oder jenen Geldern loszusagen, die hier oder dort noch verfügbar sind oder sein werden. MAN WIRD UNS SCHON GEBEN. Dort bereits habe ich gemerkt, aber noch deutlicher hier, zu welchem Grad ich während des Krieges und vor allem in den Nachkriegsjahren zur Displaced Person, zur »DP«, einem Menschen geworden bin, der vor allem und zuerst mit jemandes Hilfe rechnet, mit den Krumen aus irgendeinem alten Fonds oder mit der Einrichtung eines neuen, der sich an den Satz hängt »sie werden mich doch nicht hungers sterben lassen«, der darauf wartet, dass ihm die Wohlfahrt unter die Arme greift ... Zusammen mit Dutzenden Millionen anderen Europäern aus ehedem besetzten oder nichtbesetzten Gebieten (beziehungsweise in geringfügig besetzten) und ihren Regierungen habe ich schon zu glauben begonnen, dass Hilfsleistungen, die auch an Faulpelze, Nichtstuer und Nichtskönner gehen, »Sozialpolitik« seien und ihr Ausbleiben nichts weniger ist als ein Skandal. Ich begann zu denken: »Was soll denn heißen: SIE MÜSSEN HELFEN?« Wer? Der Staat, die Regierung, die IRO,[*] Marshall, das Französische Rote Kreuz, Aide aux Emigrants, die Quäker, die Heilsarmee, Joint, der Erzbischof von Paris usw. Ein Europa aus Dutzenden Millionen DPs, unter der Führung von »DP-isierten« Staatsmännern, die kärglichen Budgets vorstehen aus dem großen Ozean des »SIE MÜSSEN HELFEN« und sie als hauptsächliches Mittel betrachten, Einfluss zu üben, ein Europa, das sehnsüchtig auf die Häfen starrt, das den Niedergang der Kultur beweint und zugleich unfähig ist, irgendetwas zu produzieren, was das Vehikel seiner Kultur und Zivilisation sein könnte. Der Geist selbst weiß nicht weiter in der heutigen Zeit; er braucht ein gutes und billiges Auto, Maschinen, einen soliden Prototypen für ein Flugzeug. Das auf einer flüchtigen Duftwolke getragene Parfum Guerlain, der in Bastflaschen transportierte Chianti oder die Fahrradfabriken verschiedener Länder bedeuten nichts. Das ist vielleicht traurig, aber so war es immer. In Europa ist es jetzt Mode, über die Zivilisation der elektrischen Kühlschränke zu lachen, wobei man selbst in ganz natürlichen Kühlschrankzimmern sitzt und sich zähneklappernd etwas von europäischer Kultur vorstottert. Und was für Klagen, was für ein Dünkel, welch herablassendes Lächeln und Schulterklopfen man für die Errungenschaften dieser anderen Welt hier übrighat, auf wie ermüdende Weise man ihnen das Pergament ausrollt. Und der provinzielle, schon völlig aus der Zeit gefallene Nationalismus vom Format eines k.u.k. Feldwebels: »Bei uns im Regiment, werter Herr, haben wir ein solches Orchester, das findet in anderen Regimentern seinesgleichen nicht. Die Burschen spielen im Takt, und die Trompeten, werter Herr, blitzeblank wie nirgends sonst.«

Ich fürchte mich. Ich habe keinen Beruf, ich weiß zwar eine Metall- von einer Nagelfeile zu unterscheiden (womit ich mich wiederum von den »realistischen« und marxistischen Schriftstellern im heutigen Polen unterscheide), aber das ist zu wenig. Ich bin ins kalte Wasser gesprungen, ohne wirklich schwimmen zu können, zumindest nicht auf lange Distanzen. Denn so ein Schwimmen von Inselchen zu Inselchen, von Fonds zu Lagerchen, von Lagerchen zu Fonds usw., das lehrt einen Europa vorzüglich. Hier ist es anders, man wird mich höchstens von der Seite beäugen, meine Schwimmbewegungen begutachten und sie benoten. Ich fürchte mich so sehr, dass ich deshalb vielleicht meinen Liegezustand ein wenig verlängere. Zugleich jedoch ein wunderbares Gefühl von Ungebundenheit, einer Freiheit zum Atmen, einer Lust zu leben. Ich habe mich endlich losgerissen aus dem großen Lager Europa, mich von allen »Fonds« losgesagt, vom Marshallplan, von den Rationen, von einem Intellektualismus, der schon lange aufgehört hat, einer zu sein, und zu bloßer Politik und zugleich einem soziologischen Phänomen geworden ist, von dem Glauben, dass die »Lösungen« aus Methoden erwachsen, die schon heute den ganzen europäischen Westen geradewegs in den Totalitarismus drängen, in eine immer schwerer zu ertragende Umklammerung durch den Staat, in die Verarmung aller mit dem Ziel der Bereicherung von niemandem. Mit einem Sprung habe ich mich befreit von der Zwangssozialversicherung, von den Steuern, von Mauriacs Feuilletons im *Figaro*, von den Landsleuten, die über jeden Groschen der von mir »verschlungenen« Fonds Buch führten (wenn man denn bloß ...) und die nur auf eine Gelegenheit warten, unter so ein hübsches Fonds-Dach zu kommen – kurz: Ich habe mich befreit von ganz Europa.

Ich bin endlich frei – so frei, dass ich sogar mir nichts, dir nichts den Hungertod sterben könnte. Man würde mich nicht daran hindern. Und das ist das schönste aller Gefühle. Mit der Intensität dieses freudigen Gefühls und zugleich mit seiner Unbeholfenheit messe ich den Grad der sich schon vollziehenden »Versklavung« des Menschen im Europa von heute.

• • •

Erste Schritte in der fremden Stadt, in einer neuen Welt. Die ersten Bekanntschaften, Suche nach Arbeit. Ich spreche die Sprache nicht. Mein Spanisch ist wie das Rauchkringelblasen eines ungeübten Rauchers. Ich rede zumeist auf Englisch, Französisch und – auf Deutsch. Mit Letzterem fährt man am sichersten. Man muss objektiv bleiben: Was einem ins Auge springt, was man schon nach ein paar Tagen Aufenthalt hier spürt, das ist solide deutsche Arbeit. Es ist schwer zu beschreiben, worin das besteht, aber es wird vom Lebensstil geatmet, steckt in dieser schon fortgeschrittenen Europäisierung des Landes, aber einer im besten Sinn. Die deutsche Wirtschaftsexpansion muss hier sehr ausgeprägt gewesen sein vor dem Krieg: Zwischen den neuesten Modellen von Autos und Motorrädern amerikanischer Marken sieht man noch viele ältere Mercedes, Horch, Adler, Opel und Zündapp.

Ich gehe die geraden, bloß mit Nummern bezeichneten *Avenidas* und die ebenso geraden *Calles* entlang, die senkrecht von den *Avenidas* abgehen. Die Stadt ist flach und zersiedelt, die Häuser aufgrund der Erdbeben meist einstöckig. Es ist warm, aber nie zu heiß, ein wunderbares Klima, dabei keineswegs eintönig. Besucher aus den tropischen Ebenen, mit Korkhelmen auf dem Kopf, nehmen sich auf den Straßen recht exotisch aus. An die Nähe zum Wendekreis erinnern gelegentlich nur herangewehte Spinnaker, die sich in den Spinnennetzen der Drähte über den Straßen verfangen. Eine Unmenge Autos. Abends, auf den mit Neonreklamen ausgeleuchteten Fahrbahnen, stauen sich die Packards, Buicks, Pontiacs und andere Modelle – des Jahres 1949. In den Markthallen schichtet sich das Essen, die indianischen Marktfrauen, dunkel und mit Zigaretten im Mund, sind groß und würdig. Zu ihren Köpfen hockt manchmal ein Papagei und schreit: *Bahhrrato, bahhrrato* (billig). Über den Boden kriechen Kinder, wie Kakerlaken. Zentralamerika vermehrt sich in ungeheurem Tempo.

Schon wohne ich in einem hübschen Mietshaus, das wir uns mit einem außerordentlich sympathischen Spanier teilen. Das Haus, oder eher die Villa, ist möbliert; zu den Möbeln kommt ein Radio, eine Nähmaschine und ein elektrischer Kühlschrank. Wohnen ist hier teuer, mein Kapital ist schon etwas geschmolzen, die Angst um das »wie weiter« sitzt mir ständig im Nacken. Aber zugleich habe ich gestern nach dem Abendessen bei einem Freund meiner Bekannten zum ersten Mal seit vielen, vielen Jahren wieder getanzt, mit echtem Vergnügen. Sogar mit meiner Frau. Und wenn ich rausgehe in die Stadt, überkommt mich ständig die Lust, mich auf den flachen, sonnenhellen Straßen auszustrecken oder mit dem großen Geier und dem kleinen Hund zu spielen, die sich in der Straßenmitte in aller Ruhe um einen großen Knochen balgen. Und über allem und vor allem anderen atme ich frei.

Endlich spüre ich nicht mehr auf Schritt und Tritt den Staat, dieses »fantastische und verhasste Wesen«, wie Flaubert einmal an George Sand schrieb. Ein normales Leben, wie ehedem im kultivierten Europa. Um es heute wiederzufinden, muss man es verlassen. Und wenn auch zugunsten so eines »Affenlandes«, wie die Deutschen diese Länder mit der typisch europäischen Überheblichkeit nennen. Höflichkeit und Ruhe, die Produkte, die man in den Geschäften kauft, werden gewissenhaft verpackt und nach Hause geschickt, ohne dass man Gebühren oder Trinkgelder zu zahlen hätte (Einkäufe lassen sich auch telefonisch erledigen), die Post wird auch sonntags und an Feiertagen gebracht, die Radiosender sind vorzüglich. In Amerika habe ich mich endlich vom *swing* und dem ganzen schrecklichen Jazz befreit. In den Geschäften überwiegen amerikanische Waren. Unter den europäischen ragen jene aus Ländern heraus, die der Marshallplan nicht mit seiner Zuwendung bedacht hat. Aus der Schweiz: Uhren, die kleinen Modelle der »Hermes-Baby«, die alle »Remingtons« und »Underwoods« in den Schatten stellen. Sogar von den Amerikanern werden diese kleinen Schreibmaschinen gekauft. Motorräder der Marke »Husqvarna«, Elektromotoren, Rechenmaschinen. Auch die Tschechoslowakei ist schon vertreten. Kristalle, Porzellan, Fotoapparate, Linsen. Polnische Fahrräder und Kleidungsstücke werden noch erwartet. Aber das ist nur zu verständlich: Länder, die am Tropf hängen, müssen erst konsumieren, bevor sie sich selbst an die Produktion machen können. In der Zwischenzeit also wie immer Parfum, Wein, Cognac, eingelegte Oliven, Krawatten, Hosengürtel, und von den ernsthafteren Geräten: Fahrräder und Regenschirme. Die Geschäfte sind gut besucht, sie verkaufen alles, in ein und demselben Laden etwa ein Paar Nylonstrümpfe, Damendessous und eine sechzehnschüssige »Winchester« oder eine ausgezeichnete »Smith & Wesson«. Waffen sind frei verkäuflich; dass sie offen getragen werden können und kein übertriebener Gebrauch von ihnen gemacht wird, imponiert mir als kultiviertem Europäer. So viel ist von unserer Kultur die Rede – vielleicht sollte man sie einmal auf die Probe stellen, indem man auch nur eine Woche lang neben den Krawatten in den »Galeries Lafayette« Pistolen anböte. Mal sehen, ob wir dann noch Grund hätten, uns zu rühmen. Die Buchhandlungen sind vorzüglich sortiert. Unter den Verlagen spielen Mexiko und Argentinien die erste Geige. Ich besuche sie und erfreue mich an allem.

Und jetzt weiß ich es sicher: Der Tag, der das Pendel endgültig zur Entscheidung für die Abreise ausschlagen ließ, war der Tag, an dem ich in Paris 5000 frs. umtauschen wollte. Während ich jetzt hier auf den Straßen gehe, sehe ich inmitten dieser nach europäischem Verständnis sicher weniger »kultivierten« und »intellektuellen«, dafür aber um so viel weniger verblödeten und konditionierten Menschen ständig jene Schlangen demütiger Bürger des revolutionären und individualistischen Frankreich vor mir, die stundenlang geduldig anstehen, ohne ein Wort des Widerspruchs oder des Aufbegehrens, sich in das Unrecht und den Raub ergeben fügend, den schon zum x-ten Mal der Staat an ihnen begeht. Schlangen, Vorschriften, Gesetze, jeden Tag neue, jeden Tag etwas tiefer ins Leben des Einzelnen vordringend bei gleichzeitigem Gekrächze über Freiheit und Achtung der Menschenrechte, über die Errettung des *esprit européen*. Es ist, als würde man Zeuge davon, wie der europäische Intellekt sich aus der Laufbahn des täglichen Lebens gelöst hat und nun irgendwo in die Weite des Raumes fortgezogen ist. Und da schwebt er nun und schlägt die Hände über dem Kopf zusammen.

Europa, das ist vor allem die Art Mensch, die es hervorgebracht hat, und dieser Mensch – da ist nichts mehr zu machen – geht in letzter Zeit und in furchteinflößender Geschwindigkeit vor die Hunde. Der Europäer wird zum *pacotille,* zum Schaf, er verliert alle seine Eigenschaften, die einst seine Überlegenheit ausmachten: den Unternehmergeist, den Trieb zum vernunftgemäßen Wagnis, die Fähigkeit zu eigenständigem Urteilen, eine vernünftige Unbotmäßigkeit. Nun ist er ganz im Gegenteil untertänig geworden dem eigenen und fremden Staaten. Heute steht er geduldig in den Schlangen, füllt gewissenhaft Dutzende Formulare aus, geilt sich an der Einübung passiver Kritik und Intellektualität auf, die ihm Ersatz fürs Leben geworden sind, und verleiht seiner ganzen Individualität und seinem Unternehmergeist bloß noch auf dem Schwarzmarkt Ausdruck, in den kleinen, kurzsichtigen Tricksereien. Und schon ist er ganz dem Glauben erlegen, dass das ruhige, »kultivierte« Befolgen der jeweils neuen Gesetze und Vorschriften ein Ausweis von Kultur ist. Freilich – das ist es bis zu einem gewissen Punkt. Aber dieser Punkt wurde in beiden Teilen Europas schon längst überschritten, und jeder weitere »kultivierte« Gehorsam vor dem Gesetz ist kein Ausweis von Kultur, sondern ihr Untergang, ist das Verhalten der Herde, die bei jedem Kläffen des Schäferhundes spurt. Ein Europäer, der nicht frei sein will, hört auf, Europäer zu sein. Um einer zu bleiben, musste ich weg. Jemand aus Polen sagte mir mal: »Sehen Sie, der Totalitarismus, das ist keine totalitäre Regierung, kein totalitäres System. Der Totalitarismus beginnt, wenn nicht nur der Durchschnittsbürger auf der Straße, sondern g a n z e Gesellschaften aus vollster Überzeugung sagen: ›Die Regierung *muss*, der Staat *sollte*‹ usf. Erst dann beginnt der echte Totalitarismus. Der Totalitarismus ist nicht die Staatsform – *er ist der Seelen- und Verstandeszustand des Bürgers.*« In Europa unterliegen schon ganze Gesellschaften dem Glauben, dass »die Regierung *muss*«.

Ich erinnere mich daran, wie mich all diese Beispiele alltäglicher Dreistigkeit in der Pariser Métro zu Beginn entsetzt haben, die es früher nicht gab. Ich schüttelte den Kopf, als ich in der polnischen Presse von Rüpeleien in Zügen, Straßenbahnen, Bussen las, von Tausenden Schwarzfahrern. Ich sagte mir: Der Sittenverfall ist da. Wie falsch ich lag! Das ist vielmehr eine gesunde Regung unterbewussten Widerstands von Menschen, die sich für ihre Unterdrückung an einem Staat rächen, der ihnen keine Luft zum Atmen lässt. Dieser Widerstand sucht sich gewiss den falschen Weg, aber so lautet nun einmal das physikalische Gesetz: Der Kessel leckt dort, wo die Nieten lose sitzen. Das ist kein Grund zur Sorge, ganz im Gegenteil. Sorgen sollte man sich, sobald sich alle schweigend in die Wagen zwängen, wenn niemand derbe Flüche brüllt, wenn die Rippen und Herzen im Stillen bersten, in der strafenden Stille. Wenn ich heute Feuilletons lese, die die alltäglicher werdende Enthemmung im Land anprangern, freue ich mich und denke mir: Noch ist Polen nicht verloren. Ich war erschüttert, als ich las, dass man dem sowjetischen Soldaten das Fluchen abgewöhnt habe. Unter den heutigen Bedingungen ist das gleichbedeutend mit dem Ende des Menschen, mit dem Absterben seiner Seele.

Valéry hat über Europa zu Recht bemerkt, dass andere Erdteile ebenfalls ihre großen Zivilisationen hatten, herausragende Poeten und Gelehrte, aber keine besaß diese so einmalige Verbindung zweier außerordentlicher Fähigkeiten: der zur Emission ebenso wie zur Absorption. Ich habe den Eindruck, dass dieses Gleichgewicht der Kompetenzen heute in nur eine Richtung gekippt ist, zum Schaden für den Rest der Welt. Was die Emissionsfähigkeit betrifft, wage ich zu behaupten (und die Gespräche mit den Menschen hier haben mich darin bestärkt), dass das gegenwärtige Europa zum Emissionsherd einer Seuche geworden ist: der Pest des Etatismus, der Verstaatlichung von Kopf bis Fuß, der Bürokratie, der Zentralisierung, des hierarchischen Vorgehens und des stumpfen Nationalismus. Während die schon bekannten Bazillen aus der östlichen Hälfte vom Wind weitergeweht werden, nimmt das westliche Europa (sogar in den Lagern ihrer erbittertsten Gegner) mehr davon auf, als es glauben will, verarbeitet sie, verheddert sich zwischen dem tatsächlichen Totalitarismus und der im Munde geführten Demokratie und erlaubt den hiesigen »Demokraten«, sauber

»demokratisch« zu verfahren und sich dabei auf – genau – Westeuropa zu berufen, auf ihre »Fortschrittlichkeit«, auf ihre »Sozialpolitik« usf. Ganz zu schweigen davon, dass alle wirtschafts- und gesellschaftspolitischen Fehlmanöver der hiesigen Regierungen inspiriert sind von – genau – Europa. Bis hierher dringt die Seuche. Ich habe mich so lange in ihrem Dunstkreis aufgehalten, dass ich auch ihre geringsten Anzeichen erkenne. Den Muff wittere ich manches Mal in irgendeiner Verordnung, die die Bewohner hier gar nicht weiter bewegt, in einer Bekanntmachung oder einem Zeitungsartikel. Jedes meiner Gespräche mit den Leuten hier beende ich auf die gleiche Weise: »Macht, was ihr wollt, nur versucht ja nicht, Europa in irgendetwas nachzueifern.« Meist verstehen sie mich hier auf Anhieb. Ein gewisser Beamter im hiesigen Außenministerium, der vor einigen Tagen aus Paris zurückgeflogen kam, sprach mit mir über Europa in ungefähr dem Tonfall, in dem Tadeusz Olsza über seine Tante mit dem Gemischtwarenladen singt.• Was es dort nicht alles gibt!

Ich war weder verwundert noch erbost.

• • •

Es gelingt mir nichts. Alle sind sehr freundlich, sehr wohlwollend, aber ich spreche kein Spanisch, und überhaupt weiß man mit mir nichts anzufangen. Meiner Beschwingtheit tut das keinen Abbruch, denn trotz alledem geht es mir blendend. Abgesehen von dem völligen Mangel jeglichen Gefühls von Exotismus, höchstwahrscheinlich dadurch bedingt, dass das gegenwärtige Europa sicher der exotischste aller Kontinente ist (das dort regierende Gesetz des Dschungels eingeschlossen), fühle ich mich vor allem heimisch.

Wie vom Zauberstab berührt, ist das jahrelang drückende, unangenehme und sogar vor mir selbst verschwiegene Gefühl des Fremdseins, das Bewusstsein, *étranger* zu sein, verschwunden. Nach acht Jahren in Frankreich, das mich eigentlich zu dem geformt hat, der ich bin, das ich lieben gelernt und an das ich mich so sehr gewöhnt habe, fühle ich mich hier doch weniger fremd, vom ersten Tag an. Und das liegt keineswegs daran, dass es hier vorzüglichen mexikanischen Wodka gibt, Sahneheringe, eingelegte Gurken und Sauerkraut, wunderbare Krapfen, Kaiserbrötchen und Schrippen, dass ich nachmittags an warme Pasteten komme, die nicht schlechter sind als in der Konditorei Maurizio in Krakau, dass es einen »Königsberger« gibt für Eisenwaren, einen »Danziger« für Gemischtwaren, einen »Kirsch« – den Schneiderbedarf – und man mit ihnen feilschen muss, dass es Kirchen im Überfluss gibt und die Indianer unseren Poleschuken• zum Verwechseln ähnlich sehen, dass samstags ein sogenannter »Umtrunk« abgehalten und Wodka in Zehntelliterflaschen verkauft wird, dass man Zigaretten auch stückweise kaufen kann, die Kirchen voll sind und die Frauen darin genauso wehklagen wie bei uns, dass es auf den Gemeindefesten stinkt und dort Mohnkringel und Lutscher in Hahnform angeboten werden, dass der ganze Lebenswandel fast vorkriegspolnisch ist, den polnischen Snobismus inklusive – nein, daran liegt es nicht. Es liegt daran, dass ich noch nirgends wie ein Fremder behandelt wurde. Vielleicht auch das aus schnöden, formalen

Gründen, die aber viel bedeuten: Ich habe den hiesigen Personalausweis bekommen (*cédula de vecindad*) – völlig identisch mit dem der Bürger hier, es fehlt darin sogar der Vermerk der »Nationalität«. Einzig der Geburtsort weist darauf hin. Oder er könnte es: Weil ich, obwohl polnisch, in Wiener Neustadt geboren wurde, hat man, um Verwirrungen zu vermeiden, Wiener Neustadt in »Polonia« eingemeindet. Mit diesem Ausweis kann ich innerhalb eines Nachmittags ein Visum für jedes mögliche Land bekommen, von Mexiko bis Kap Horn. Nur mit den Vereinigten Staaten gibt es Probleme, aber das nimmt nicht wunder. Ähnlich wie Europa, so sind auch die USA nicht Hinterland. Das ist Frontgebiet.

• • •

Es hilft nichts. Bevor meine Geldreserven, die ich vor den Schlägen des Finanzamts des 12. Arrondissements retten konnte, restlos schmelzen, muss ich mir selbst Arbeit schaffen. Soeben erhielt ich einen Brief aus Paris, dass man schon bei mir im Hotel gewesen sei, weil ich wohl 5000 frs. für irgendein Darlehen nicht bezahlt hätte, das die Defizite in einem Budgetplan füllen sollte.

Also habe ich eine Spielzeugwerkstatt eröffnet. Mir fehlt das Werkzeug, ich hantiere mit einer Küchenschere herum, Marke »Colonial« für 40 Cent, arbeite die Nächte durch. Nach dem europäischen Raufutter setzt das guatemaltekische Kraftfutter meiner Leber gehörig zu. Der Kaffee von hier, der beste Kaffee der Welt, den ich nächtens bei der Arbeit trinke (den Mangel an Werkzeug gleiche ich mit Arbeitsstunden aus), stiftet mein an Zichorie gewöhntes Herz zu gefährlichen akrobatischen Kunststücken an. Ich wirke ihnen entgegen, indem ich mittags in das kleine Schwimmbecken springe, das fünf Minuten von meinem Haus entfernt ist. Wir wohnen am Rande der Stadt, und fast direkt hinter dem Gartentor schließt eine große Farm an, angelegt wie ein Park mit Sportplätzen und einem Pool. Es ist wundervoll dort. Gleich fünf Schritte vom Haus taucht man ins Grüne, kann in tiefe Schluchten absteigen, die Luft der Berge atmen. Über den Köpfen kreisen Geier, die Hausvögel dieser Stadt. Weiße Wölkchen ziehen in Strichen über die bläulichen Hänge der Vulkane, sie wollen gezeichnet werden.

Ich verdiene sehr wenig, hoffe aber auf mehr. In der Zwischenzeit schneide ich mit der »Colonial« in duftendes Zedernholz, labe mich an der Sonne, und manchmal lese ich, heimlich, Madariaga. Ich lese mittlerweile recht flüssig. Wie gerne würde ich schon diese ganze interessante, mir völlig fremde Welt in mich aufzusaugen beginnen, aber ich habe keine Zeit dazu (nebenbei bemerkt ist die europäische Selbstbesoffenheit beängstigend, dort beschränkt sich schon alles auf die Fragen im Dreieck Paris–London–Kolbuszowa, und alle Welt hat die heilige Pflicht, zu wissen, was da gerade vor sich geht).

Die Welt, die Neue Welt, die Dritte, große Welt. Man spricht wenig über sie, macht sich über die Guatemalas, Costa-Ricas, San Salvadors und alle möglichen Hondurase lustig, aber was weiß man über sie? Überreiche Länder von übergroßer Weite, von Offenheit und Freiheit, in den besten der europäischen Traditionen verwurzelt. Wer weiß, ob ihr Geist nicht ebenhier fortdauern und neue Frucht tragen wird? Ich habe keineswegs das Gefühl, in einer kleinen Stadt eines kleinen Landes zu sein, unter meinen Füßen spüre ich vor allem den Kontinent, unermesslich, herrlich, übersprudelnd vor Lebendigkeit. Umgeben bin ich von Natur, schon sind Monate vergangen, und ich hatte noch nicht ein einziges Mal das Bedürfnis, ins Kino zu gehen. Bei aller Müdigkeit und Überarbeitung (im Grunde ist es ja körperliche Arbeit) bin ich wie erneuert. Leicht ist es nicht, das will ich nicht leugnen. Es fehlen mir manches Mal ein paar Cent für eine Albernheit, für eine »Coca-Cola« (dass ich alles in die Werkstatt stecke, ist eine andere Sache), aber wenn ich mich zum bescheidenen Abendbrot einfinde, bin ich zufrieden mit dem Tagwerk. Ich unterziehe mich der Enttotalisierungskur, schwitze die europäische Abstumpfung aus, alle Abhängigkeiten. Und trinke in meiner Werkstatt »Cariba«-Rum aus Jamaika, von dem ich meiner Frau sage, er sei Politur.

• • •

Europäer. Unter ihnen sind viele, die schon seit Monaten hier sind oder seit einem Jahr und ständig mit irgendeiner Form der Unterstützung rechnen. Den ganzen Krieg über und danach wurde ihnen von Wohlfahrtsvereinen jeglicher Couleur oder Verwandten in Übersee unter die Arme gegriffen, und jetzt sind sie Schulbeispiele dieser besonderen europäischen Mentalität, die mittlerweile nicht bloß einzelne Individuen auszeichnet, die vom ständigen Unterdiearmegegriffenwerden demoralisiert worden sind, sondern bereits in ganze Nationen gefahren ist. Es ist die völlig bewusste, präzise kalkulierte Absicht, den Status des »Kriegsopfers« auf Lebensdauer zu erhalten.

Und so ist der hiesige Zahnarzt, der es wagt, für die Behandlung eine Rechnung zu verschicken, ein »Schwein« (ich, *nota bene,* mittlerweile auch), vom Arzt wird kostenloser Rat verlangt, von Freunden nicht rückzahlbare Kredite, von den Hauseigentümern kostenloses Wohnen usf. Ähnelt der Geisteszustand ganzer Völker heute nicht schon langsam diesen Leuten? Wie spricht man in Frankreich und Italien beispielsweise von Amerika? Und das auch nach Abzug der aus dem sozialistischen Osten entlehnten Wörter, der westliche Eigenanteil genügt völlig. Weisen nicht schon allmählich ganze Länder eine verblüffende Ähnlichkeit mit den DP-Lagern unter der Obhut der IRO auf? Niemand lässt sich so leicht zum Aufstand gegen den Vormund überreden, zur grundlosen Unzufriedenheit verführen wie eben der Lagerbewohner. Ein Mensch, dem eine allumfassende Betreuung zuteilwird, hört rasch auf, im Betreuer einen Wohltäter zu sehen. Er sieht in ihm einen Tyrannen. Mir scheint, dass diese psychologische Dynamik nicht hinreichend berücksichtigt wird und dass daher mit solcher Leichtigkeit Streiks organisiert werden, die alle Pläne schon gehörig durcheinandergebracht haben. Daher rührt die für uns typische »Perspektivenverschiebung«. Man berechnet die Erzeugnisse, die Europa nach dieser Hilfe zu produzieren imstande wäre, mit Annahmen und Voraussetzungen *in spe*, doch der Faktor »gegenwärtiger *homo Europeus*« wird in dieser Rechnung vernachlässigt. Sowohl von Europa als auch von Amerika. Dabei ist dieser Mensch schon am

Ende des Zyklus angelangt, der da in seiner Kurzform lautet: »Ach wie gut, dass sie helfen«, »nachvollziehbar, dass sie helfen«, »wie bitte, SIE HABEN KEINE ANDERE WAHL ALS ZU HELFEN«. Man konsumiert, worauf man auf eine neue Ration wartet, während die Ohren empfänglich sind für die Einflüsterungen jener *Provokateure*, die durch das Lager gehen und sagen: »Und, was haben sie gegeben? Einen Sch… haben sie gegeben! Davon kann man ja noch nicht mal geradeaus laufen, vom Arbeiten ganz zu schweigen.« Jede Verspätung bei den Lieferungen und – noch schlimmer – jeder eigene Ausrutscher in den Mühlen der Bürokratie wird skrupulös ausgeschlachtet, sodass sogar die am wenigsten Aufmüpfigen zu den Agitatoren überlaufen. Das kann für beide Seiten gefährlich werden.

Die Amerikaner gehen in ihren Kalkulationen von ihrem Menschen aus, einem Menschen, für den jede Hilfe den Impuls gibt zu größerer Regung. Diese Rechnung scheint nicht aufzugehen. Die Schweiz hat jede Unterstützung abgelehnt, England kommt schon irgendwie selbst zurecht. Und erste Ergebnisse zeichnen sich schon ab. Auch auf meiner Reise konnte ich ihrer überall ansichtig werden, begonnen von Madeira über die Küste und die Inseln nördlich von La Guaira in Venezuela bis Panama. Und auch Länder aus der Bannmeile Stalins zählen schon dazu. Ob dieser Bann einzig und allein aus politischen Gründen ausgesprochen wurde? Dort lockt man die Menschen anhand von Zwangsentbehrungen, aber in Wirklichkeit entlockt man ihnen schlummernde, geradezu atomare Energiereserven mittels freiwilliger Entbehrungen, der Antrieb lautet: »Schaut – wir schaffen das selbst«. Mit diesem »wir selbst«

wird Warschau wieder aufgebaut, der ganze enorme Überschuss des »Wir schaffen das schon selbst« fährt zugweise gen Osten, der Rest sickert langsam hier ein und sorgt für weitere Energiereserven: »Wir selbst! Wir haben es schon geschafft.« Die Psychologie des Wer-bietet-mehr *à l'américaine* wird einwandfrei ausgenutzt.

Monate sind vergangen, ich beobachte den Mikrokosmos hier. Seitdem ich da bin, sind hier eine ganze Menge Europäer hergekommen. Die Unterstützung durch die IRO endete mit der Begleichung der Reisekosten, dazu kamen oft noch Spesen. Diese Leute haben in den allermeisten Fällen langsam zu arbeiten begonnen – oft zu einem geringen Lohn, das stimmt, aber mit Elan. Doch plötzlich, Ende Oktober, taucht ein Abgesandter der IRO auf und eröffnet eine Zweigstelle. Jene, die zu arbeiten begonnen haben, schmissen wieder hin. Jetzt sitzen sie in den Vorzimmern der Büros der IRO, haben es schon vollbracht, einen Zuschuss zu bekommen, und eine ganze Gruppe ihrer Landsleute hat ein luxuriöses Haus bezogen, gemietet von ebendieser »Lumpen«-Organisation. So wohnen sie vor sich hin, machen sich Mittagessen und schicken die Rechnungen weiter in die 6. Avenida. Ihr Abgesandter ist ein dahergelaufenes Schlitzohr aus Honduras, der gerne in den Vorzimmern warten lässt oder einen gerne auch gar nicht empfängt. Einer meiner Landsleute sagte mir: »Das Haus ist sehr vornehm, mehrere Bäder, Telefonanschluss, warmes und kaltes Wasser, ein Kühlschrank und eine elektrische Waschmaschine, eine Terrasse, man kann sich in die Sonne legen, aber wozu ist das alles gut, wenn die Köchin fehlt.« Wortwörtlich! Und neuerdings: »Es hat keinen Sinn, hierzubleiben. Wir fahren weiter nach Kanada.« Einer gewissen Engländerin, die fünf Sprachen spricht und ihm in einer schwierigen Lage aushelfen wollte, führte er (klassischer Philologe von Beruf) während des entscheidenden Kaffeetrinkens aus, dass jeder, der kein Latein spräche, ein Idiot sei – der tapfere Streiter im Namen der Kultur. Er erinnerte mich an einen Franzosen, der mir einige Tage nach der Befreiung in Paris sagte: »Wissen Sie was, diese amerikanischen Flegel *(goujats)* essen Sardinen mit Schokolade.« Das sprach diese *fine fleur de la culture européene,* während sie an meinem Tisch amerikanische Sardinen aß – *2 persons half ration.*

Ich selbst habe ja, nach vier Monaten harter Arbeit in meiner kleinen Werkstatt, für die ich mittlerweile schon aus eigener Kraft einiges Werkzeug und eine elektrische Holzfräse habe anschaffen können, nicht übel Lust, alles hinzuschmeißen. Ich arbeite 12, 14 oder 16 Stunden täglich, bin erschöpft, keine Ausgabe erfolgt ohne peinliches Abwägen, das Budget ist begrenzt. Ich würde gerne zu diesem »Schlitzohr« von der IRO gehen, ihm sagen, ich sei »Schriftsteller«, »Intellektueller«, dass ich an einem Haufen Sachen arbeite und nicht schreiben kann. Her mit der Stütze, zum Henker! Was denn? – Aber nein, noch mal beiße ich die Zähne zusammen und will mich um einen normalen Kredit bemühen. Mit meiner Werkstatt als Garantie. Die Leute, die mich dezent abgewimmelt haben, als ich eine Arbeit gesucht habe, kommen jetzt von selbst zu mir, um mir Geld anzubieten.

Noch liegen lange, schwere Tage und Monate vor mir. Aber es werden immerhin Tage sein, in denen ich mit mir selbst im Frieden bin, frei, unabhängig, mir mit einer Zigarette im Mund sagen kann: »Nur die Ruhe.« Und nicht auf »Habacht« im »Europalager« stehe.

FRAGEN DER WILDEN

Die Wilden aus den wilden Ländern haben die peinliche Angewohnheit, Europäern dumme Fragen zu stellen. Die Kulturzwerge vom Kontinent der Zivilisation elektrischer Kühlschränke und der Coca-Cola erinnern ganz und gar an schwachsinnige Buben, die mit weit aufgesperrtem Mund durch die Stadt laufen und nach allem Möglichen fragen – und wenn man ihnen antwortet, halten sie es noch für angemessen zu erwidern: »Und warum?«

Die Verwilderung des Europäers, der in diese barbarische Umgebung geworfen ist, beginnt unter anderem damit (andere: der Wunsch, einen elektrischen Kühlschrank zu besitzen, eine Waschmaschine, ein Auto und so fort), dass auch er die Neigung erkennen lässt, alberne Fragen zu stellen.

»Wie haben Sie erkannt, dass der Typ am Nachbartisch ein ›frischer‹ Europäer ist?«, fragt mich mein guatemaltekischer Bekannter.

»Weil er nach Mottenkugeln riecht.«

»Und warum?«

Das ist schwer zu beantworten. Jedenfalls geht von so einem Ankömmling ein Naphthageruch aus wie von wertvollem Karakulfell, das man aus einem Mottenbeutel gefischt und aufgehangen hat, um es auszulüften. Beim Anblick eines frischen Europäers empfinde ich jetzt dasselbe, was ich als kleiner Junge empfand, als ich meinen Großvater begrüßte, der von jenem Krieg aus Russland heimgekehrt war; etwas, das trotz aller Sympathie und allem Mitgefühl, die man diesen Menschen entgegenbringt, zugleich abstoßend ist. Irgendein *Armeleutegeruch,* der sich von ihrer ganzen Erscheinung her ausbreitet, er bringt einen in Verlegenheit und beschämt, ist fremd, macht den Eindruck, »aus dem Verkehr gezogen« zu sein, im Fall der Europäer noch gesteigert durch Hochmut und das exklusive Gefühl der Überlegenheit, wie ihn nur exotische Gäste haben können.

Ein Juraprofessor der Berliner »Freien Universität«, der hier auf Durchreise ist, kehrt nach einem ganzen Tag der Höflichkeitsbesuche heim und erzählt:

»Überall das Gleiche. Mit ihnen lässt sich keine Unterhaltung führen. Was für ein Niveau …! Diese Leute leben immer noch im letzten Jahrhundert!«

Da hätten wir es, das verzweifelte Grinsen der Edelkarakulschafe in Richtung der gemeinen Schafsköpfe. Danach, während des Gesprächs, ein langer *Vortrag* über das Naturrecht und die laizistische Moral, hergeleitet aus abgedroschenen Couplets der Französischen Revolution und nach marxistischer Art gewürzt durch einen ehemaligen Kommunisten, der sich vorläufig zum Sozialismus bekehrt hat. In welchem Jahrhundert lebt der *Herr Professor*?

Ein junger Franzose, der die USA noch nicht einmal überflogen hat und hier auf die Mitgift einer wohlbetuchten Jungfer hofft, lächelt verächtlich:

»Es ist schrecklich, zu welchem Grad *cette barbarie américaine* ein Land Südamerikas nach dem anderen überkommt. Unter den älteren Generationen kann man noch wen finden, der Französisch spricht – unter den Jungen ist mir fast niemand begegnet. Auf Englisch können Sie sich dagegen sogar mit dem Schuhputzer unterhalten.«

»Na dann, heiraten Sie doch eine rüstige Witwe!«

Ein anderer Franzose, der mir einen Empfehlungsbrief für den Kulturattaché der französischen Botschaft gab, schrieb in einem Atemzug darin: »*M. B. apprécie infiniment notre culture. Il s'abrutit complètement dans ce pays …*«° Da ich zu dieser Zeit schon meine Zweifel hatte, ob ich unsere Kultur so grenzenlos schätze und ob ich nicht im Begriff war, in diesem Land vollständig zu verblöden, habe ich das Schreiben nie abgegeben; und mit der typisch europäischen Resigniertheit habe ich mich von der Flut der gedruckten Barbareien von der Art solchen Schunds wie *Time*, Mumford und anderem kapitalistischem Quatsch ertränken lassen.

All diese Europäer, die gleich die Hände über dem Kopf zusammenschlagen, wenn nur die Rede ist von Europa und seiner Kultur, haben es zugleich dahin gebracht, dass mir junge Leute, Studenten an Colleges oder Universitäten, mehr als einmal die dumme Frage gestellt haben:

»Entschuldigen Sie bitte, gehört Polen zu Europa?«

Anfangs habe ich darüber gelächelt und ihnen, während ich die Primitivlinge innerlich verfluchte, erklärt, ja, Polen gehöre zu Europa. Mittlerweile bin ich aber zu dem Ergebnis gekommen, dass das zu vage ist.

»Nein!«, antworte ich jetzt. Polen, Ungarn, die Tschechoslowakei, Rumänien, Bulgarien, Jugoslawien, Albanien, Lettland, Litauen, Estland (von der Existenz der letzten drei hat meist niemand gehört oder sie längst vergessen) liegen im neuen, sechsten Erdteil, der auf den Namen »Satellitenstaaten« oder »Länder hinter dem Eisernen Vorhang« hört. Wenn man sie unterschlagen will, rückt man sie an Russland heran und nennt sie Satellitenstaaten; wenn man ihrer gedenken will, schiebt man sie von Russland fort und an Europa heran und nennt sie Länder hinter dem Eisernen Vorhang. Außerdem spricht man die Namen dieser Staaten mal allein, mal mit dem Präfix »das rote« aus. Das ist die subtile Dialektik der Unentschiedenheit und Vorsicht.

»Also ist das am Ende auch Europa?«

»Ja. Tatsächlich ist es die östliche Hälfte von Europa, die der westliche Teil, das sogenannte freie Europa, um jeden Preis zu vergessen versucht. Eine Eigenschaft profunder Kultiviertheit ist die Diskretion, die Fähigkeit, heikle Themen nicht zu berühren. Diese Disziplin hat die europäische

Kultur zur Perfektion gebracht. Auf europäischen Kongressen müssen sich die Vertreter des östlichen Europa fast mit Gewalt Zutritt verschaffen, und der ganzen westeuropäischen Presse können Sie nichts anderes entnehmen, als dass Europa auf den Territorien endet, auf denen sich noch die Überbleibsel des Kaugummis finden lassen, das die amerikanischen Verteidiger und Kümmerer ausgespuckt haben.«

»Aber sind daran nicht die Vereinigten Staaten schuld?«

»Natürlich. An allem sind immer die Vereinigten Staaten schuld. Sie sind es, die Europa daran erinnern sollten, was es ist, und zu welchem Ende es ist.«

• • •

Europa? Sein bequemer und feiger Teil hat heute schon *pars pro toto* den Begriff von Europa ersetzt, und sein Wesenskern hat sich darin so rückstandslos aufgelöst, dass es auch dem scharfsinnigsten Europäer nicht auffällt. Vor nicht langer Zeit ist mir ein Artikel von Arthur Koestler unter die Augen gekommen, veröffentlicht in einer dieser französischen Zeitschriften.[•] Er beugt sich darin über den ganz mit Ohnmacht ausgestopften Strohsack Westeuropa und hält fest, dieses Westeuropa erinnere an einen »Patienten in einer Eisernen Lunge«, den nur noch die wirtschaftliche und militärische Unterstützung der USA mit Sauerstoff versorge.

Für den Befund, dass der Augenblick des letzten Atemzugs nahe ist, schließt er mit der ihm eigenen Gründlichkeit eine ganze Reihe physischer Ursachen aus, mit denen man diesen Zustand in Europa zu erklären pflegt, und gelangt zu der Überzeugung, dass er eher die Folge tiefliegender psychischer Gebrechen ist. Eines davon, und Koestler zufolge das hauptsächliche, ist der Verlust des Glaubens an sich selbst.

Er braucht nur wenige Worte, um ganz Osteuropa abzufertigen, wo »die Zivilisation, die seine Größe ausmachte, bereits vernichtet und das menschliche Leben zu einer Art Zuchthausregime degradiert worden« ist, und prophezeit dem westlichen, »verstümmelten Rest« Europas ein ganz ähnliches Schicksal, »wenn nicht ein radikaler politischer und moralischer Umschwung eintritt.« Diese Erneuerung, diese geistige Wiedergeburt können auch die USA nicht herstellen, und erst recht nicht exportieren.

Im weiteren Verlauf seiner Überlegungen verwirft Koestler gleichfalls besonders beliebte Arzneien: Reformen auf sozialem Gebiet, soziale Gerechtigkeit und ähnliches Fortschrittszeug, und schlussfolgert berechtigterweise, dass sie alle zusammen die sowjetische Expansion weder militärisch noch auch bloß moralisch in der Lage wären aufzuhalten. »Denn einmal«, schreibt er, »dauert der Kampf um soziale und wirtschaftliche Gerechtigkeit nun schon zwei- bis dreitausend Jahre, und es ist nicht sehr wahrscheinlich, daß das Goldene Zeitalter gerade rechtzeitig anbrechen wird, um einen russischen Vorstoß gegen Berlin oder Jugoslawien aufzuhalten.« Doch es fehle uns eine Idee, die die Geister mit sich reißen könnte wie zu Zeiten des frühen Christentums oder der Französischen Revolution. Und die einzige Idee, die in Europa etwas anzufachen imstande wäre, sei die der westeuropäischen Union.

»Man muß ihr zerbrochenes Nationalbewußtsein und ihre schwer angeschlagene Loyalität gegenüber ihren Beherrschern durch ein europäisches Bewußtsein und eine Loyalität gegenüber Europa ablösen.« Und um das zu beschleunigen, um auch nur einen Funken des Enthusiasmus in den verschleierten Augen des Kranken zu entfachen, schlägt er die Gründung einer Europäischen Freiheitslegion vor. Er skizziert sogar recht detailliert die Organisationsstruktur einer solchen, rein defensiv ausgelegten Einheit und sieht darin eine »Elite-Einheit« von großem symbolischem Wert. Ihre Soldaten, die sich allein aus Bürgern *westeuropäischer Länder* rekrutieren, wären Soldaten Europas, die unter einer europäischen Flagge im Takt der europäischen Hymne marschierten. Symbolischer Wert wovon? Von welchem Europa? Erst nennt man es »verstümmelter Rest«, daraufhin Europa. Erst erkennt man vor allem eine seelische Erkrankung, woraufhin man eine Aspirinpastille verschreibt – die Freiheitslegion, die sich aus ehemaligen *weekenders* aus Zuidcoote zusammensetzt.[•]

Es ist wirklich interessant, mit welcher Konsequenz Schriftsteller und Publizisten aus Westeuropa im entscheidenden Augenblick plötzlich die Augen verschließen. Bewusst oder unbewusst zog es auch Koestler vor, den morastigen Grund der unausgesprochenen und nicht ausdiskutierten Angelegenheiten zu meiden, und verpestet mit seinen Ausdünstungen die westeuropäische Atmosphäre. Nicht nur Europa hat den Glauben an sich verloren; der Rest der Welt glaubt auch nicht mehr an Europa. Warum? Und seit wann? Das sind die wichtigsten Fragen.

Ohne sich die Ursachen für diesen allumfassenden Glaubensverlust bewusst zu machen, sind alle Vorschläge, die eine geistige Erneuerung herbeiführen wollen, die hervorragendsten amerikanischen Sauerstoffmischungen und alle möglichen Hilfsspritzen zur Vergeblichkeit verurteilt. Wenn ein Kranker schon in dem Stadium angelangt ist, in dem sich Westeuropa befindet, sollte er zunächst sein Gewissen prüfen und die Beichte ablegen, danach kann man ihm immer noch Medikamente verschreiben. Aber der Kranke und seine Ärzte schweigen beharrlich; sie beschweigen das Wesentliche.

»Warum verfügt Europa, das ja unmittelbar bedroht ist, noch nicht einmal über dreißig Divisionen, während die USA, die ja kein erstes Ziel sind, seit einem Jahr in vollständiger Mobilisierungsstärke stehen?«, fragt ein Student der hiesigen Universität.

»Warum gibt es immer mehr Spielzeug aus Europa, aber immer weniger amerikanisches?«, fragt ein kleiner Junge, der hinter der Theke des Spielzeuggeschäfts steht, in dem ich arbeite.

Wenn ich versuche, darauf eine Antwort zu finden, stehen mir sogleich die französischen Straßen in der Junisonne vor Augen und der kleine Blumenstrauß, der mir auf den Fahrradlenker fiel, nachdem er mit dem freudigen Schrei *»C'est signé«* aus einem Fenster geworfen wurde. Ich höre auch die Worte eines französischen Offiziers im brennenden Brest, der meinem Bekannten beim Abendessen erklärte: »Ich bedauere es sehr, aber wir können Ihnen nicht mehr helfen, da wir ab zehn Uhr heute Abend Kriegsgefangene sein werden.« Es war sieben Uhr und die Deutschen noch weit weg. Brest ergab sich telefonisch, fernmündlich.

Die Seelenkrankheit geht auf diese tragischen Tage zurück. Der völlige Verlust des Glaubens an sich selbst erfolgte auf den Feldern Hollands, entlang des Albert-Kanals, auf der Maginot-Linie. Es hatten sich Menschen gefunden, die diesem Verlust unter dem Deckmantel des Patriotismus vorstanden, die dazu beitrugen, dass er sich verstetigte, indem sie ihn sanktionierten. Die den Leib retten wollten und dabei die Seele vernachlässigten. Seitdem haben sich die Komplexe vermehrt und in kürzester Zeit immer neue Metastasen gebildet.

»Verzeihen Sie bitte, wie soll man den Abdruck solcher Fotos verstehen?«, fragt mich ein junger Wilder und zeigt mir eine französische Illustrierte, auf deren Titelseite das Foto einer Pétain-Reliquie prangt, im Innenteil noch Pétain im Handschlag mit Hitler, daneben Pétain im Handschlag mit Admiral Leahy,[•] Fotografien seiner letzten Tage, Fotografien von seinem Begräbnis. »Wer war dieser Pétain nun eigentlich?«, fragt er weiter. Verräter oder Erlöser? Mitglied der Académie Française oder ein Subjekt, das mit der *Indignité nationale* belegt ist und zum Tode verurteilt wurde? Marschall oder *Monsieur Pétain*? Die Wilden verstehen es nicht.

»Das wird Ihnen die Geschichte beantworten!«

Die Geschichte hat aber schon längst geantwortet und sie antwortet täglich, auf jedem Schritt, doch man überhört sie. Das, was damals in Frankreich geschah, was danach geschah, hat ganz Westeuropa gezeichnet, bis heute. Frankreich war seine Seele und ist es um so mehr im gegenwärtigen Stummeleuropa. Der Untergang war so schrecklich und zugleich so sanft, dass gewiss deshalb bis zum heutigen Tag niemand sich dazu durchringen konnte, die Wahrheit darüber auszusprechen, und nun wird das ganze Problem gerne der Geschichtsschreibung überantwortet; vielleicht weil, sobald edlere Funken aufblitzten, man mit Getöse auf sie gepustet hat und so lange pustete, dass, obwohl man aus ihnen ein großes Läuterungsfeuer machen wollte, sich die Summe der Lügen und Unterschlagungen noch weiter auswuchs. Die Legende deckte den wurmstichigen Käse zu wie eine Glasglocke. Darunter vermehren sich die Würmer weiter, ganze politische Programme entstehen weiterhin auf den alten Komplexen und Traumata. Darüber will keiner reden, es ist leichter, ausweichende Rechtfertigungen zu schreiben, ihnen Komödientitel zu geben, leichter, sich zu den Großen zu zählen und sich in billiger Geschwätzigkeit zu ergehen. Im geistig bankrotten Unternehmen Westeuropa hat bisher niemand unverfälschte Zahlen, niemand eine Aufstellung der tatsächlichen und wesentlichen Verluste präsentiert. Alle Kraft wurde darauf verwendet, falsche Bilanzen vermeintlicher Größe anzufertigen. Und also scheint es dem Weststummel, er sei immer noch das, was dereinst das ganze Europa war.

Unterdessen entstand in der Zeit nach der Niederlage, in den Jahren der deutschen Besatzung ein neues Gefühl, nach dem man regelrecht süchtig geworden ist: die Erwartung, dass andere zu Hilfe eilen. Und man wartet darauf bis zum heutigen Tag, erwartet immer mehr, wartet auf alles Mögliche. Das Vertrauen auf amerikanische Hilfe wurde zur zweiten Natur des nichtkommunistischen Stummeleuropäers.

Warum sich nicht freimütig bekennen, dass man am liebsten hundert amerikanische Divisionen in Europa stationiert sähe, weil man dann den Finger nicht zu rühren bräuchte? Und zugleich redet man sich ein, immer noch das Zentrum der Welt zu sein, während man nichts mehr ist als eine Provinz. Korea? Ist sehr weit weg. Indochina? Eine private Angelegenheit von General de Lattre und des Pentagons. Osteuropa? Gehörte im Grunde nie zum echten Europa.

Das Siechtum ist schon offensichtlich. Der Geist des westlichen Europa ist seiner natürlichen und traditionellen Absatzmärkte im Osten beraubt, beansprucht sie aber auch nicht mehr. Ganz im Gegenteil, er bemüht sich, sie zu vergessen, versucht sich einzureden, dass der Stummel schon das ganze Europa sei. Er verschweigt sein Gebrechen, humpelt und ist jederzeit bereit, einem Schwarzhandel wie dem von Jalta zuzustimmen, widerspruchslos seine östlichen Beine zu verkaufen, nur um bloß vorläufig das ergraute westliche Haupt zu retten. Dort in Paris, in Rom, in Brüssel glauben viele, dass der Rest der Welt das nicht sieht, dass diese Welt in der Pflicht steht, herbeizueilen und die vermoosten Steine und Ideen des westeuropäischen Hellas bis zum letzten Atemzug zu verteidigen. Man verlangt Respekt, man verlangt Schutz, Geld und Barbarenblut. Mit welchem Recht? Warum? Aus wem eine Freiheitslegion formieren? Etwa aus Leuten, die sich psychisch schon unter sowjetischer Besatzung wähnen? Unter einer Besatzung organisiert man keine regulären Streitkräfte, sondern Partisanen. Deshalb haben die militärischen Anstrengungen Westeuropas das Format einer Partisanenarmee bisher nicht überschritten und werden es höchstwahrscheinlich auch nicht. Und auch von ihr wird gelten, was Marcel Déat* einmal über die Pariser Polizei während jener anderen Besatzung sagte: »Man kann sich nicht sicher sein, ob man auf die Hälfte zählen kann, aber man darf sich sicher sein, dass man auf die Hälfte nicht zählen darf.« Der europäische Weststummel ist dazu bereit, telefonisch zu kapitulieren. Die Welt ahnt das.

Und die Kultur? Welche Kultur? Die Kultur der amerikanischen Militärstützpunkte, die Kartenhauskultur, bei der alles einzustürzen droht, wenn man nur eine einzelne amerikanische Karte herauszieht, oder die Kultur von Europa in seiner Ganzheit? Um was geht es? Um das Museum Westeuropa und seine Hausmeister, die die Hand aufhalten in Erwartung eines amerikanischen Trinkgelds, oder um den ganzen lebendigen und schöpferischen Kontinent? Wer wüsste das zu sagen und wer sollte auf dem Ganzen bestehen? »Lachend sieht die Welt auf uns – bei aller Ehre, recht hat sie zu lachen!«, müsste heute ein westeuropäischer Ruy Blas herausschreien. Weil in diesem Europa, von dem man heute privat so spricht, wie der wildeste Amerikaner öffentlich noch nicht zu sprechen wagt, der Wurm steckt. Es ist Klimbim, ein bloßes Nichts.

»Als meine Eltern letztens nach Paris gefahren sind, war mir, als würden sie nicht dorthin reisen, um etwas Lebendiges zu sehen oder etwas von dort mitzubringen, sondern als wollten sie ein Museum besuchen. Ganz so wie Europäer, die nach Griechenland fahren, weil sie sich für die Überbleibsel der Akropolis und die Statuen interessieren«, erzählt der Sohn von Freunden.

Die Eltern beeilen sich, zum entfernt aufgebauten Katafalk zu gelangen, um vor dem Begräbnis noch ein letztes Mal das Totenantlitz zu schauen; ihre Kinder fahren in die USA, denn sie haben das Leben noch vor sich. Für sie ist Europa nunmehr ein amerikanischer Stützpunkt wie die Philippinen oder Alaska. Ihre Augen richten sich eher auf das Hauptquartiert als auf entfernte Garnisonen. Und die Kultur?

Diese europäische Kultur ist für sie die Kultiviertheit von Heyst aus Joseph Conrads *Victory*.[*] Sie fühlen sich dem einfachen und ungebildeten Mädchen Alma, das seinen Kopf für diese Kultur hinhält und dafür mit dem Leben bezahlt, näher als einem Heyst mit seiner ganzen Kultiviertheit und Finesse, der allein auf seine Manierlichkeit bedacht ist, auf einem Flecken Land inmitten alter Papierfetzen sitzt und im Augenblick der Gefahr sich zu nicht mehr als intellektuellen Fingerübungen und kurzsichtiger Diplomatie aufraffen kann. Eine Kultur, die nicht nur längst an keine Eroberung mehr denkt, sondern sich nicht mehr selbst verteidigen will und ordinäre Flegel zu ihrer Verteidigung zwingt, ist keine Kultur, es ist im besten Fall eine leblose Antiquität. Genauso leblos wie Heyst vor dem Hintergrund der lebendigen Alma ist Europa, das sich auf die Verteidigungslinie seiner Kathedralen zurückzieht und mit ihnen die übrige barbarische Welt erpresst.

»Ich schreibe über italienische Malerei, unsere Literatur und Musik, stelle Radiosendungen über unsere Kultur zusammen, bereite eine italienische Bibliothek vor, und ständig habe ich den Eindruck, dass das alles sinnlos ist, weil es kein Publikum dafür gibt«, gesteht mir der junge, eifrige Kulturattaché der italienischen Botschaft.

»Und welches Wirtschaftssystem herrscht in Italien?«, frage ich.

Er überlegt eine Weile und prustet plötzlich los:

»Der Marshallplan!«

Als ich hier erschöpft und ohne Geld ankam, fühlte ich mich prächtig, obwohl ich manches Mal nicht wusste, ob es am nächsten Tag für ein Mittagessen reichen würde. Über zwei Jahre lang war ich in einer so elenden materiellen Lage, dass sie jedem Vergleich mit den schwersten Jahren in Europa spottete. Meinem Tatendrang hat das keinen Abbruch getan. Vom ersten Moment an hatte ich das Gefühl, hier im Bereich einer klar umrissenen Wirtschaftsordnung zu sein, dass diese Ordnung gewiss nicht vollkommen ist, aber sie *ist*, ich spürte von der ersten Sekunde an, dass ich mit beiden Füßen auf sicherem Grund stehe und dass mein Einkommen, sogar das allerbescheidenste, einen greifbaren Wert hat. Die Wirtschaftsordnung des westlichen Halbeuropa hat die Bezeichnung »Ordnung« nicht verdient. Abgesehen von der Schweizer Insel regiert allenthalben ökonomische *bouillabaisse*.

»Eine Kultur ohne die Grundlage einer klaren Wirtschaftsordnung hört auf, eine volle und lebendige Kultur zu sein, sie verliert ihre Überzeugungskraft für die breite Allgemeinheit. Sie wird zwangsläufig zur Trödelware, zur Tanagra-Figur, die allein noch von Kennern, Liebhabern und Sammlern geschätzt wird. Die ganze Welt der Antike hat sich in den paar ökonomisch am besten organisierten Stadtstaaten erhalten und zog auf sehr prosaischen Vehikeln ins Mittelalter ein. Auch wenn Sie über ein Budget verfügten, das doppelt so groß wäre wie das Ihres amerikanischen Kollegen, stünden Sie vor den gleichen Schwierigkeiten wie jetzt. Denn hinter Ihrem Rücken steht nichts; Ihr ganzes Rom, die Renaissance, all Ihre Monumente zusammen mit zeitgenössischen Kleinoden hängen in der Luft wie eine Christbaumkugel.«

»Einer aus den USA importierten«, ergänzt er mit einem traurigen Lächeln.

Exakt. Jedem der wenigen europäischen Produkte, die man hier in die Hand nimmt, merkt man den Mangel wirtschaftlicher Grundlage an. Man kauft diese Produkte wie zum Spiel, als Gelegenheitseinkäufe, abseits seiner Konsumentengewohnheit und -überzeugung. Produkte ohne Botschaft. Allein die deutsche Ware ist da eine Ausnahme. Deshalb hört man auch oft die Frage:

»Weshalb ist Westdeutschland, das am stärksten durch den letzten Krieg zerstört worden ist, schneller wieder auf die Beine gekommen als die übrigen Länder Europas?«

Warum? Die Deutschen haben hier schon ihren Radiosender »La Voz de Telefunken«, auf dem sie deutsche Musik spielen, die sie auf Spanisch und Deutsch ansagen. Darin kumuliert nicht nur die Propaganda der Empfangsgeräte von Telefunken und Blaupunkt, sondern die Propaganda der gesamten deutschen Wirtschaft und Kultur. Europa? Das mag nun sehr traurig klingen, aber seit einiger Zeit nimmt Europa in den Augen der lateinamerikanischen Welt wieder die Gestalt Deutschlands an, für die Menschen hier wird Deutschland wieder zur ersten Assoziation, wenn die Rede von Europa ist. Von allen westeuropäischen Streitkräften genießt jene den größten Respekt, die noch gar nicht aufgebaut worden ist: die deutsche. Allein dieser Umstand legt nahe, dass die Deutschen den Marshallplan am besten für sich zu nutzen verstanden und ihren Aufbau auf klar definierte Füße gestellt haben, die stark an den amerikanischen Kapitalismus erinnern. Welchen?

Es gibt nur einen Kapitalismus: Wir sind ungeheuer fortschrittlich und diskutieren mit größter Kennerschaft ökonomische Fragen. Der Kapitalismus? Wir wissen besser als die Amerikaner, worin er beruht: Wall Street, Banker mit dicken Zigarren, Finanzhaie, kurz, eine überholte, reaktionäre Wirtschaftsordnung, die auf ihren unabwendbaren Untergang zusteuert. Und angesichts dessen verteilt man das in den Vereinigten Staaten auf Rechnung des Marshallplans eingekaufte Material unter verstaatlichten Arsenalen und Unternehmen, deren Produktivität ja bekannt ist. Wenn die Amerikaner sagen, dass die USA gegenwärtig die stärkste Stütze der großen freiheitlichen und wirtschaftlichen Revolution sind, gegen die sich die reaktionären Attacken der sowjetischen Aggression richten, lächeln wir milde. Wir sind weitaus revolutionärer: Der Geldwert liegt zurzeit auf dem Preisniveau der turbulentesten Perioden im europäischen Mittelalter. Da stört es keineswegs, dass auf dem diesjährigen Treffen der »Nouvelles Equipes Internationales«,* dessen Gegenstand die Herausforderungen des Nachkriegseuropa waren, ein Professor für eine gemäßigte Form des Liberalismus eintrat und sich ein anderer als Anhänger von Planwirtschaft und Reglementierung erwies. Planwirtschaft und gemäßigter Liberalismus, das heißt: gemäßigte Planwirtschaft, bezahlt aus amerikanischer Tasche. Es ist immer das Gleiche. Wir sind Experten in ökonomischen Fragen. Europa birst vor lauter Ökonomen, besonders vor solchen, über die Siegfried sagt, dass sie mehr an Maßnahmen der Verteilung als der Produktivität glauben. Die Folgen sind offensichtlich.

Seit der Französischen Revolution und bis zum heutigen Tag diskutiert man über Umverteilung und verteilt um, und seitdem es an Eigenem zu fehlen beginnt, sind wir dazu übergegangen, die Früchte der Arbeit der Amerikaner umzuverteilen. Aber wir wissen es auch da besser und reformieren in den Vereinigten Staaten alles Mögliche: »Amerika sollte ...«, »Pflicht der Amerikaner ist es ...« Ganzen Gesellschaften und ihren herausragendsten Geistern ist jedes Gefühl für die eigene Lächerlichkeit abhandengekommen und der Sinn für das rechte Maß gleich dazu. Die Amerikaner sollen produzieren, von morgens bis abends Steuern zahlen, sollen sich für uns schlagen, und wir teilen all das unter uns auf gemäß unseren Grundsätzen fortschrittlicher Verschwendung.

Wenn der amerikanische Kapitalismus uns seit Jahren unsere Unbeholfenheit in der Produktion und das Elend unseres Fortschritts finanziert, wenn er seit Jahren unsere Kultur alimentiert, die sich ohne ihn in eine Kultur der Nimmersatte von zweifelhaftem Wert verwandeln würde, warum nur wenden wir uns dann mit Verachtung und Geringschätzung von ihm ab? Die ökonomische Bildung nicht nur des durchschnittlichen Europäers, sondern sogar eines intelligenten fußt immer noch auf ein paar Floskeln, die erst von der Französischen Revolution gebrüllt wurden und danach bis heute in marxistischen Abwandlungen wiederholt und durchdekliniert werden.

»Was denken Sie über Europa?«, frage ich einen jungen

amerikanischen Piloten, der vor einer Woche nach einem Stützpunktwechsel aus Europa hergeflogen ist.

»Wunderbar, aber doch sehr teuer!«

Seine Antwort ist mir jetzt nützlich, wenn andere junge Leute mich mit der typisch studentischen Kompromisslosigkeit fragen:

»Entschuldigen Sie bitte, wenn es heißt, Europa sei das Zentrum der fortschrittlichen gesellschaftlichen Ideen, warum wollen so viele Europäer von dort weg und weshalb wandern ausschließlich arme Menschen aus? Das ist unlogisch.«

Ein gewisser alter Arzt pflegte zu sagen, es brauche eine eiserne Gesundheit, um sich in Zakopane kurieren zu lassen. Mir scheint, die wirtschaftlichen und gesellschaftlichen Phänomene in Europa lassen sich nur im Lichte der Moral dieses Spruchs verstehen, und der amerikanische Pilot hat in wenigen Worten die Ergebnisse unseres Tuns auf diesem Gebiet zusammengefasst. Abgesehen von unserer hervorragend geschärften Missgunst den jeweils höher gelagerten Klassen gegenüber, haben wir es mit unserer Verteilungswirtschaft bisher zu nichts gebracht, und nichts waren wir in der Lage denen zu geben, von denen wir ständig reden.

Und deshalb würden drei Viertel der Bewohner Europas den Kontinent ohne zu zögern verlassen. Weil dort unter dem Anschein, allen die gleiche Chance zu geben, sie jedem genommen wird. Vor diesem Hintergrund ist jedes Reden und Schreiben über die europäische Kultur, Freiheitslegionen und den europäischen Geist nichts als der Bau von Luftschlössern. Was sind Freiheit, Kultur und andere Subtilitäten wert ohne den Hauch einer materiellen Chance?

Einen kostbaren Teller zu verteidigen, ohne dass darauf ein Stückchen Fleisch wäre, kann man nur von sehr wenigen verlangen. In einem Europa in dem Zustand, in dem es sich gegenwärtig befindet, das heißt in seinem Stummel, fällt diese Kultur entweder unter sowjetischer Besatzung völlig auseinander oder sie zersetzt sich stückchenweise unter dem zwangsläufigen ökonomischen Druck Amerikas (unter der Bedingung, dass diesem die Kräfte nicht ausgehen), der die essentiellste aller Leeren ausfüllt.

»Was denken Sie über Europa?«, fragen die Wilden immer öfter.

»Ich glaube, dass der Satz von Comte, ›Die Menschheit besteht mehr aus Toten als aus Lebenden‹, am gegenwärtigen Stummeleuropa seine Wahrheit besonders erweist. In der Hinsicht, dass dort auch die Lebenden allzu häufig in der Sprache der Toten sprechen und das Ganze etwas den Geist des Musée Carnavalet atmet.«

ALMA

Jagüay ist eine jener kleinen Ecken an der Westküste von Guatemala, an denen ein unberührter Dschungel beinahe im Pazifik baden geht. Die ganz in der Nähe brechenden Wellen werfen unablässig ihre Schaumteppiche zu Füßen der Kokospalmen aus und rollen sie wieder ein, und riesige Krabben machen sich mit Appetit über schwarze, angefaulte Nüsse her, die wie Kanonenkugeln über den Strand verteilt sind. In der Luft schwebt ein Gewebe aus Wassertröpfchen, regenbogenfarben, das vom Wind aus in Richtung des

Ozeans gedrückt wird und auf das Uferdickicht niedergeht, wo es zwischen den Palmen ausfasert. Die massige Hitze dauert hier Tag und Nacht, bei Sonnenuntergang ist es genauso heiß wie bei Sonnenaufgang. Völlige Leere, von der übrigen Welt abgeschnitten durch einen Streifen undurchdringlichen Dickichts. Um dorthin zu gelangen, muss man auf der anderen Seite dieser Mauer ein Boot mieten und damit entlang des Ufers flussabwärts fahren.

Einmal haben wir uns zur Heiligen Woche nach Jagüay aufgemacht. Wir waren zu viert: zwei meiner langjährigen Freunde von hier, ein Arzt und ein Anwalt, und ein junger Amerikaner, den wir vor kurzem kennengelernt haben und der in Guatemala eine Zeitung für seine Landsleute herauszugeben versucht hatte, doch nachdem er all sein ohnehin nicht sehr großes Vermögen mit dieser einsamen Unternehmung verlor, arbeitete er als *speaker* für die amerikanischen Sendungen des Nationalrundfunks.

Wir nahmen Dschungelhängematten und Netze mit – denn manchmal, wenn der Wind ablandig weht, sind die Moskitos nicht mehr zu ertragen –, Verpflegung für drei Tage und zwei Zentner Eis in einem Sack, eingelegt zwischen Kaffeebohnenschalen. Wir hatten uns drei Tage tropisches Paradies versprochen, dieses Etwas, das sich so schwer beschreiben lässt, aber wohl am besten von dem Satz zusammengefasst wird, den man wieder und wieder in diesen Ländern hört: »Dort könnte ich nicht mehr leben.« So sprechen, nach ihrer Rückkehr von einer Reise durch die europäische Heimat, Schweden oder Deutsche, Holländer oder Dänen, die Weißesten der Weißen, die am stärksten an der Zivilisation hängen.

In den letzten März- und ersten Apriltagen herrscht sogar in der Ebene Dürre. Der Fluss wand sich behäbig durch das halbvertrocknete Bett, und das Wasser schien zäher und wuchtiger. Ohnehin verdichtet sich hier in dieser Jahreszeit alles, und sogar das Sonnenlicht nimmt die Eigenschaften fester Materie an. Am Mittag kamen wir an. Nach einer Weile erstarb das Motorknattern des Bootes, das im Flussoberlauf wieder wegfuhr, und wir blieben allein.

Enrique, der Arzt, widmete sich der Küche, indem er unsere Lebensmittel sortierte und vor den Ameisen schützte, wonach er uns in riesigen Gläsern Whisky mit Kokosmilch und Eis zubereitete. Von Zeit zu Zeit schrie er: »*Relax, boys*. Ihr Nordlichter seid außerstande, einmal nichts zu tun, nie könnt ihr wirklich entspannen. Schaut auf unseren *licenciado* – er schläft, als wäre er in seinem Büro. Und du, Andrés«, wandte er sich an mich, »bist schon seit einem Jahr Guatemalteke und arbeitest immer noch wie ein Pole.« Ich lachte. »Sie haben recht«, sagte John, der Amerikaner.

Wir gingen baden. Ein einsamer Hai sonnte sich im flachen Wasser, suhlte sich fast im Sand auf halbem Weg zwischen dem Festland und dem Wall, den die brechenden Wellen bildeten. Wir machten viel Geschrei, rannten zu den Pistolen und schossen, wovon die freundliche Kreatur heil und ganz fortschwamm, nicht so sehr vom Gekitzel der Bleikugeln verschreckt wie von unserem Brüllen und Geknalle. Haie können Lärm nicht ausstehen.

Nach dem reichen Mittagsmahl verteilten wir uns im Schatten, und ein träger Plausch vor der Siesta begann. Aus meinem Rucksack holte ich ein paar der Bücher, die ich mitgenommen hatte, und begann eines aufzuschneiden, während ich hin und wieder einen Satz zum allgemeinen Gespräch beisteuerte. Enrique begann mich wieder damit aufzuziehen, dass ich mich selbst hier, in dieser paradiesischen Umgebung, mit Literatur quälen musste. Er fragte mich, womit ich mir jetzt wieder die Ruhe vergiften wollte. »Mit irgendeinem Roman«, antwortete ich, in dem Wissen, dass der Titel ohnehin keine »literarische« Diskussion ins Rollen brächte. John rückte näher, lugte herüber – es war Conrads *Lord Jim* in einer spanischen Übersetzung – und nach einer Weile des Schweigens drehte er sich zu mir und stellte mir plötzlich eine Frage, die mich so faszinierte, dass ich mich sogar aufrichtete, auf dem Ellenbogen abstützte und das Buchaufschneiden, eine meiner liebsten Tätigkeiten, unterbrach.

»Welche Frauenfigur halten Sie für die schönste und interessanteste in allen Büchern, die Sie je gelesen haben?«

Während er so sprach, lächelte er wie jemand, der ein schwieriges Rätsel aufgegeben hat, dessen Lösung er freilich kennt, und der schon voller Vorfreude ist auf die verblüfften Reaktionen, die sich einstellen, wenn er diese Lösung endlich verrät. Ich betrachtete ihn aufmerksam und dachte mir, dass in dem Lächeln dieses zweiunddreißigjährigen Mannes etwas sehr Sanftes, fast schon Zärtliches steckte. Ich wusste, dass er den Krieg im Pazifik erlebt, nach dem Krieg an der New Yorker Universität studiert und nebenbei in einer Bank gearbeitet hatte, später war er Journalist gewesen, und jetzt hat es ihn zu uns verschlagen, um es mit der Unabhängigkeit zu versuchen. Er war einer der Kometen, die hier vorüberflogen und denen man zufällig im Café oder auf irgendeiner *fiesta* begegnete. Ich hatte ihn kennengelernt, als er in meinem Laden aufgetaucht war, um mir anzubieten, in seiner Zeitung eine Anzeige aufzugeben. Als ich ihn über sein *business* ausfragte, schaltete ich die Anzeige, ohne zu zögern. Ich habe eine Schwäche für Träumer, die ihre Träume auf eigene Rechnung und eigenes Risiko verwirklichen. Das sind für gewöhnlich redliche Leute.

Später traf ich mich manchmal mit ihm zum Mittagessen in einem kleinen französischen Restaurant, und in unseren oberflächlichen Gesprächen fiel mir seine ganz unamerikanische Zurückhaltung auf, etwas, das sich manchmal im Verhalten von Menschen niederschlägt, die ein intensives Seelen- und Gefühlsleben haben, oder wie man das nennt. Ich habe ein bisschen versucht, hinter sein Geheimnis zu kommen, weil er eines jener Exemplare zu sein schien, die die Vereinigten Staaten seit einiger Zeit hervorzubringen begannen – aber immer noch in kleiner Zahl. Als er mir jetzt diese überraschende Frage stellte, muss ich gestehen, fühlte ich mich wie an der Kehle gepackt. Nie ist es mir in den Sinn gekommen, eingehender über die Frauen in Romanen nachzudenken. Mir wurde augenblicklich bewusst – und das nicht ohne eine gewisse Scham –, dass alle mir bekannten Frauenfiguren für mich eigentlich eine Art Zusatz waren, Hintergrund für die Sachen der Männer, für Männerprobleme oder für Probleme ganz allgemein. Eine Nebeningredienz, die die Reaktion beschleunigt, ein Spiegel für das männliche Tun, der die Beschreibung der unendlichen Spiegelbilder erleichtert – aber ob er unabdingbar war?

Ich schwieg und lächelte verlegen. Enrique, dunkel und voller Temperament dank seiner karibischen Gene (seine

Urgroßmutter stammte aus Haiti), begann auf Französisch und Spanisch zu schreien und dabei Rafael anzustoßen: »Rafa – *monzami – reveillez-vous,* es gibt eine Darbietung. Sie können nicht *relax.* Schon gibt es kein Meer, keine Sonne mehr, die können nie dort sein, wo sie gerade sind. Schon sind sie fort.« Er spottete – dazu noch mit Esprit –, aber ich sah, dass sie keine gleichgültigen Zuschauer sein würden. Wie zwei beschlagene Schachspieler haben sie uns beobachtet, und wer weiß, ob nicht mit einem Schatten unterbewusstem Neid.

Es verbot sich eine übereilte Antwort auf Johns Frage. Sie stachelte meinen Ehrgeiz an, war wie die Vorahnung einer Idee, von der mir ein Fetzen im Hinterkopf aufblitzt, wonach man fieberhaft nach dem Übrigen von ihr fahndet. Ich wusste, dass sie irgendwo zu finden sein musste, diese schönste aller Frauengestalten, ich musste ihr gewiss begegnet sein, aber wahrscheinlich habe ich sie übersehen, ihren Zauber und ihr geheimnisvolles Wesen nicht erkannt. Die Schönste und Interessanteste zugleich? John schaute mich weiter lächelnd an, nunmehr sichtlich erheitert.

»Ich kann nicht aus dem Stegreif antworten. Ich bin kein elektrisches Hirn, dem man nur eine Lochpappe einschieben muss und schon kommt das Ergebnis.«

»Das ist keine Frage fürs Gehirn. Eher eine fürs Gefühl (*problem of affection*)«, antwortete John.

»Ich gehe mal in mich«, sagte ich und stand auf. Ich zog mir Sandalen an, denn der dunkle, vulkanische Sand war so heiß, dass man ihn mit dem bloßen Fuß nicht berühren konnte. Ich ging bis zur Wasserlinie und langsam am Ufer entlang, völlig allein. Eine Welle kam nach der nächsten, rollte rund und erst unsichtbar vom Horizont heran, blähte sich auf, wuchs langsam zu einer fast zwei Meter hohen Wand und zerschellte nach einer Weile majestätisch ein paar Dutzend Meter von mir entfernt. Sobald sie ganz in sich zusammenfiel, spürte ich eine deutliche Erschütterung unter meinen Füßen. An diesem bedächtigen Atmen, an den langen Perioden, in denen die Stille so vollkommen ist, dass sie sich in schrilles Pfeifen verwandelt, würde ich den Pazifik mit verbundenen Augen erkennen. So ging ich und begann, den Blick auf die von Wassernebel und Hitze verschwommenen Streifen des Dschungels, des Strands und des Wassers gerichtet, meine Ermittlung. Eine höllisch schwere.

Die Titel gelesener Romane kamen allmählich aus der Ferne zugeflogen, die Frauenfiguren tauchten für einen Sekundenbruchteil auf und verschwanden wieder, quittiert mit einem Attribut von der Art »dumme Gans«, »Schönheit« oder »bösartig & anämisch«. Denn aus patriotischer Pflicht habe ich zunächst eine Umschau unserer Romane gemacht. Sienkiewicz: bloße Statuetten. Im Grunde mehr oder weniger (meist mehr) engelsgleich wie Horpyna. Über eine einzige Anielka aus *Ohne Dogma*• ließe sich diskutieren. Wen gibt es bei Prus? Pani Stawska aus der *Puppe.*• Sie ist schön, freundlich und gütig. Hm, aber für mich hatte sie immer etwas von Muckefuck mit Sahne. Vielleicht würde man am ehesten bei Eliza Orzeszkowa• fündig, aber ich erinnerte mich nur schwach an ihre Bücher. Ich lief in alle Richtungen, suchte sogar in der Poesie, aber ohne Ergebnis. In den Romanen der Zwischenkriegszeit kam mir vor allem der Typus der Magd oder der Schmachtenden jenseits der vierzig in den Sinn. Haben wir etwa gar keine echten Frauen in der Literatur? Mir wurde bewusst, dass mir keine einfiel, die ich lieben könnte, dass ich mich schlussendlich zu keiner hingezogen fühlen würde. Joasia aus den *Heimatlosen*? Sie ist eine strahlende Person, freilich, aber vielleicht schon etwas zu strahlend?

Ich wandte mich nach Frankreich, in der Hoffnung, dass in jenem Reichtum irgendein Name herausragte. Mme de Mortsauf aus Balzacs *Le Lys dans la Vallée:* »Und den Übereifer, diese erste und so edle Irrung der Jugend ..., sparen Sie ihn für das Weib und für Gott«, schrieb sie in einem Brief an Felix de Vandenesse. Es gab eine Zeit, da berauschte ich mich an ihrem Brief und sehnte mich ein bisschen nach ihr. Mme Arnoux aus Flauberts *Éducation sentimentale*? Sie war etwas schroff. Dutzende anderer Bücher und Dutzende anderer Frauen, vor denen der französische Roman fast überläuft. Ja, sie waren oft interessant, von großem Reiz, aber nicht mehr als für eine Nacht ... Mit weniger Kennerschaft schon widmete ich mich den Engländern, danach den Amerikanern, den Deutschen. So groß die Lücken, so viel noch zu lesen, ein Leben ist dafür nicht genug. Ich hatte immer gedacht, viel gelesen zu haben – jetzt standen mir die Namen von Autoren vor Augen, von denen ich bloß sagen konnte, dass ich sie »vom Hören kenne«. Langsam brachte ich alles durcheinander und fühlte mich ratlos. Solche auf den ersten Blick einfachen Fragen tun gut, an ihnen verlernt man die eigene Eitelkeit. Trübsinnig kehrte ich zurück zu unserem Lager. John schaute mich lachend an.

»Sie haben keine Antwort!«

»Woher wissen Sie das?«

»Weil Sie sonst schneller gehen würden. Aber quälen Sie sich nicht weiter«, sagte er kurz und schwieg eine Weile. Ich sah, wie er sich fast feierlich darauf vorbereitete, einen Namen zu nennen, fragte mich sogar, ob er sich nicht versehentlich vorzeitig verriet. Und dann sprach er ihn aus, seinen Blick auf die Leere vor sich gerichtet:

»Lena aus Joseph Conrads *Sieg*.«

»Alma«, rief ich unmittelbar nach ihm wie plötzlich erleuchtet aus, als hätte ich selbst diese Entdeckung gemacht. Das letzte Mal hatte ich *Sieg* auf Spanisch gelesen, und der Name »Alma« wird dort bis zum Ende durchgehalten. Er gefiel mir, denn »alma«, das ist auf Spanisch die »Seele«.

»Diese indonesische Tosca?«, fragte Enrique mit verwunderter Geringschätzung. Ich hätte nicht gedacht, dass er das je gelesen haben könnte und war sogar über seine treffende Assoziation erstaunt. John dagegen gefror, wurde etwas blass und presste seine Lippen zusammen. Ich sah deutlich, wie er einen Wutausbruch unterdrückte, dass er sich, zutiefst gekränkt, langsam in sich verschloss. Ein Schweigen machte sich breit, das mir von einer leichten Anspannung schien, und ich merkte, wie Enrique mit einer völlig unschuldigen Frage – einer gewitzten gar – irgendein feines Netz zerrissen hatte, das mich zu interessieren begann. Jetzt wird John kein Wort mehr herausbringen. Ein Vorhang ist gefallen, der uns jetzt voneinander trennt. Und ich stand auf Johns Seite. Aber welche war das? Warum?

Schweigend nahm ich das Bücheraufschneiden wieder auf und linste manchmal zu John hinüber. Der verstellte einer riesigen, einsamen Ameise mit seiner Hand den Weg und beobachtete aufmerksam, wie sie nach jeder erneuten

Überwindung seiner Hindernisse wieder ihren Weg in die immergleiche Richtung aufnahm. Er bemerkte, wie ich ihn aus den Augenwinkeln beobachtete.

»Sie weiß ganz offensichtlich, wohin sie will«, sagte er mit einem gezwungenen Lächeln.

»Beneiden Sie sie dafür?«, fragte ich etwas ironisch.

»Nein. Sie tut mir leid. Es muss schrecklich sein, ständig zu wissen, wohin man gehen muss. Das Krabbelviech – der Traum der fortschrittlichen Menschheit.« Er zündete sich eine Zigarette an und zog ihren Rauch tief ein, nicht ohne Pose. Ich griff nach meiner Pistole und stand auf.

»Haben Sie nicht Lust, ein bisschen auf Kokosnüsse zu zielen?« Er verstand offenbar, dass ich einen Vorwand suchte, dass ich etwas erfinden musste, damit es den beiden anderen nicht so vorkam, als würden wir uns absondern und die Tür hinter uns zuschlagen wollen.

Schweigend gingen wir etwas weiter. Ich tat so, als würde ich ausreichend trockene Nüsse suchen, die, auf das Wasser geworfen, als schwimmende Ziele dienen könnten. Als wir uns genügend entfernt hatten, rückte John an mich heran und brach mit leisem, aufgeregtem Ton hervor:

»Nehmen Sie mir das nicht übel, aber ich versichere Ihnen, dass s i e d a außerstande sind, uns zu verstehen ... indonesische Tosca! Sie sprechen von Kultur, neiden sie uns, aber sehen nicht, dass unsere gesamte Kultur nichts ist ohne die Frauen; sie ist unser Verhältnis zu ihnen. Von Anfang an, schon seit ihrem Ursprung, seit den Griechen. Was ist die Frau schon für sie? Deshalb haben sie im Grunde keine Literatur und werden sie nicht haben, solange die Frau für sie nichts weiter ist als eine indonesische Tosca ...

Sagen Sie selbst, ist Ihnen schon mal jemand begegnet, der Lena auch nur annähernd ähnelt?«

Ich warf eine große Kokosnuss aufs Wasser und begann auf sie zu schießen. John schaute mir ungläubig hinterher. Ich lud nach und gab ihm die Pistole.

»Jetzt schießen Sie mal. Wahren wir den Anschein bis zum Schluss.«

Er lächelte verschworen und traf auf sechs Schüsse mit dreien ins Ziel. Ein guter Schütze.

»Wenn Heyst so schießen würde wie Sie, hätte er Lena vielleicht gerettet«, sagte ich anerkennend.

»Ich bin mir sicher, dass er noch nicht mal wusste, wie man einen Revolver richtig hält. Sonst hätte er ihn sich von Wang nicht aus der Hand reißen lassen. Er selbst sagt irgendwo, dass er noch nie einen Abzug gedrückt hat. Es hätte ohnehin nichts genützt, und schließlich hat Wang ihn besser gebrauchen können und Pedro damit erschossen. Aber nicht um Heysts willen ...«

»Ja«, lachte ich. »Aber indirekt schon ... Was aber Alma betrifft, also Lena, da stimme ich ganz mit Ihnen überein. Als Sie ihren Namen ausgesprochen haben, fühlte ich gleich eine Art Glückseligkeit. Sie ist ganz einmalig. Und lebendig wie je.«

»Das wird sie immer sein, sie wird immer ganz gegenwärtig bleiben«, sagte John. Seine Stimme brach, er wurde sanft, auf fast manierierte Weise. »Das ist für mich das einzige Beispiel in der Literatur, in dem ein Symbol in einer lebendigen Person aufgeht. Das Symbol des Weiblichen in einer Frau aus Fleisch und Blut. Sonst geht das eine nie im anderen auf. So eine dezente Vermengung ist mir nie begegnet. Vom ersten Augenblick an, als Lena von der Orchesterbühne heruntersteigt und sich an Heysts Tisch setzt, geht etwas vor sich, was sich jenseits aller Worte abspielt, sich der Beschreibung entzieht, ein unsichtbarer Glanz liegt über allem. Die banalstmögliche Situation in einer völlig unromantischen Umgebung, im kahlen und staubigen Garten des Hotels von Schomberg, trostlos wie alle Tropengärten in den Tropen. Ist Ihnen aufgefallen, dass Conrad Beschreibungen nie romantisiert, sogar die der exotischsten Orte? Ich verstehe ihn«, er schaute zurück auf den Dschungel, legte sich auf den Rücken und breitete seine Arme auf dem harten Sand aus.

»Ich liege so, wie Heyst lag, als er bis zum Morgengrauen nach ihrer ersten Begegnung im dunklen Garten über sie nachdachte«, fuhr er fort. »Ich kenne das Buch fast auswendig und habe es immer bei mir. Sagen Sie nichts, es gibt Menschen, die ihren Pascal, ihren Thomas von Kempen, ihre Simone Weil oder die Bibel überallhin mitnehmen – ich habe immer dieses Buch dabei. Seit Jahren schon. Aber bis heute kann ich mir den Bann nicht erklären, unter dem ich bei dieser Figur stehe. Ein armes Mädchen mit unklarer Vergangenheit, die mit Mühe auf dem schmalen Grat balanciert, der sie von einem völlig vulgären Leben trennt. ›Sie ist zu besseren Streichen imstande‹, sagt sie recht keck über Schombergs Frau. Und als Heyst ihr vornehm seine Anerkennung für ihre klare Sicht auf die Lage ausdrückt, bekommt er dafür einen herzlichen, langen Kuss. Er war wohl nicht der erste Mann, den sie küsste. Als sie sich von ihm verabschiedet, spürt er, wie ihre Lippen seine streifen. *Hell* – so verhält sich kein unerfahrenes Mädchen, auch heute nicht. Und doch ist sie von großer Reinheit, in dieser ganzen Szene ist etwas so Weiches, Helles und Bezauberndes, dass mir auch die betörendsten Dialoge zwischen Romeo und Julia papieren scheinen. Vielleicht hat allein Sybil aus *Dorian Gray* etwas von Lena, aber da ist nicht mehr als bloß entfernte Verwandtschaft. Lena ist Mädchen und Frau, die Vereinigung von beidem, wonach sich ein jeder von uns seit dem Jungenalter sehnt, sobald der Umriss der Brust unter der Bluse und der Bogen, den die Schenkel unter dem Rock bilden, unsere Blicke anzuziehen beginnen.«

Er versank ins Grübeln. Ich hockte mich einige Schritte von ihm entfernt hin und betrachtete ihn aufmerksam. Was für ein interessantes Bild von einem Menschen. John setzte sich nieder, schaute aufs Meer und dachte laut:

»Ich weiß nicht, ob das Spiel von männlichen und weiblichen Genen, das in diesem Drama vonstatten geht, je besser ausgearbeitet worden ist. Denn Heyst ist ein Mann, er ist das in viel strengerem Sinn, als es auf den ersten Blick scheint. Ich habe ihn immer verteidigt, und zwar mit dem Satz aus dem Buch, an den sich kaum jemand erinnert: ›In Wahrheit gehörte Heyst nicht zu jenen Männern, die gern zögern. Diese träumerischen Weltbetrachter sind fürchterlich, wenn einmal der Tatendrang sie gepackt hat.‹ Zögerlichkeit war ihm fremd, aber entscheidungsschwach war er. Aber sind wir das nicht alle? Wer von uns ist denn wirklich entschieden?«

»Zum Glück hat er seinen ganzen verspäteten Eifer für eine Frau aufbewahrt«, murmelte ich. Das hatte John überhört, er sprach weiter:

»Vielleicht steckt in Heyst mehr von Conrad selbst als in jeder anderen seiner Figuren. Im Grunde lässt sich alles bei ihm auf eine Handvoll moralischer Gebote herunterbrechen, einen knappen Handlungskodex. An diesen Kodex erinnert der dicke französische Kapitän in *Lord Jim*. Das Gespräch von Marlow mit dem Franzosen ist das Zentrum des Buches, es steckt darin wie der Kern in einem saftigen Pfirsich. Heyst ist ein Mann mitsamt allen Schwächen eines echten Mannes, einschließlich der ewigen Furcht davor, sich mit Haut und Haar einer Frau zu verschreiben.« Er unterbrach sich für einen Moment und ergänzte, völlig unvermittelt: »Einmal im Leben habe ich geliebt. Würde ich mich ein zweites Mal verlieren, müsste ich mir vermutlich die Kugel geben. Ich hätte keine Kraft mehr dazu.«

»Oh«, stieß ich unwillkürlich aus.

»Was denn?«

»Nichts. Ich dachte bloß, wenn ich Sie beschreiben müsste, würde mir niemand glauben. Ein Amerikaner …«

»Ja«, verzog er das Gesicht, »aber das kommt vor. ›Die breiten Schultern, das martialische Gesicht, das wie eine Maske seiner wehrlosen Seele war‹, wie Heyst an einer Stelle beschrieben wird. Solche sind manchmal zu finden – nicht nur im Weißen Haus«, ergänzte er lachend. »Vielleicht übertreibe ich ja, aber …« Er führte seinen Satz nicht zu Ende und kehrte nach einer Weile wieder zum Thema zurück:

»Viel würde ich darum geben, zu erfahren, was er gelesen hat. Nietzsche, Schopenhauer, Kierkegaard? Was hat ihn in diesen Zustand gebracht? ›Aber ich habe mittlerweile alles verdrängt – Zorn, Entrüstung und Wut. Nichts ist mir geblieben als Abscheu.‹ *La nausée* … Er war einer von uns. Als ich später die Existenzialisten las, konnte ich mich des Gefühls nicht erwehren, dass das ›Geheimnis von Samburan‹, wie diese Tragödie genannt wird, in der alle fünf Hauptfiguren umkommen, gewisse Zutaten von dem enthält, was nach dem Krieg zur Beliebtheit von Sartre und Kafka beigetragen hat. Nicht nur Lena – alles ist dort eine geradezu ingeniöse Vermengung von Symbolik, die Vorahnung der heraufziehenden Epoche in einer ganz und gar wahrscheinlichen Geschichte. Die Sache zielte weit in die Zukunft, zu den Nachgeborenen, und ich bin mir sicher, dass zum Zeitpunkt des Erscheinens von *Sieg* nur wenige den Sinn dieses Romans verstanden haben. Im Namen des Ideals, dass Männern Haare auf der Brust zu wachsen haben – die Literatur unseres ›Volkskapitalismus‹ hat eifrig daran mitgewirkt –, schaut man auf Heyst herab und entzieht sich nur zu bereitwillig dem weiten Zugriff dieser Figur. Heyst beschämt uns, weil er auch für das Denken steht. Und Denken ist gleichbedeutend mit selbstauferlegten Fesseln. ›Wer abwägt, hat verloren‹, sagt Heyst im Gespräch mit Jones … Ein logischer Widerspruch, in dem wir uns zerreißen auf der Suche nach dem einen Gedanken, der uns befreien könnte, und sowie wir ihm näherkommen, tappen wir immer mehr in eine Falle, aus der es kein Entkommen mehr gibt, ebenso, wie es kein Entrinnen gibt aus dem Problem, vor dem Hamlet steht. Ich habe ihn gehasst, ihn verspottet, alle Bande zu ihm zerrissen, aber an meinen Händen und Füßen blieben immer ihre Fetzen hängen, das fällt nicht leicht. Erinnern Sie sich, wie Jones einmal zu Heyst sagt: ›Dies, Mr. Heyst, ist ein schlappes Zeitalter. Es ist auch ein Zeitalter ohne Vorurteile.‹ Keine schlechte Beschreibung der Wirklichkeit, dieses Vulkans der Widersprüche, der heute immer häufiger und mächtiger ausbricht. Ist echte Schlappheit ohne irgendeinen Aberglauben möglich, sei er moralischer oder religiöser Natur? Die säkulare Schlappheit, die ganz und gar weltliche, oder der Humanismus, das ist nichts anderes als eine dialektisch abgestumpfte Grausamkeit, die schlimmstmögliche, weil heuchlerische. Conrad spürte das und schmiegte sich deshalb an den einen oder anderen Aberglauben. Zum ›So hat es zu sein ‹, nicht dem verkopften, scheinbar vagen, ungreifbaren Urteil, sondern der handfesten und ausgereiften Überzeugung, wie sie in allem steckt, was der französische Kapitän im *Lord Jim* sagt. Ich wiederhole mich, aber ich tue das zu meiner Verteidigung, zu Ihrer, zu unser aller Verteidigung.«

Ich reichte ihm eine Zigarette. Er steckte sie sich hastig an.

»Lena, auf Samburan ist sie schon verändert. Verschlossener, reifer, stark. Eine der besten Studien menschlicher Metamorphose, wo sich wieder so viel jenseits bloßer Worte abspielt. Eine einsame Frau trägt eine ganze Reihe an Duellen aus. Ich habe immer den Eindruck, dass jeder Dialog zwischen ihr und Heyst so wohlüberdacht ist wie ... obwohl, ich weiß nicht, ob solche Präzision des Ausdrucks ganz bewusst gefunden werden kann. Und auch hier wieder eine in ihrer Subtilität schwindelerregende psychologische Kehrtwende. Lena weiß instinktiv, mit dem Instinkt, wie ihn nur eine Frau haben kann, dass sie mit ihrer Liebe jene ersticken kann, die, ihre erwidernd, in Heyst zu ihr aufkeimt. Eine liebende Frau, das herrlichste Geschenk – wenn sie klug zu lieben versteht ... Aber wie belastend ist diese Liebe auch manches Mal. Man kann sie verfluchen und auf immer und ewig hassen lernen, wenn sie uns in einer ausweglosen Lage dazu zwingt, die Rolle des Mannes, das Ideal der Furchtlosigkeit mit behaarter Brust zu spielen, und wenn wir merken, dass wir diese Rolle vor einem Spiegel spielen. Heyst ist ehrlich. Als Lena ihn fragt, ob er gewollt hatte, dass sie ihn verlasse und sich den Wilden auf der anderen Seite der Insel anschlösse, sagt er geradeheraus: ›Ich hätte dann freiere Hand gehabt.‹ Dabei streckt er sogar seine Hände aus, betrachtet sie und lässt sie wieder sinken, als würde er an ihnen Fesseln spüren. Derlei kommt vielleicht selten vor, aber es kommt vor.«

»Aber es kommt vor«, wiederholte ich. Ich erinnerte mich an eine Nacht während einer nicht unwichtigen Revolution. Ich wartete jeden Augenblick darauf, dass jemand ans Tor klopft, ich Schatten vor mir sehe, und einer von ihnen mit widerwärtiger, hinterhältiger Höflichkeit sagt: »Buenas noches, señorón – es que resulta que ...« Und dann bleibt einem nichts anderes übrig als zuzuschlagen, ohne sich erst auf ein Gespräch einzulassen, Mann zu sein in den Augen jener, die von hinten zuschaut. Aber es ist nicht leicht, zugleich zu denken und keine Angst zu haben. Wenn ich alleine gewesen wäre, hätte ich damals freiere Hände gehabt. Und Beine ...

Plötzlich stand John auf und lief zu den schon fernen Palmen, wo unsere Sachen waren. Ich sah, wie er etwas in seinem Bündel suchte, dann, mit einem Buch in der Hand, beugte er sich über unsere Gefährten und erklärte ihnen irgendwas, während er in meine Richtung zeigte. Das laute

Lachen von Enrique drang bis zu mir. Nach einer Weile kehrte er zurück.

»Die Wangs leben, und noch wichtiger, auch das *gozar de la vida*. Sie halten uns für völlig übergeschnappt, und Übergeschnappten nimmt man nichts übel. Ich habe den *Sieg* mitgebracht, um Ihnen die letzten sechzig Seiten daraus vorzulesen. Darin bündelt sich eigentlich alles wie unter einem Brennglas.«

Er setzte sich hin und begann zu lesen. Mit keiner Bemerkung unterbrach er den Fluss, und damit gewann der Text an Klarheit. Er wechselte nie die Stimme, und nur dort, wo Lena sprach, war sie einen Hauch wärmer. Die Sonne sank immer tiefer, und der Wasserstreifen, der bis zum Horizont reichte, trennte sich immer deutlicher vom Blau des Himmels. Nach einer Weile unterbrach er sich:

»Er liebte sie nicht ... Wie k o n n t e er sie nicht lieben?«

»Alles kann man zergrübeln, sogar eine große Liebe«, sagte ich.

Er las weiter. Bisweilen glaubte ich, auf einem Seil zu spazieren. Eine achtlose Bewegung, ein unbesonnenes Wort oder ein paar Worte zu viel konnten hier den Sturz in den Abgrund der Banalität zur Folge haben. Aber alles wurde von Lena gestützt. Hier war sie allein das echte Leben, das, was zu meistern uns so viel abverlangt, der Geist und die vornehme Schlichtheit.

Noch tiefer fiel die Sonne und übergoss alles mit orangenem Saft. Der Sand, der Wasserdunst, der Schaum – auch die weiße Farbe der einstürzenden Wasserwände und die dicht über ihren Trümmern gleitenden Pelikane nahmen das Orange der Sonne an, wurden gesättigt von Licht. Ich starrte vor mich und wollte nicht hören, wie Lena stirbt. Doch John las jetzt weniger flüssig, hängte langsam Satz für Satz nacheinander auf, und ich dachte, dass er gleich stolpern würde … Er war es wohl, der sie liebte … Es war, als wäre ich in Schlaf gesunken. Erst zum Klang der letzten Worte von Heyst erwachte ich: »Ach, Davidson, wehe dem Mann, dessen Herz nicht in der Jugend gelernt hat zu hoffen, zu lieben – und dem Leben zu vertrauen!«

AUS DEM NOTIZBUCH

Guatemala, 6. Oktober 1958

Abends. Hinter dem Fenster knistert der Regen auf den Blechüberdachungen ringsum wie Stanniolpapier. Am 5. September, vor einem Monat, geriet der Arzt in Sorge wegen einer vergrößerten Leistendrüse. Untersuchungen – am Montag, den 8. September, die Entscheidung, es muss operiert werden. Operation am 11. September. Seitdem Tage, die aus mir einen anderen Menschen gemacht haben.

Diesmal habe ich schon deutlich und offen mit der Möglichkeit des Todes zu rechnen begonnen. Und ich rechne weiter mit ihr. Es braucht ein Wunder ... Deshalb nehme ich das Ende in einer unbestimmten, ferneren oder auch näheren Zukunft als völlig reale Möglichkeit an. Es hilft nichts. Und jetzt schaue ich unwillkürlich, zur Bewegungslosigkeit des Rekonvaleszenten verurteilt, zurück auf mein ganzes Leben. Es verging so schnell, dauerte kaum mehr als einen Augenblick.

Das Gefühl, von allem Umgebenden (jetzt schon?) losgelöst zu sein. Ich wache auf, Frühstück, heute habe ich mich selbst gewaschen, danach habe ich den Motor im Auto angelassen, damit sich die Batterie ein bisschen auflädt, und bin mit einem Buch in der Hand vor dem Haus, in der Sonne, auf und ab gegangen. Anstrengend. Man lebt, verrichtet immer mehr Dinge genauso wie früher, aber das Gefühl des Losgelöstseins bleibt, ruhig, ernst, vielleicht sogar sehr würdig. Vielleicht nimmt man sogar im Angesicht des Todes eine Pose an? Natürlich, wenn man dazu Zeit hat, so wie ich.

Zu nichts habe ich Lust, noch nicht einmal zum Schreiben. Ich lese viel. Aber sogar darüber habe ich keine Lust zu schreiben. Ich weiß, dass ich versuchen sollte, nicht zu grübeln, auf der Stelle in mein normales Leben zurückkehren, sobald der Schnitt ausgeheilt ist. Und ich werde zurückkehren. Aber wohl nur noch oberflächlich. Darunter, in den Tiefenschichten, wird man sich immer weiter bloß vorbereiten ...

15. Februar 1959

Wir sind zurück von einem *weekend* in Antigua. Traumhaftes Wetter. Ich trat ins aufgewärmte Zimmer und plötzlich kam mir in den Sinn, dass ich keine Lust habe zu sterben – auf die gleiche Art, wie man eine anstrengende und langweilige Arbeit nicht machen will. Ich habe keine Lust dazu, überhaupt keine Lust. Das ist wohl der Gipfel der Faulheit.

15. März 1959

Drei Tage am Meer. Tropen. Heiße Tage, Nächte, heißes Wasser, alles. Ich würde gerne nur noch das tun, worauf ich Lust habe. In der Märzausgabe des »Atlantic« wieder eine Reportage aus Polen von einer Amerikanerin. Immer das gleiche Lied: Ihr könnt uns nicht verstehen. Eine neue Verkörperung des Großmuts unserer geliebten Heimat. Eine Frauengestalt wie bei Ibsen, von niemandem verstanden, und niemand wird sie je verstehen können – Amen. Mit haargenau den gleichen vier Worten maskieren die Guatemalteken und der ganze Kontinent vom Rio Grande bis zum Kap Horn ihren Minderwertigkeitskomplex: *Ustedes no nos pueden comprender.* Wonach sie in ihrer eigenen großmütigen Heimat schwelgen. So wie wir. Polen hat uns schon immer aufs Hirn gedrückt – heute macht es das Hirn schon ganz weich. Das gilt sogar für die Jugend, die sonst völlig normal und wohl intelligenter als frühere Generationen ist.

12. April 1959

Ich lebe »jetzt«. Eine andere Zeit existiert für mich nicht. Und dieses »jetzt«, das früher so flüchtig war, materialisiert sich mir in jedem Augenblick. An die Vergangenheit habe ich nie gerne gedacht, an die Zukunft denke ich überhaupt nicht mehr. Und darin liegt ein großer Zauber.

2. Juni 1959

Schon wieder. Gestern hat der Arzt während der monatlichen Kontrolle einen Knoten unter der linken Achsel entdeckt. Überweisung zum Radiologen – Röntgen der Lunge. Und ich hatte schon geglaubt ... Mir war, als hätte mir jemand frisches, heißes Blut über den Kopf geschüttet. Äußerliche Ruhe. Und der erste Gedanke: sich nicht vom Leben lösen, keinen Graben zwischen der Welt der Lebenden und mir ausheben. Nicht erlauben, dass er sich von selbst aushebt. Das sterbende Tier verkriecht sich in den letzten Winkel, isoliert sich – die gleiche Neigung spüre ich auch in mir. Mir scheint, ich weiß alles über den Tod, aber zugleich weiß ich nichts. Gestern kamen die gesammelten Gedichte von Wierzyński:[*]

Alle Worte, die uns enteilen
Einer Stimme gleich, die in die endlose Wüste ruft
So lang sagen wir dem Leben weshalb
Bis wir dereinst den Tod fragen: was?
WAS?

9. Juni 1959

Also doch. Übermorgen wird operiert – die dritte Runde des Boxkampfs. Die Drüsen der linken Achselhöhle werden herausgeschnitten, ein kleiner Eingriff. Ich fühle mich wie eine Salami – in Scheiben geschnitten. Am Mittag habe ich mir eine Flasche Whiskey gekauft, »Canadian Club« (ich kann den schottischen nicht leiden, mag den süßlichen Geschmack des kanadischen) und es geht mir gut. Ich bin ein bisschen betrunken, in jener Welt kann man sich nicht besaufen. Wie traurig – ein Leben nach dem Tod ohne Whiskey. Zum Teufel damit.

Morgens bin ich früh aufgestanden, um sieben, und bin ohne Frühstück zur Kirche der »Maryknoll«° gefahren, um die Beichte abzulegen und die Kommunion zu empfangen. Wenn man diesem »Jockey Club« angehören will, muss man sich an die Regeln halten. Ich wusste nicht wirklich, was ich beichten sollte. So wie Maria irgendwo in meinem Stück° sagt: »Es gibt nur eine Sünde – jemandem ein Leid antun.« Ich habe niemals jemandem ein Leid angetan. Das brachte den Pfaffen in Verlegenheit – eher ihn als mich. – *Did you get angry*? Ich beichtete auf Englisch, mit Bravour. – *Angry*? Warum denn das? Niemals. Wozu zum Henker *angry* werden, wenn das Leben so schön ist? Weil Basia hin und wieder ein bisschen zetert? Na und? Dafür ist meine Frau da, meine liebe, arme Frau. Morgengeräusche aus der Stadt. Ich sagte der barmherzigen »Tomate« (ich weiß nicht, weshalb, aber so nannten wir im Gymnasium unseren Katecheten, Kaplan Dr. Czopuła), dass mir in den Pausen zwischen den Boxrunden gegen diese rasende Krankheit danach war, nicht mehr zu glauben. Woran auch? Tod, das heißt nichts – man geht ein ins Nichts. Noch nie zuvor war ich so in Versuchung, mir selbst zu sagen: »Nichts.« Das ist sogar interessant. Aber als ich ihm das erzählte, kam mir in den Sinn: »Der Satan lauert« – so wie diese Aushänge in den französischen Zügen während des Krieges: *Der Feind hört zu.* Nein – ICH GLAUBE. Geschehe, was wolle – ich glaube. Vor einigen Tagen, als ich an einer Theke einen Kaffee trank, traf ich einen amerikanischen Studenten aus Texas. Unser Gespräch kam auf diese Angelegenheiten. »Ohne den Glauben an etwas, was danach geschieht, wäre das Leben sinnlos«, sagte er mir nach einer Weile. Tatsächlich, das ganze Leben hätte keinen Sinn. Warum zum Teufel sich mühen, niemandem ein Leid anzutun, *not to get angry* etc., warum zum Teufel, frage ich.

Das Gefühl der Hast wie vor einer Reise. Irgendwo in der Ferne tönt ein Radio, mexikanische Lieder aus einem weit entfernten Lautsprecher. Und der Mond von der Form eines köstlichen *croissant*, glänzend wie unter Zuckerguss. Und meine Katzen – der schielende »Zyziu« und der jugendliche »Puś«. Ob es dort wohl Katzen gibt? *Death in a slow motion.* Der Tod pirscht sich langsam an einen Kerl heran, der sich für einen Stier hält. Offensichtlich bin ich kein völliger Amateurschriftsteller, gerade liegt mir am meisten daran, mein Stück zu Ende zu schreiben. Hast. Ich räume in meinem Laden auf, und noch dieses und jenes ist zu tun. Beim Aufräumen habe ich einige Fotografien von Józio Czapskis Gemälden gefunden. Einige seiner Aquarelle, seine Art gemalter »Notizen«, hängen in meinem Zimmer an der Wand. Anemonen mit der Widmung: »Den Bobkowskis viel Glück,

16. 6. 48.« Elf Jahre her. Vergangen mit einem Wimpernschlag. Wie gut, dass Józio nicht in die Abstraktion gegangen ist. Ich denke an ihn – seine Gemälde werden entdeckt werden, wenn es ihn nicht mehr gibt.

In der Zwischenzeit lebt man und trinkt. Beim Abendessen habe ich mich vollgestopft und fühle mich prächtig. Ich lege mich schlafen. Morgen wieder in die Klinik, zu diesen verfluchten Krankenschwestern, allerliebst allesamt, und übermorgen wird man mich im Halbschlaf wieder ins Narkosezimmer schieben – Scheiße, Scheiße, Scheiße. Für die Klinik habe ich mir *David Copperfield* auf Englisch gekauft.

22. Dezember 1960

Anderthalb Jahre. Nichts. Ein kühler Abend. Feuerwerk kracht in den Straßen. Ein Jahr und sechs Monate sind wie im Flug vergangen. Ich hätte nicht gedacht, dass ich heute noch erlebe. Ich erfreue mich am Leben, doch der Tod steht mir ständig im Rücken. Ich weiß ihn immer nah bei mir. Ich bin zur Koexistenz übergegangen, und das klappt irgendwie. Verrückte Lebensfreude, Freude am bloßen Sein, am Umherwuseln, an der Arbeit, den kleinsten Albernheiten. Auf dem Tisch stehen Radieschen. Wir essen Radieschen und trinken Bier. Gepriesen sei das Bier. Vorweihnachtliche Stimmung.

Undatiert

Während des Krieges habe ich mich einmal mit meinem Cousin getroffen, einem Jagdflieger der Royal Air Force. Und er sprach mir vom Tod. Wie entsetzlich er sich fürchten würde, was sich mit ihm und in ihm abspielte, als er mit beschädigtem Steuerwerk und im Tiefflug dicht über der Erde von drei Focke-Wulf gejagt plötzlich seinen Motor brennen sah und wusste, dass sein Leben noch dreißig bis vierzig Sekunden dauern konnte, bestenfalls eine Minute. Danach sagte er mir aus dem Gedächtnis zwei seiner Gedichte auf, die er für seine Mutter geschrieben hatte. Herzliche Gedichte, durchflutet von Sonnenlicht und Lachen. Ein Mensch, dem der Tod nicht mehr ist, als würde er sein Zigarettenetui zuschlagen – Klapp, und weiter nichts –, der sich vor ihm fürchtet wie ein Tier, das zur Schlachtbank geführt wird, kann ein solcher Mensch Gedichte schreiben? Ist er überhaupt ein Mensch?

QUERIDO BOB

NACHRUF VON JÓZEF CZAPSKI

Andrzej Bobkowski ist in Guatemala gestorben.

Wie nur über ihn schreiben? Der Mensch hat mir stets den Blick auf den Schriftsteller verstellt, denn auch Andrzej war kein »reiner« Schriftsteller, er mochte die »reinen Intellektuellen« nicht, er hatte einen Laden in Guatemala, leitete eine Modellbaugruppe, die er dort gegründet hatte. Der Kampf um die schiere Existenz, um die eigene Unabhängigkeit, oder bloßes Auf-dem-Gras-Liegen, Schwimmen – das war für ihn genauso *wichtig* wie das Schreiben.

»Jacques zeigt schon erste Anzeichen reinen Intellekts, er fürchtet sich vor dem Wasser und körperlicher Ertüchtigung. Er droht zu einer der vielen Geistesorchideen auszuwachsen. Der Bursche tut mir leid. Wie dankbar bin ich doch meinem Vater, dass er meinen Körper, wenn auch manchmal nicht ohne Gewalt, nach dem Bilde des Menschen geformt hat. Heute fällt mir das Schwimmen genauso leicht wie das Denken«, notierte Andrzej mit jugendlichem Stolz.

Ich würde gerne so über ihn schreiben, als schriebe ich ihm einen Brief, zärtlich oder schimpfend, mit der Unverkrampftheit und Unmittelbarkeit, mit der er immer schrieb. Andrzej Bobkowski hatte nicht nur nie Skrupel davor, sich dieses oder jenes »Verbrechens« bezichtigen zu lassen (er sei ein schlechter Pole, kein Linker, ein schlechter Katholik, oder aber überhaupt ein Katholik), es gefiel ihm sogar, alle Welt zu provozieren, als suchte er Streit. Aber seine Hitzköpfigkeit war immer mit Humor unterlegt, und er war jeden Augenblick dazu bereit, seinen Gegner auf einen Wodka, einen Martini oder irgendeinen anderen guatemaltekischen Trunk einzuladen, um den Zwist freundschaftlich beizulegen. Keine Spur Céline'scher Bitterkeit, dabei schrieb er frei von Selbstbespiegelung, ohne »listige« Dialektik, die er verabscheute und manchmal auch auf unkluge Art verabscheute, er, der mit jedem seiner Worte immer aufs Ganze ging.

Ich lese seine Briefe wieder, die er an die *Kultura* schickte, und das, was in der *Kultura* gedruckt wurde, greife wieder zu seinem Kriegstagebuch *Federskizzen.*[•] Als es erschien, wusste ich sie nicht zu schätzen, sie schienen mir auf jugendliche und etwas zu kecke Weise offene Türen einzurennen, und erst jetzt erkenne ich, wie die einzelnen Motive dieses Buches, zwischen all den Tag für Tag notierten, treffenden und plastischen Beobachtungen, Kommentaren zu Ereignissen und gelesenen Büchern, voller Gedanken sind, die Andrzej mit seinem ganzen zügellosen und noblen Leben zu »testen« verstand. In diesen Aufzeichnungen von vor zwanzig Jahren entdecke ich die in moralischer Hinsicht gleichen Reaktionen auf die ihn umgebende Welt; schon damals widerte ihn der Opportunismus an, in gleichem Maße wie die Heuchelei, die hehre Verlogenheit, die feige Flucht vor jedweder Verantwortung, der Drang, sie anderen aufzubürden, beispielsweise dem Staat, alle totalitäre oder auch demokratische Verblödung, was ihn in den *Federskizzen* aus der Okkupation dazu brachte, jeden individuell-anarchistischen Exzess zu verteidigen und zu rechtfertigen und fast einen Lobgesang anzustimmen auf das Rowdytum und die »Zyniker«, zu denen er sich mit seinen deftigen Beschreibungen oder derben Worten zu gesellen versuchte.

• • •

Er verließ uns in Paris schon 1948, und er ist mir so in Erinnerung geblieben, wie ich ihm damals eines Tages begegnet war. Es war vermutlich ein Tag im noch sehr jungen Frühling, ein Sonntag, an dem die Sonne schien. Ich trieb mich am Quai d'Orléans herum, auf der Île Saint-Louis, und auf einmal erblickte ich unten, von der Polnischen Bibliothek herabschauend, ein verliebtes Paar, das dicht an den Wellen der Seine unter den großen »Weichsel«-Pappeln spazierte, die dort wachsen. Ich sehe sie noch heute vor mir durch die blattlosen Äste, sie wirkten so verliebt und versunken in ihr Gespräch, dass ich meinen Blick nicht von ihnen losreißen konnte.

Plötzlich erkannte ich sie: Es waren Andrzej und seine Frau Basia,° sie beratschlagten sich. Als ich zu ihnen heruntergeging, um sie zu begrüßen, merkte ich sofort, dass ich sie in einem sehr wichtigen Moment gestört hatte, sie hatten irgendeine große Sache zu besprechen.

Ich erinnere mich nicht mehr, ob sie mir schon damals oder erst einige Tage später das noch mit sieben Siegeln verschlossene Geheimnis bekannten: In ein paar Wochen würden sie in die weite Welt aufbrechen.

So blieben sie mir beide in Erinnerung, in der Vorfrühlingssonne, mit dem Aussehen konzentrierter, sehr glücklicher Menschen vor einem großen Abenteuer.

Ich betrachte die kleine Farbfotografie, die sie vor nicht einmal einem Jahr schickten: Beide lächeln, Andrzej in einem flatternden, blauen Hemd, Basia in einem blauen Pullover vor einem Hintergrund aus roten Sträuchern, grünen Hügeln, einer seltsamen Architektur mit bauchigen Säulen. Auch nach dreizehn Jahren scheint sich mir an ihrem Lächeln nichts geändert zu haben, sie stehen sich so nah wie je. Dabei ist Andrzejs Tod schon nahe: »... Lebensbejahung ... dazu gelangt man freilich erst, wenn man schon eindeutig am Grab steht und darum w e i ß«, schreibt Andrzej im Jahr 1959.

Sein großes Abenteuer war die Ausreise nach Guatemala im Jahre 1948, er hatte, dieser Jünger von Joseph Conrad, schon immer von fernen Ländern geträumt. Seinen ersten

Fluchtversuch unternahm er in der vierten Gymnasialklasse, und in den *Federskizzen*, also in der Besatzungszeit, kehrt der Wunsch, Europa zu verlassen, diese Wiege »der Kultur und der Konzentrationslager«, immer wieder.

Nach den Pariser Jahren, nachdem er von Tag zu Tag gelebt und sich eben so durchgeschlagen hatte, mit Fabrikarbeit, danach in Emigrantenorganisationen, im NiD,• in der Pariser Filiale des 2. Korps im Hôtel Lambert,• in der Redaktion eines wöchentlichen Informationsbulletins über Polen, reist Andrzej mit seiner Frau in ein Land, in dem er niemanden kennt, ohne einen Beruf zu haben, ohne die Sprache zu kennen, beinahe völlig mittellos; er möchte außerhalb von Europa ein *neues Leben* beginnen. »Ich möchte das Recht dazu haben, vor Hunger zu sterben, falls ich es nicht schaffe.« Das ist der wiederkehrende Refrain seiner Briefe und Artikel.

In Guatemala bohrt Bobkowski, der »mit nichts beginnt, sich von allem lossagt«, mit einer Küchenschere (»Werkzeug« kann er sich nicht leisten) in Holzspielzeug, arbeitet vierzehn, sechzehn Stunden täglich, lernt hastig Spanisch bei der Lektüre von Madariaga. Er hat keineswegs das Gefühl, in einer kleinen Stadt gelandet zu sein, sondern auf einem unermesslichen Kontinent, der vor Leben schäumt. Anfangs ist er von allem bezaubert und schreibt Schmähungen über Europa, das vor den Sowjets zittert, über die europäische Linke, die noch immer vom Kommunismus und von Stalin betört ist, und über sich, der sich, wie er erst jetzt bemerkt, schon über jedes Maß »DP-isiert« hat. In seinen Suaden schimpft er auch über uns Emigranten: Unter den hochfliegenden Deklarationen, dass wir ohne die europäische Kultur nicht leben können, liegt bei uns eine gemeine Angst vor der Freiheit, die Angst vor der Selbständigkeit, und wir ziehen uns auf die Erwartung dessen zurück, was uns die IRO, der Marshall Fund, *Aide aux émigrés,* die Quäker, Joint oder der Erzbischof von Paris geben würden.

Er klagt, dass er keinen Beruf hat, tröstet sich damit, dass er eine Metall- von einer Nagelfeile zu unterscheiden versteht, womit er den realistischen und marxistischen Autoren in Polen schon etwas voraushabe.

Nach einigen Monaten wie besessener Arbeit hat er schon einiges Werkzeug und eine Holzfräse und schaut verärgert auf jene um ihn herum, die in den Büros der IRO sitzen und hängen geblieben sind, die »kultivierten« Emigranten, die das »flegelhafte« Amerika verfluchen, und auch die IRO, die sie unterhält und doch immer zu wenig gibt.

Er schlägt Wurzeln in Guatemala, wie er selbst schreibt, verliebt sich in das Land. Zu Beginn scheint er nur dessen Vorzüge zu sehen, mit den Jahren wird sein Urteil immer ausgewogener und genauer, und auch hier spart er nicht mit Kritik. Die naiven Linken und linken Schlawiner bekommen ihr Fett weg für ihren blinden Sowjetkult, und die Wohlhabenderen für ihren raffgierigen, stumpfen Antiamerikanismus, der den Sowjets ins die Hände spielt und doch bloß dem Drang nach fantastisch schnellen Profiten entspringt, bei gleichzeitiger Unfähigkeit, mit den Plantagen und Farmen der Migranten aus den USA zu konkurrieren, die dank enormer Einkünfte imstande sind, ihren indianischen Arbeitern menschliche Bedingungen zu schaffen und sich wirklich um sie zu kümmern. Er hat es abgesehen auf den modischen und ihm zufolge völlig »abstrakten« Antiamerikanismus Europas und Amerikas selbst. Er träumt von einem guatemaltekischen Gombrowicz, der die wahnsinnig naive Ernsthaftigkeit zerschlüge, von der dieses Volk geblendet ist und die es ihm verunmöglicht, sich selbst ohne Pathos und die sich daraus speisende Maßlosigkeit zu betrachten. Immer wieder vergleicht er diese Länder mit Polen und setzt damit nicht wenigen unserer patriotischen Plattitüden zu.

Nach sechs Jahren Arbeit ist Bobkowski materiell unabhängig, hat ein Geschäft mit Spielzeugflugzeugen verschiedenster Art, konzipiert regelmäßig neue Modelle, gründet den ersten »hobby-shop« der Stadt und eine Modellbaumannschaft für Jungs, die er unterrichtet und begeistert. Diese Jungs, heute allesamt erwachsen und verheiratet, hat er in Lohn und Brot gebracht, sie lieben ihn. Für sie ist Andrzej *Querido Bob, grand hombre*. Diese Gruppe, ein bisschen ein »Orden«, wie Andrzej schreibt, nimmt sogar an internationalen Wettbewerben in England und den USA teil. Andrzej arbeitet bis zum letzten Atemzug, ohne sich zu schonen, er liebt seine Werkstatt, vergrößert seinen Laden fortwährend und (o Graus!) lobpreist das »gnadenlose kapitalistische Recht auf einen Markt mit freiem Wettbewerb, ohne den ich erstarren würde«. Mit dieser Arbeit befreit er sich immer mehr aus allen Abhängigkeiten, aus der, wie er schreibt, »Sklaverei«. Er schämt sich des Erfolgs seiner Arbeit nicht und verbirgt ihn nicht, sondern freut sich lautstark darüber, über sein Auto, mit dem er Guatemala bereist. Das Entzücken über die Schönheit dieses Landes wächst weiter in ihm, und er ist davon überzeugt, dass er nirgendwo anders mehr leben könnte. Er macht immer weitere, größere Pläne, doch seine Gesundheit bekommt einen Knacks, und er unterzieht sich einer Reihe von Operationen. In seinen Briefen schreibt er voller Humor und mit »sportlichem Elan« über den Schatten des Todes, aus dem er nicht mehr heraustreten wird, und die Handvoll Monate nach jeder neuen Operation sind für ihn Monate, die ihm geschenkt worden sind: »Und danach schauen wir mal.«

• • •

Die leidenschaftliche Hingabe zu handfester, praktischer Arbeit, zu, wie er schreibt, »egoistischer« Arbeit, der tägliche Kampf darum, sich über Wasser zu halten, Boden unter die Füße zu bekommen, schwächt ihn schriftstellerisch nicht nur keineswegs, sondern macht ihn – als Autor – profunder, sie nährt ihn. Noch in Paris notiert er: »Der echte Schriftsteller ist nicht der, der gut schreibt, sondern der, der *am meisten wahrnimmt.*«

Andrzejs Wahrnehmung wird mit der Zeit immer feiner. Dieser Autor, der Europa aufgibt, weil er die »morschen Ideologien« zu hassen gelernt hat, weil er *einfach* leben wollte, scheint durch das zunehmende Verschmelzen mit jeder Arbeit, die er ohne äußeren Zwang aufnimmt, durch das Spüren, Sehen, Reagieren auf die ganze ihn umgebende Welt sich aufs Neue den Problemen zu widmen, von denen er schon in Paris gezehrt hat. Jede seiner Erzählungen, jeder seiner Briefe, alles verbindet sich mit den grundlegenden Fragen des Lebens. Seine Ideologie, um jenen Begriff zu verwenden, den Andrzej so verabscheut hat, erwächst aus seiner *eigenen* Erfahrung, und die Kraft dieser Erfahrung wird mit jedem Schritt, mit jedem Monat immer reicher, schwerer und – trotz der Erfolge und seines »sportlichen Elans« – immer schmerzhafter, fast endgültig. Seine Gedanken über die Arbeit, die Angst und den Mut, über den Tod, den Willen und die Liebe zum Leben, über den Lebens*sinn*, über Gott, das Beten, sind der verborgene Faden in seinen Erzählungen. Diese Gedanken, die er nur selten »frontal« ausformuliert, »entschlüpfen« ihm quasi, mal aus einem Paradox, mal aus einem Witz, aus einer radikal »wohltuenden« Metapher, manchmal deuten sie sich im Gewebe der Erzählung selbst aufs dezenteste an.

Wittlin nannte Andrzej Bobkowski einmal in einer Rede einen enttäuschten Liebhaber Frankreichs, weil sich nicht sagen ließe, ob sich in seinem französischen Tagebuch aus der Zeit der Okkupation und Kollaboration mehr Begeisterung und Verbundenheit findet oder mehr Kritik und maßloser Spott über die Franzosen. Für ihn hört eine Kultur, die sich nicht verteidigen will, die sich kampflos ergibt, auf, eine schöpferische Kraft zu sein, und wird eine des Verfalls und der Zersetzung. Ich würde die Worte Wittlins ergänzen: Bobkowski war ein enttäuschter Liebhaber ganz Europas, das ihm ohnmächtig schien, verseucht von der Angst vor Russland. Vergessen wir nicht, dass er es in der Zeit verließ, da sowohl die Panik als auch die Illusionen über die UdSSR in ihrem jeweiligen Zenit standen.

Bobkowskis Antikommunismus ist konsequent und von rasender Leidenschaft; in seiner Pariser Zeit vergleicht er den Kommunismus unablässig mit dem Nationalsozialismus, schon da entlarvt er den Optimismus und die Illusionen, die man sich von der Nachkriegsentwicklung des

Kommunismus machte. Für ihn ist schon jeder Sozialismus verdächtig, ein Hinterhalt, gestellt dem freien Menschen, eine Bewegung, die ihm zufolge, wenn sie gewinnt, einzig untertänige Beamte heranzubilden in der Lage wäre, Menschen, die unfähig zum Wagnis sind und von der Freiheit allein zu *reden* vermögen. Mit welcher Genugtuung zitiert er einen Brief von Joseph Conrad von 1885, einen der ersten, den er auf Englisch schrieb: »Socialism must inevitably end in Caesarism.« Deshalb betrachtete er die Zeit des Tauwetters in Polen und den ganzen damit verbundenen Revisionismus mit größter Skepsis und Ironie.

In Guatemala verschlingt Andrzej Bücher und Schriften aus Polen, und es erreicht ihn vieles; alles das scheint ihm verzerrt und vernebelt von feigem Opportunismus, vermischt mit verlogener Sentimentalität, die auf hohen polnischen Kothurnen daherstolziert. Und wer bekommt nicht alles eine Abreibung von Bobkowski: Żółkiewski und Putrament, Brandys und Rudnicki, sogar Hłasko[*] wird nicht verschont. In seinen Artikeln und Briefen prasseln die Hiebe nur so auf diese »Crème«:

»Wenn man den Komödianten aus dieser Crème, diesen intellektuellen Kuschelhasen ins Gesicht losprustet, ist das nach deren Verständnis natürlich die Verhöhnung der Nation, ach was, von ganz Polen. Haben wir das Recht dazu, über den ›heroischen Opportunismus‹ zu reden (und was für Bezeichnungen sie für die ganz unheroische Hurerei noch finden), über ihn zu spotten, dürfen wir ohne das bunte Blendwerk der Gefühligkeit erkennen, ohne Heimweh, ohne durch die Brille unserer dümmlichen Schuldkomplexe zu schauen, dass es uns, die wir nicht bei ihnen sind und nicht das durchgemacht haben, was sie haben durchmachen müssen, nicht zusteht, Gericht zu halten über sie? ...

Man geht auf Zehenspitzen, lächelt vielsagend vor sich hin, während man die Elaborate der Kaziks, Antonis, Jarosławs, Julians und aller Heiligen des marxistischen Almanachs nachsichtig liest. Wir dürfen nicht zu Gericht sitzen. Aber sie dürfen es? Sie dürfen, weil nur sie das Monopol aufs Polentum haben.«

In seinen Briefen sind die Tiraden gegen polnische Autoren noch schärfer: »Schon habe ich Brandys und Rudnicki in einem Zuge ausgelesen – ein Mordsvergnügen. Meine Herren!, das sind neue Evangelisten, das alles ist im Ton eines Evangeliums geschrieben, mit besonderer Betonung des Satanismus, des neuen Satan (also des Kapitalismus), und bisweilen so rührend wie die spanischen Konquistadoren hier, die angesichts der weiß bemalten indianischen Hütten schworen, dass sie silberne Häuser haben ...«

Danach bremst sich Bobkowski wieder: »Es fehlt mir an Ausgewogenheit, man darf nicht ungerecht sein ... aber solche Bücher gleichen doch einem interessanten klinischen Studium ... diese Leichtigkeit, die alles mit der ›verdorbenen Zeit‹ abtut ...«

In einem seiner letzten Briefe an Jerzy Giedroyc spricht er über den Revisionismus. Die ganze Frage des Revisionismus ist für Bobkowski nichts anderes als »die Lust, irgendwelche vagen Freiheiten zu erlangen, ohne sich von allen sehr konkreten Vorteilen loszusagen, die die Unfreiheit mit sich bringt. Die Leute wollen nicht frei sein, sie wollen nicht das Risiko eingehen, das mit der Freiheit einhergeht.«

Bobkowski ist sicher ungerecht, wenn er alle Welt in Bausch und Bogen aburteilt, er zögert nicht, Knoten zu durchschlagen, und versucht gar nicht erst, sie zu entwirren – warum also habe ich das Bedürfnis, ausgerechnet diese Ausfälle und Attacken zu zitieren, wenn ich über ihn schreibe? Weil ich glaube: Hier ist er immer ausgezeichnet, treffsicher, weil er die aufgeblasenen Ballons zu durchstechen versteht wie vielleicht niemand sonst und damit *jeden* von uns zwingt, über sich selbst nachzudenken.

• • •

Wer wäre imstande, über Bobkowski, den Autor, zu schreiben, wer vermöchte es, seine Ansichten zu durchdenken und zu zerlegen? Es genügt, ein paar Zitate und polemische Attacken absichtlich aus dem Kontext zu reißen, und man kann aus diesem Gegner jedweden Totalitarismus einen halben Faschisten machen, so wie man aus dem emigrierten Miłosz einen bolschewistischen Agenten machen wollte!

Wer vermöchte es, die Entwicklung seines Denkens zu überblicken, vom aristokratischen, maskulinen Anarchismus eines Polen, dem sowohl die polnische Gefühligkeit als auch das polnische Sich-Bekreuzigen und die Besessenheit mit dem Polentum und nichts als dem Polentum zuwider geworden sind, bis zu den letzten, um so viel reiferen Gedanken; wer durchdringt seine Kämpfe mit den »morschen Ideologien«, sein Streiten für den »Menschen aus Fleisch und Blut«, für den ganzen Menschen, den freien Menschen, dessen Freiheit weder bloß Vorwand für die Bosheit noch eine leere Phrase wäre.

Wer schriebe über seine Prosa, die mit den Jahren immer dichter wurde. Noch in den *Federskizzen* scheint sie bisweilen eine Fingerübung eines begabten realistischen Schriftstellers, eines Bewunderers der Gouncourts, Flauberts und vor allem Balzacs, aber mit den Jahren wird sie wahrhaftig nicht nur zum Ausdruck der Gedanken ihres Autors, sondern auch des Rhythmus, der Atembewegung eines Schriftstellers, der – wie Hemingway – das Leben, das Abenteuer und das Mannsein so leidenschaftlich liebte, aber mit seinen Gedanken und dem profunden Fluss seines Bewusstseins vielleicht tiefer schürft und weiter reicht.

Seine Beobachtungen, mehr noch, das Verschmelzen mit seiner Umwelt *macht* uns die Natur nicht nur *sehen*, die tropische Sonne, erst orangen, dann bronzen, die rasch auf die Wipfel der Bäume fällt, oder die matte Sonne, weiß wie eine Aspirinpastille, die mit Mühe durch einen zähen Nebel dringt, oder den samtweichen Flug einer Fledermaus unter einer schwarzen Blätterkrone, oder Glühwürmchen, die aus dem Ufergestrüpp abgeschossenen *tracern* ähneln, nein: Wir *hören* diese Natur zugleich. Wie zahlreich sind die Versuche, einen auditiven Eindruck zu geben, der die Klarheit der bildlichen Beschwörung hundertfach verstärkt: das Surren von Maikäfern, das stärker wird im Lauf des Abends mit der zunehmenden Stille, das Trampeln von Kaninchen im Käfig, der Rhythmus und die Weise ihres Tanzes oder das von der Stille verschluckte, dumpfe Platschen eines Pelikans, der auf der Jagd nach einem Fisch ins Wasser fällt, das Summen von Milliarden von Mücken, die den Rumpf eines Wasserflugzeugs mit ihrem Klangtuch bedecken, und die Schreie der *gruyas* (Kraniche?), monoton, weinerlich, unangenehm wie das Weinen eines dummen Weibs.

Wenn man schreibt, wie man nur schreiben kann
mehr als mit der Stimme, unserer ganzen Sprache,
dann muss man keinen Grund mehr suchen
denn der Grund ist überall wie der Himmel
über dem Kopf

schreibt Wacław Iwaniuk• in seinem wundervollen Gedicht »Grund«.

Es genügt, Andrzej Bobkowski zu lesen, ihn wirklich zu lesen, um zu spüren, dass dieser *Grund* überall ist. In seinen Erzählungen, in den liebevollen, aufmerksamen Beschreibungen der Natur, in den die Erzählung plötzlich unterbrechenden Betrachtungen und Bekenntnissen berührt der Schriftsteller nicht nur die Welt und den Menschen, sondern quasi *das Wesen selbst* dieses mühseligen Weges, auf dem er bis zum Letzten ging. Ständig *berührt er den Grund.*

»Ich will mir nicht selbst schmeicheln«, schreibt er in einem seiner Briefe, »aber ich fürchte, dass man mich dort in Polen in einem ganz besonderen Verzeichnis führt. Ich zähle dort zu den wenigen, über die das *Totschweigen* verhängt wurde.«

Dieses zu Tode Beschweigen Bobkowskis in Polen ist nachvollziehbar, und tatsächlich schmeichelt es Bobkowski, weil gerade er – dieser Sohn Joseph Conrads – sich als unersetzlicher Gefährte für so manchen jungen Polen erweisen könnte, der von Abenteuern träumt, von einem Leben ohne Zensur, ohne nach Vorgaben entstellte Kunst und »morsche

Ideologie«, von einem selbstbestimmten, pflichtbewussten und erfüllten Leben.

• • •

Andrzej Bobkowski wurde im Familiengrab von Doktor Quevedo begraben, dessen vier Söhne er seit zwölf Jahren im Flugzeugmodellbau unterrichtete. Alle blieben sie bis zu seinen letzten Tagen treu an seiner Seite.

Józef Czapski

KULTURA, NR. 167,
SEPTEMBER 1961

DAS LÄCHELN VON OBEN

12 Mt 5,10: »Selig, die um der Gerechtigkeit willen verfolgt werden.« [Alle Bibelzitate werden nach der Einheitsübersetzung wiedergegeben.]

13 *Gothaer Programm* – Gemeint ist das auf dem Parteikongress der Sozialistischen Arbeiterpartei Deutschlands (SAPD, 1890 Umbenennung in SPD) vom 22. bis 27. Mai 1875 in Gotha debattierte Programm.

Salauds – frz.: Dreckskerle

16 Mt 22,18: »Ihr Heuchler, warum stellt ihr mir eine Falle?«

FRÜHLING IN PARIS

25 Léon Blum (1872–1950), Premier- und Außenminister der Übergangsregierung vom 16. Dezember 1946 bis zum 22. Januar 1947.

Parti du salut personel – Partei der Selbstrettung oder des privaten Heils.

27 *Spiritus gallicus flat ubi vult* – Der gallische Geist weht, wo er will. Bobkowski ergänzt hier Joh 3,8: Der Wind weht, wo er will.

Enfin, c'est plus prudent – So ist es sicherer.

28 *T'as lu son dernier discours* – Hast du seine letzte Rede gelesen?

En honnêtes actionnaires – Als faire Anteilseigner.

Il est fou, ton général! – Dein General ist verrückt.

30 *Vous êtes trop vieux pour ça* – Sie sind zu alt dafür.

Sans doute, mon vieux – Zweifellos, mein Alter.

32 *Andererseits hat dieser Disney … Beethoven und Bach …* – Gemeint ist der Film »Fantasia« (ab 1940), der wie in einem Konzert verschiedene Stücke klassischer Musik zur Aufführung bringt, in denen die Arien von Zeichentrickfiguren gesungen werden – darunter neben Werken etwa von Mussorgski, Schubert und Strawinski auch die »Toccata und Fuge in d-moll« (BWV 565) von J. S. Bach und Beethovens »6. Sinfonie in F-Dur« (Op. 68, »Pastorale«).

C'est tout à fait potable cette Symphonie Pastorale – Diese Pastorale ist ganz annehmbar.

Voyons donc, mon ami, … – Sehen Sie, mein Freund, es ist höchst unvorsichtig, sich einfach so zwischen die Autos zu werfen …

Que sa Majesté m'excuse – Ich bitte seine Majestät um Verzeihung.

37 *Mais elle va le manger.* – Sie wird ihn verspeisen.

EIN BASKISCHER BRIEF

50 *die ganze Familie aus Boy-Żeleńskis »Sonntagsgedicht«* – Tadeusz Boy-Żeleński (1874–1941), polnischer Autor von Dramen und Lyrik, berühmt nicht zuletzt für seine zahlreichen Übersetzungen aus dem Französischen, darunter die vollständige *Recherche* von Proust. Bobkowski meint hier das Gedicht »Jak wygląda niedziela oglądana przez okulary Jana

Lemańskiego« (»Wie der Sonntag durch die Brille von Jan Lemański gesehen ausschaut«) aus seinem Gedichtband *Słówka* (»Wörtchen«), in dem sich eine fünfköpfige Familie zu einem Sonntagsausflug aufmacht.

51 *feldgrauer*: Im Original deutsch.

52 *Le gouvernement Ramadier* – Paul Ramadier (1788–1961), unter Léon Blum bereits Justizminister, folgte diesem ab Januar als Premier nach und bekleidete das Amt bis November 1947. In der Regierung Henri Queuille (ab 1948) wurde er wieder Verteidigungsminister – und damit verantwortlich für die blutige Niederschlagung der Aufstände in Madagaskar.

53/54 *Mit lebhafter Intelligenz …* – Übersetzung aus Bobkowskis polnischer Anverwandlung, auf Französisch lautet die Passage, in der die Auslassungen nicht sichtbar gemacht worden sind: »Ils possèdent […] ces particularités fondamentales, d'avoir, avec une intelligence très vive, une initiative et une constance de volonté très faibles. Incapables de longs efforts, ils aiment à être conduits, s'en prennent toujours à leurs chefs, et jamais à eux-mêmes, de leurs insuccès. […] Leur caractéristique peut-être la plus nette est ce manque de discipline interne qui, permettant à l'homme de se conduire, l'empêche de chercher à être conduit.« Gustave Le Bon, *Psychologie du socialisme*, Paris 1905 [1898], S. 143f.

AUF DEN STRASSEN FRANKREICHS

61 Deutsche Übersetzung aus: Anatole France, Die Blütezeit des Lebens [orig. *La Vie en fleur*], Übertragung aus dem Französischen von Arthur Seiffhart, München (Kurt Wolff) 1923, S. 54.

68 »Dans quelle absence d'esthétique repose ce brave XIXe siècle.« – Brief von Flaubert an Bouilhet, August 1955.

70 *dort die Infantinnen, hier ihre Zwerge* – »Die Infantin und ihre Zwerge« (»Infantka i jej karły«) ist auch der Titel eines Bildes von Bruno Schulz. Bobkowski jedoch spielt vermutlich hier nicht auf Schulz an, sondern auf Oscar Wildes Märchen *The Birthday of the Infanta* (1891, aus der Sammlung: *A House of Pomegranates*).

LOURDES

89 *Thais (Thaïs)*, Roman von Anatole France (1899) über die Bekehrung der Dirne Thais durch den Eremiten Paphnucius, der sich in der Bobkowski hier vor Augen stehenden Szene auf eine Säule in der Wüste zurückzieht und absichtslos zum Gründer eines Pilgerortes wird.

90 *Entre nous, je la trouve un peu intrigante.* – Unter uns gesagt, ich finde sie durchaus interessant.

92 Friedrich Nietzsche: Also sprach Zarathustra, Dritter Teil, Von den Abtrünnigen, KSA 4, S. 227, 27.

94 Alexis Carrel (1873–1944), frz. Chirurg, Anatom, erhielt 1912 den Nobelpreis für Medizin. Neben seinen Veröffentlichungen zur Eugenik, in denen er auch vor dem Lob der Maßnahmen der Nationalsozialisten nicht Halt machte, beschäftigte er sich etwa in *La Prière* (Das Gebet, 1944) mit seinem Übertritt zum Katholizismus und spiritueller Praxis.

NEKYIA

102 Ewelina Hańska (1805–1882), geborene Rzewuska, polnische Adlige, war die langjährige Brieffreundin Balzacs, die sich diesem als »Die Fremde« vorstellte und mit diesem Alias auch Literatur geworden ist: Seine Briefe an sie, die hauptsächlich von ihrem Schloss in der heutigen Ukraine korrespondierte, wurden als »Briefe an eine Fremde« veröffentlicht. Nach dem Tod ihres Mannes, Graf Hański, im Jahr 1841, wurde die von Balzac angestrebte Ehe möglich. Erst am 14. März 1850 jedoch heiratete das Paar, am 18. August desselben Jahres starb Balzac.

105 Im Unterschied zur Katabasis, der Fahrt oder dem Gang in die Unterwelt, bezeichnet Nekyia nach dem Vorbild des 11. Buches der Odyssee eine Begegnung mit den Toten.

107 ἄλλο δέ τοι ἐρέω ... νῆα κατισχέμεναι – Höre nun meinen Rat, und bewahr' ihn sorgsam im Herzen: / Lande mit deinem Schiff ans vaterländische Ufer / Heimlich, nicht öffentlich an (Homer, Odyssee, Elfter Gesang, 454–456, in der Übersetzung von Johann Heinrich Voß).

124 *Die polnische Frage hatte ihn völlig verblendet* – Jules Michelet, bekannt vor allem für seine siebzehnbändige Geschichte Frankreichs, widmete sich in einigen Werken auch Polen und der polnischen Nation, unter anderem in: *Pologne et Russie* (1851), *Legende de Kosciusko* (1851), *La Pologne martyre* (1863).

126 *Wir haben kein anderes Mittel gefunden* – Zitiert nach: Voltaires Briefwechsel mit Friedrich dem Großen und Katharina II. (1944), ausgewählt und übers. von Walter Mönch, Berlin 1944, S. 298 (Brief Katharinas an Voltaire vom 1./12. September 1772).

130 *Ich verharrte auf meinem Platze in der Hoffnung* ... – Wie Bobkowski hier den Abschluss des elften Gesangs der Odyssee nachbildet, zitiert er entweder aus dem Gedächtnis die Prosaübersetzung von Jan Parandowski (1895–1978) oder aber, gleichfalls lediglich aus der Erinnerung, das Original. Nicht anders jedenfalls ist es zu erklären, dass ihm, abgesehen von anderen, weniger erheblichen Abweichungen und Ergänzungen, die Persephone zur Proserpina und der Hades zum Erebos gerät. Bei Parandowski, der überdies eine bis heute in Polen populäre *Mythologie* (1924) verfasst hat, finden sich keine Freiheiten solcher Art. In der Übersetzung wurde versucht, ein ähnlicher Weg der

Verfremdung zu gehen: Ausgehend von Johann Heinrich Voß' Übertragung wurden auch hier Verfälschungen eingebaut, die ganz jenen entsprechen, die Bobkowski unterlaufen sind.

131 *Sie erfüllten die Hölle* – Mit diesem Pseudozitat, in dem er offenbar verschiedene Passagen aus Parandowskis *Mitologia* (allen voran die Geschichte von Orpheus) mit der Odyssee überblendet und umdichtet, treibt Bobkowski sein Fintenspiel mit dem Ende dieser Geistergeschichte auf die Spitze – und verbindet die »Nekyia« am Ende doch mit der »Katabasis«.

ADIEU

138 Konstanty Ildefons Gałczyński (1905–1953), polnischer Dichter und Übersetzer. Czesław Miłosz diente er in *Verführtes Denken* (1951), seiner Analyse der Anpassung der Intellektuellen an den Kommunismus, als Vorbild für die Figur »Delta« – den »Troubadour«.

141 *Epistolae obscurorum virorum* – Die *Dunkelmännerbriefe,* von denen ein Teil vom kurz zuvor genannten Ulrich von Hutten stammt.

142 *Gorce*: Gebirgszug in den Westbeskiden; *Lubań*: einer der Gipfel des Gorce-Gebirges mit 1211 m Höhe.

146 *Regierung Gottwald* – Klement Gottwald (1896–1953), Ministerpräsident der Tschechoslowakei 1946–48, erster kommunistischer Staatspräsident 1948–53. Sein Regime gilt als das blutigste unter den kommunistischen der Tschechoslowakei.

150 Wiktor A. Krawtschenko (Russland 1905–1966 USA), Mitglied der KPdSU, der im Jahr 1944 als Handelsdiplomat in Washington um Asyl in den USA bat. Sein Buche *I Chose Freedom* (1946) behandelt das System der Sowjetunion aus der Innensicht eines werdenden Dissidenten.

Jan Valtin (eigentlich Richard Krebs, 1905–1951), deutscher Kommunist, Doppelagent sowohl der Komintern als auch der Gestapo. Nach der Flucht in die USA veröffentlichte Richard Krebs unter dem Namen Jan Valtin 1940 den autobiographischen Roman *Out of the Night*, der als Abrechnung mit dem Stalinismus gelesen wurde.

Henry A. Wallace (1888–1965), US-amerikanischer Politiker, Journalist und Geschäftsmann, Vizepräsident unter Roosevelt (1941–1944), Handelsminister unter Roosevelt und Truman (1945–1946), dem Sympathien mit dem Kommunismus nachgesagt worden sind und der noch als Handelsminister für eine zwischen Markt und Verbesserung der Lage der Arbeiterschaft abwägende Politik verantwortlich zeichnete.

154 *zweihundert Familien* – »deux cents familles«, ein politischer Mythos, der sich im Frankreich des Second Empire bildete und später von linken Kräften wie dem Front Populaire aufgegriffen, von rechten zum antisemtischen Topos aufgeladen worden ist. Der Mythos, der heute als

Verschwörungstheorie bezeichnet würde, beruht auf der Annahme, die wirtschaftlichen Geschicke wie auch das maßgebliche Vermögen Frankreichs liegen in der Hand von zweihundert Familien, die auf die im Jahre 1800 (bzw. 1806) in den Statuten der Hauptversammlung der Banque de France genannten »zweihundert Aktionäre« zurückgeht.

EIN BRIEF

169 *Brugmans* – Hendrik Brugmans (1906–1997), niederländischer Politiker und Publizist, Mitbegründer der Union Europäischer Föderalisten.

175 *Der Olympische Diskus* (*Dysk olimpijski*, 1933), Roman von Jan Parandowski (siehe Anmerkung zu S. 130), der innerhalb einer Geschichte von Olympioniken von der Konkurrenz der beiden Sportler Sotion und Ikkos erzählt. Tatsächlich scheint das Verhältnis von Bobkowski zu seinem Gegenüber »Ghandi« dem Roman wie nachgebildet: »Ich habe immer das Gefühl, durchsichtig zu sein, wenn er mich anschaut«, sagt Sotion an einer Stelle über Ikkos, der überzeugt ist, der Wettstreit der Olympioniken diene dem Volk: »Unsere Vollkommenheit ist für sie Ansporn und Vorbild.« (Zitate aus: Jan Parandowski, *Der Olympische Diskus*, Berlin 1958, übersetzt von Alfred Loepfe.) Dem Roman von Parandowski und dem Wettstreit von Ikkos und Sotion widmete Bobkowski einen gleichlautenden Essay: »Ikkos i Sotion«, in: »Wiadomości« Nr. 16, S. 1, London 1947.

ABSCHIED

182 *Circius* – Cers, trockener Wind an der französischen Mittelmeerküste im Pyrenäengebiet.

183 *Routes nationales* – überregionale, dem Fernverkehr zugedachte Straßen; *Routes départementales* – im Gegensatz zu den *nationales* unter der Verwaltungshoheit der Départements stehend.

186 *Negresco* – Luxushotel in Nizza, 1912 eröffnet.

190 *pelouse interdite* – Rasen betreten verboten.

196 *Jagiełło* – Die SS Jagiełło, 1939 im Auftrag einer türkischen Reederei in Hamburg erbautes Schiff, das zum Stapellauf *Doğu* getauft, jedoch nach dem deutschen Überfall auf Polen beschlagnahmt und in *Lüderitzbucht* umbenannt wurde, unter diesem Namen fungierte sie ab 1941 als Depotschiff der deutschen Kriegsmarine. Nach dem Krieg gelangte sie als Beute in britische Dienste, wurde kurze Zeit (1946–47) zum sowjetischen Schiff als *Piotr Velikiy,* ehe es ab Mai 1947 an Polen weitergegeben wurde. Als *Jagiełło* sollte es als Passagierschiff die Gdynia–America Line bedienen, verkehrte jedoch ab 1. April 1948 bis November 1949 in einer polnisch-italienischen Kooperation mit italienischer Besatzung und polnischen Offizieren auf der Route Genua–

Algier–Gibraltar–Funchal–La Guaira–Curaçao–Barranquilla–Colón–Havanna–Funchal–Lissabon–Gibraltar–Cannes–Genua. Andrzej Bobkowski muss mit seiner Frau Barbara auf ihrer zweiten Fahrt an Bord gewesen sein – auf der dritten Rundreise waren Ernest Hemingway mit seiner Frau Mary Passagiere der *Jagiełło*, die am 7. September 1948 in Havanna mit Richtung Genua ablegte. Auch die Rückreise von Genua 1949 legten sie auf dem Schiff zurück.

Romuś – Diminutiv des polnischen Vornamens Roman.

197 *Podfilipski* – Protagonist des Romans *Leben und Gedanken des Herrn Siegmund von Podfilipski* von Józef Weyssenhoff (1860–1932), einer Satire auf die Welt des Adels und auf Weyssenhoffs Zeitgenossen.

AUF DEM MITTELMEER

214 *»Problemy«* – Polnische Monatsschrift, die ebenso wie ihre Pendants in Westeuropa, etwa die von Bobkowski genannte »Sciences et Vie«, die Wissenschaftsvermittlung zum Ziel hatten. Die »Problemy« druckte neben Beiträgen zur naturwissenschaftlichen Gebieten auch literarische Autoren wie Julian Tuwim. Sie erschien von 1945 bis 1993.

Papini – Giovanni Papini (1881–1956), italienischer Schriftsteller, der vom Futurismus über dem Umweg des Katholizismus zum Faschismus gelang.

217 Władysław Eugeniusz Sikorski (1881–1943), polnischer Militär und Politiker, Ministerpräsident der Polnischen Exilregierung von 1939 bis zu seinem Tod. Er starb am 4. Juli 1943 auf dem Rückflug von einer Inspektion der polnischen Militäreinheiten im Nahen Osten, als sein Flugzeug nach einem Zwischenhalt in Gibraltar ins Meer stürzte.

DER ATLANTIK

224 *Rafał Olbromski*: Held des Romans *In Schutt und Asche (Popioły,* 1902–1904 in Fortsetzungen ersterschienen) von Stefan Żeromski (1864–1925).

Die Heimatlosen (Ludzie bezdomni, 1900), Roman von Stefan Żeromski.

Witkowice – Stadt südlich von Oświęcim, ca. 50 km entfernt von Krakau. In Witkowice befand sich eine Munitionsfabrik, deren Lager am 5. Juni 1927 infolge einer Selbstentzündung nach wochenlanger Hitzewelle explodierte. Die Detonation, in deren Folge ein Soldat starb, vierhundert Bewohner der Stadt verletzt wurden und tausende Fenster zu Bruch gingen, war noch bis Krakau zu spüren.

226 *croisières* – Kreuzfahrten.

234 *Chargeurs Réunis* – frz. Reederei.

Asta Nielsen (1881–1972), dänische Schauspielerin; Stasia Napierkowska (1891–1945), französisch-polnische Schaupielerin; Jadwiga Smosarska (1898–1971), polnische Theater- und Filmschauspielerin. *Geheimnis von der Tramstation* – In dem Stummfilm *Tajemnica przystanku tramwajowego* (1922, Regie: Jan Kucharski) spielte Jadwiga Smosarka. In *Die Aussätzige (Trędowata,* 1926, Regie: Edward Puchalski, nach dem gleichlautenden Roman von Helena Mniszkówna) spielte Jadwiga Smosarska die Hauptrolle.

236 *Die Verschwörung* (*Sprzysiężenie,* 1946), Roman des polnischen Komponisten und Schriftstellers Stefan Kisielewski (1911–1991), dem bei der Veröffentlichung vorgeworfen wurde, »Pornographie« zu propagieren.

237 Raserei *von Podkowiński* – *Szał* oder *Szał uniesień*, das vermutlich bekannteste Gemälde von Władysław Podkowiński (1866–1895), einem der ersten polnischen Impressionisten und Symbolisten, worauf sich eine Frauengestalt an ein tobendes Pferd schmiegt.

HINTER DEM WENDEKREIS

241 Bobkowskis Erzählung (oder jene der Seeleute) weicht etwas von der gesicherten Nutzungsgeschichte ab, siehe Anmerkung zu S. 196.

242 *raptus puellae* – Jungfrauenraub

»Borysław« – Polnisches Frachtschiff, das 1942 als »Empire Hunter« in London vom Stapel gelaufen ist und zunächst für das britische Ministry of War Transport als Konvoischiff fungierte. Ab 1943, gekauft von der polnischen Regierung (im Exil), fuhr sie unter polnischer Flagge und neuem Namen für die »Gdynia–America Shipping Line«, 1949 transportierte sie beispielsweise Waffen und Versorgungsgüter für die kommunistischen Partisanen in Griechenland, bevor sie Ende desselben Jahres umgetauft wurde auf den Namen »Bytom«.

243 *Türkischer Honig an Allerheiligen* – Türkischer Honig, pln. *miodek turecki*, als Abwandlung des türkischen *lokma,* Lokum, eine vor allem Krakauer Süßspeise, die traditionell zu Allerheiligen und Allerseelen auf Friedhöfen feilgeboten wird.

248 *nec Hercules [contra plures]* – Kein Herkules widersteht den Mengen.

PANAMA–GUATEMALA

259 *Krakau-Mydlniki* – Mydlniki, nordwestlich gelegener Vorort von Krakau. Wie schon auf der Schiffsreise gerät Bobkowski auch hier die Zugfahrt zur Heimatimagination, er wird die Zugstrecke von Krakau über Mydlniki weiter gen Westen verfolgen.

260 Polnische Bezeichnung für ein »Dingsda«, dem man das deutsche Lehnwort ansieht: *wiehajster.*

260 Anspielung auf Boy-Żeleńskis Gedicht »Litanei zu Ehren der P.T. [pleno titulo] Matrone von Krakau«, siehe auch Anmerkung zu S. 50.
Jadwiga Petrażycka-Tomicka (1863–1931), Lehrerin, Schriftstellerin und feministische Aktivistin.

264 *Maison-Laffitte* – Sitz des *Instytut Literacki* und der von ihm herausgegebenen polnischen Exilzeitschrift *Kultura* sowie Wohnort ihrer Redaktion, zu der neben Jerzy Giedroyc und Zofia Hertz auch Józef Czapski (siehe Nachwort des Bandes) gehörte. Andrzej Bobkowski gehörte seit der ersten Nummer der *Kultura* zu ihren Autoren, das *Instytut Literacki* veröffentlichte auch die einzige zu Lebzeiten erfolgte Buchpublikation Bobkowskis, seine Tagebücher aus dem Krieg in Frankreich 1940–44 (*Szkice piórkiem*, 1957), sowie postum die erste Textsammlung *Coco de Oro* (1970), die maßgeblich Andrzej Bobkowskis Witwe Barbara vorbereitete.
Rudawa – Kleinstadt bei Krakau auf der Zugstrecke von Krakau nach Nordwesten.

269 *Zwei Annes of Avonlea* – *Anne of Avonlea* (1909), Roman der kanadischen Autorin Lucy Maud Montgomery aus dem Zyklus *Anne of Green Gables*.

271 *Mr. Micawber* – Protagonist aus Charles Dickens' *David Copperfield* (1850).

272 *Siemens-Martin-Ofen*: In dem nach drei Siemens-Brüdern sowieso dem Franzosen Pierre Martin benannten Siemens-Martin-Verfahren wurde Stahl in Öfen bei bis zu 1800 Grad Celsius erzeugt.

IM HINTERLAND

277 *Rabka* – Rabka-Zdrój, Kurort in Kleinpolen, 50 km südlich von Krakau.

281 IRO – Die International Refugee Organization (IRO) wurde am 20. April 1946 von den Vereinten Nationen in Genf mit dem Ziel gegründet, eine zentrale Behörde zu schaffen, die die Hilfe für Flüchtlinge, Staatenlose und »Displaced Persons« in Europa zu koordinieren. Ihre Aufgaben übernahm nach ihrer Auflösung 1953 das Büro des UNHCR.

290 Gemeint ist ein Lied von Tadeusz Olsza (eigentlich: Tadeusz Blomberg, Film- und Theaterschauspieler und Kabarettist, Warschau 1895–1975 London) von 1935: *Ja mam ciocie na Ochocie* (Ich habe eine Tante in Ochota, Ochota=Stadtteil von Warschau), in dessen Refrain als Aufzählungsreim die opulente Auslage der Tante aufgerufen wird.

291 *Poleschuken* – ostslawische ethnische Minderheit, wohnhaft in den (historischen wie auch gegenwärtigen) Gebieten von Belarus, Ukraine und Polen.

293 *Kolbuszowa* – Kleinstadt im polnischen Karpatenvorland.

FRAGEN DER WILDEN

303 *M. B. apprécie ...* – »Herr B. schätzt unsere Kultur über alle Maßen. In diesem Land verdummt er völlig ...«

305 Es handelt sich dabei um Arthur Koestlers Aufsatz »Für eine Europäische Freiheitslegion«, der auf Deutsch erschienen ist in: Der Monat, Jg. 3 (1950), Heft 26, S. 115–119.

307 Anspielung auf Robert Merles Roman *Week-end à Zuydcoote* (1949), der die Erlebnisse französischer Soldaten während der Schlacht von Dünkirchen verarbeitet.

309 *Leahy* – William D. Leahy (1875–1959), Admiral der US-Navy, 1940–42 amerikanischer Botschafter in Frankreich (Vichy), ab Juli 1942 wieder Navy-Admiral und militärischer Berater von Präsident Roosevelt, Generalstabschef.

312 Marcel Déat (1894–1955), französischer Politiker, wandte sich Mitte der 1930er-Jahre vom Sozialismus ab und dem Faschismus zu, bei Beginn des Zweiten Weltkriegs Autor des (besonders in Polen) weit rezipierten Artikels »Faut-il mourir pour Dantzig?«, das sich gegen einen Kriegseintritt Frankreichs gegen Deutschland aussprach, ab 1940 Kollaborateur, floh 1944 erst nach Süddeutschland, nach Kriegsende nach Italien. In Frankreich in Abwesenheit zum Tod verurteilt.

313 Vgl. dazu den folgenden Text »Alma«, S. 321.

316 *Nouvelles Equipe Internationale* – 1947–98 staatenübergreifender Dachverband für eine europäische Integration, die später in der Europäischen Volkspartei aufging.

ALMA

327 *Horpyna; Anielka* – Figuren in Henryk Sienkiewiczs (1846–1916) Romanen *Mit Feuer und Schwert* (*Ogniem i mieczem,* 1884) und *Ohne Dogma* (*Bez dogmatu,* 1891).
Die Puppe – Roman von Bolesław Prus (1847–1912).
Eliza Orzeszkowa (1841–1910), polnische Autorin.

328 *Die Heimatlosen (Ludzie bezdomni,* 1900), Roman von Stefan Żeromski.
Honoré de Balzac, *Die Lilie im Tal*, in der Übersetzung von René Schickele, 1910.

333 Nachfolgend aus der Übersetzung von Walter Schürenberg zitiert: Joseph Conrad, *Sieg*, Frankfurt am Main (S. Fischer) 1962.

AUS DEM NOTIZBUCH

344 *Wierzyński* – Kazimierz Wierzyński (1894–1969), geboren in Drohobycz, polnischer Dichter und Schriftsteller, eines der Gründungsmitglieder der Poetengruppe »Skamander« (gemeinsam etwa mit Julian Tuwim).

345 Anmerkung aus der Erstveröffentlichung (*Coco de Oro,* Paris 1970, Institut Littéraire): »Name der amerikanischen Missionsgesellschaft, die [in Guatemala-City] eine Pfarrei und eine Schule leitet.«
in meinem Stück – In »Kultura« 11/145, 1959, erschien Bobkowskis »Stück in drei Akten« *Czarny Piasek* (»Schwarzer Sand«).

QUERIDO BOB

352 *Federskizzen – Szkice piórkiem,* veröffentlicht in zwei Bänden unter dem Dach des Instytut Literacki in Paris im Jahr 1957, deutsche Übersetzung des ersten Teils von Martin Pollack: Andrzej Bobkowski, *Wehmut? Wonach zum Teufel? Tagebücher aus Frankreich, Band I, 1940–41,* Hamburg 2000.
354 Basia: Diminutiv von Barbara.
355 [PRW] *NiD – Polski Ruch Wolnościowy Niepodległość i Demokracja* (Polnische Freiheitsbewegung für Unabhängigkeit und Demokratie) war eine polnische Emigrantengruppierung, die im Februar 1945 in London gegründet wurde und sich der lagerübergreifenden prodemokratischen Zusammenarbeit polnischer Exilanten verschrieb.
Hôtel Lambert – Zentrum der polnischen Emigration in Paris seit dem 19. Jahrhundert.
360 Stefan Jakub Żółkiewski (1911–1991), Jerzy Putrament (1910–1986), Marian (1912–1998) und Kazimierz Brandys (1916–2000), Adolf Rudnicki (1909–1990), Marek Hłasko (1934–1969).
364 Wacław Iwaniuk (1912–2001), polnischer Dichter, Übersetzer und Essayist, der im gleichen Jahr wie Bobkowski (1948) Europa (in seinem Fall: England) verließ, um nach Amerika (Kanada) auszuwandern.

Zu diesem Buch

Andrzej Bobkowski publizierte zu Lebzeiten in verschiedensten Blättern sowohl der Emigrations- wie auch der heimischen Presse.

Die Texte, die für diesen Band zu Bobkowskis »Erzählung vom Abschied aus Europa« ausgewählt worden sind, erschienen verstreut, neben dem wichtigsten polnischen Exilorgan *Kultura*, Paris, auch in kurzlebigen Zeitschriften:

Horyzonty (Monatsschrift, Fribourg, Schweiz): »Das Lächeln von oben« (1946, Nr. 6)

Nowiny Literackie (Literatur- und Kunstzeitschrift, Warschau 1947–48): »Frühling in Paris« (1947, Nr. 10), »Ein baskischer Brief« (1947, Nr. 30), »Auf den Straßen Frankreichs« (1947, Nr. 37)

Tygodnik Powszechny (Krakau, seit 1945): »Lourdes« (1948, Nr. 146), »Abschied« (1949, Nr. 25), »Auf dem Mittelmeer« (1949, Nr. 36), »Der Atlantik« (1949, Nr. 40), »Hinter dem Wendekreis« (1949, Nr. 48), »Panama–Guatemala« (1950, Nr. 7)

Kultura (Paris, 1947–2000): »Nekyia« (Nr. 1, 1947), »Adieu« (Nr. 6, 1948), »Ein Brief« (Nr. 9/10, 1948), »Im Hinterland« (Nr. 16/17, 1949), »Fragen der Wilden« (Nr. 50, 1951), »Aus dem Notizbuch« (Nr. 167, 1961)

Conrad żywy (Sammelband zu Joseph Conrad, hg. vom Verband polnischer Schriftsteller in der Emigration, London 1957): »Alma«

Inhalt

Hinter dem Wendekreis ist im Februar 2023 als vierhundertachtundfünfzigster Band der ANDEREN BIBLIOTHEK erschienen.
Die Herausgabe lag in den Händen von Christian Döring, der auch das Lektorat besorgte.
Ron Mieczkowski wählte die Texte zu Andrzej Bobkowskis »Abschied aus Europa« aus und übersetzte sie aus dem Polnischen.

Die Ersterscheinungsorte- und daten sind den Angaben in »Zu diesem Buch« zu entnehmen. Die Übersetzung folgt der Textgestalt der Bände *Coco de Oro*, Institut Littéraire Kultura (Instytut Literacki Kultura), Paris 1970 (für »Nekyia«, »Adieu«, »Ein Brief«, »Im Hinterland«, »Fragen der Wilden«), *Zmierzch*, Biblioteka »Więzi«, Warschau 2007 (»Das Lächeln von oben«, »Alma«) sowie *Z dziennika podróży*, Biblioteka »Więzi«, Warschau 2013 (»Frühling in Paris«, »Ein baskischer Brief«, »Auf den Straßen Frankreichs«, »Lourdes«, »Abschied«, »Auf dem Mittelmeer«, »Der Atlantik«, »Hinter dem Wendekreis«, »Panama–Guatemala«, »Aus dem Notizbuch«).
Für die Rechte der Texte von Andrzej Bobkowski gilt:
© Tomasz Wójcik
Wydawnictwo Znak, Krakau, danken wir für die Genehmigung zum Abdruck von Józef Czapskis Nachruf auf Andrzej Bobkowski: © Weronika Orkisz

Dieses Buch wurde von Victor Balko, Frankfurt am Main, gestaltet.
Den Satz besorgte Dörlemann Satz, Lemförde, in den Schriften Questa und Jost.
Die Herstellung und Ausstattung lagen bei Stefanie Kruszyk, Berlin.

Das Memminger MedienCentrum druckte auf 100 g/m^2 holz- und säurefreies, ungestrichenes Munken Pure. Dieses wurde von Arctic Paper ressourcenschonend hergestellt.
Den Einband besorgte die Verlagsbuchbinderei Conzella in Aschheim-Dornach.

Die Originalausgaben der ANDEREN BIBLIOTHEK sind limitiert und nummeriert.

1.–3.333 2023

Dieses Buch trägt die Nummer: 2014

ISBN 978-3-8477-0458-4

Die Andere Bibliothek
© Aufbau Verlage GmbH & Co. KG
Berlin 2023

Die Andere Bibliothek